동사록(東槎錄)

김현문 지음 | 백옥경 옮김

혜안

옮긴이 서문

조선시대에는 해외 문물을 체험할 수 있는 기회가 그리 많지 않았다. 중국 혹은 일본사행에의 참여가 해외 체험을 할 수 있는 거의 유일한 방법이었고, 그 외에는 표류와 같이 우연한 기회를 통한 접촉일 수밖에 없었다.

그런데 이러한 시대적 상황 속에서도 상대적으로 빈번한 해외 체험의 기회를 가질 수 있었던 사람들이 있었다. 이들이 바로 역관(譯官)이다. 역관은 통역과 사대교린(事大交隣)의 외교 실무를 담당하였던 관원들이다. 이들은 중국 혹은 일본 사행에 수행하면서, 조선의 대외정책에 유용한 정보를 제공하거나 다양한 외국문화를 수용할 수 있었다. 이에 따라 역관들은 국제적인 동향의 통찰, 경제적 부의 축적, 외국 문물의 폭넓은 습득이 가능하였고, 근대 변화의 주역으로 평가되기도 한다.

하지만 그동안 조선시대 양반 지식인들의 해외 체험과 대외 인식 연구가 비교적 풍부하게 진행되어 온 것에 비해, 역관들의 체험과 인식에 대한 연구는 본격적으로 이루어지지 못하였다. 물론 그 가장 큰 이유는 '사료(史料)의 부재(不在)'이다. 역관들에 의한 기록이 상대적으로 적어서, 이들의 의식세계를 살펴보는 일은 그리 쉽지 않은 일이었다.

통신사행록의 경우에는 다행히 역관의 저술이 모두 4종 남아 있다. 제7차 임술사행에서 역관 홍우재(洪禹載)와 김지남(金指南)이 각각 기록한 『동사록(東槎錄)』 및 『동사일록(東槎日錄)』, 제8차 신묘사행에서 김현문(金顯門)이 남긴 『동사록(東槎錄)』, 제11차 계미사행에서 오대령(吳大齡)이 저술한 『명사록(溟槎錄)』이 그것이다.

역자는 최근 이 4종의 통신사행록을 통하여 역관들의 일본 체험과 인식을 살펴보고 있었는데, 김현문과 오대령의 저술은 번역조차 되어 있지 않아 많은 아쉬움을 가지고 있었다. 그러던 중 김현문의 『동사록(東槎錄)』에 대한 번역 제의를 받게 되자, 역자는 그저 책에 대한 욕심만으로 번역을 수락하고 말았다. 역관들의 저술을 통하여 역관의 의식 세계를 확인하고, 역관들의 생각과 지향점을 알고 싶었던 마음이 크게 앞섰기 때문이었다.

하지만 시작하고 보니, 번역은 예상보다 훨씬 힘든 일이었다. 조선시대의 용어, 개념을 쉽고 간단하게 설명하는 일도 어려운 데다가, 일본의 생활을 전해주는 용어들을 확인하는 작업도 쉽지 않았다. 그리고 번역은 저자의 뜻을 하나하나 새겨서 옮겨야 하기 때문에 저자의 감정을 제대로 잘 따라가야 한다는 부담감도 있었다. 더욱이 저자인 김현문에 대해서도 알려져 있는 것이 거의 없어서 그의 생애를 복원하는 것도 쉽지 않았다. 다만 그동안 알려지지 않았던 김현문의 글을 세상에 소개할 수 있다는 것이 역자에게는 큰 기쁨이었다.

번역을 마치고 난 지금, 역자는 과연 역관 김현문을 제대로 만나고 알리게 된 것일까 걱정이 앞선다. 당시 김현문뿐만 아니라 역관들은 자신을 숨기는 데 능숙하였다. 역관들이 국가적으로 중요한 정보에 접하면서, 조선 후기 각 붕당들간의 정쟁 속에서 스스로를 지켜 나가기 위해서는 철저하게 자신을 드러내지 않고 아슬아슬하게 줄을 타며 살아가야 했을지도 모른다. 이러한 삶의 태도는 그들의 저술에서도 그대로 반영되어 있었다. 그런 탓인지 김현문과 간격 없이 자유롭게 소통하기를 원하였으나, 아직은 미진하기만 한 듯하다. 독자 여러분께서 혜량하여 주시기 부탁드린다.

이 책을 출판하면서 감사드릴 분들이 참으로 많다. 먼저 처음부터 지금까지 학문의 길로 인도해 주시고 언제나 큰 힘이 되어 주셨던 이배용 총장님께 감사드린다. 이번에도 처음 번역을 시도하는 제자에게 열심히 하도록 많은 격려를 해주셨고, 조언을 아끼지 않으셨다.

다시 한번 감사드린다.

또한 믿고 번역을 맡겨주신 우봉 김씨 계동공파 종중의 여러분과 청주대 김양수 선생님께 감사드린다. 역자에게 이 일은 번역에 대하여 새롭게 눈을 뜰 수 있는 계기가 되어 더욱 의미가 깊었다.

역자의 거친 번역을 세심하게 살펴주셨던 이기찬 선생님, 추소령 선생님께도 감사드린다. 또한 일본의 문화와 용어에 대해 조언을 주셨던 송영빈 선생님, 스가와라 씨에게도 감사의 말씀을 드리고 싶다. 그리고 부족한 원고를 기꺼이 맡아 출판해 주신 혜안출판사의 오일주 사장님과 편집을 담당해 주신 김태규 선생님께도 감사드린다. 뒤에서 언제나 무언의 지원군이 되어 주었던 가족들에게도 고마움을 전한다.

2007년 12월
역자 백옥경

목 차

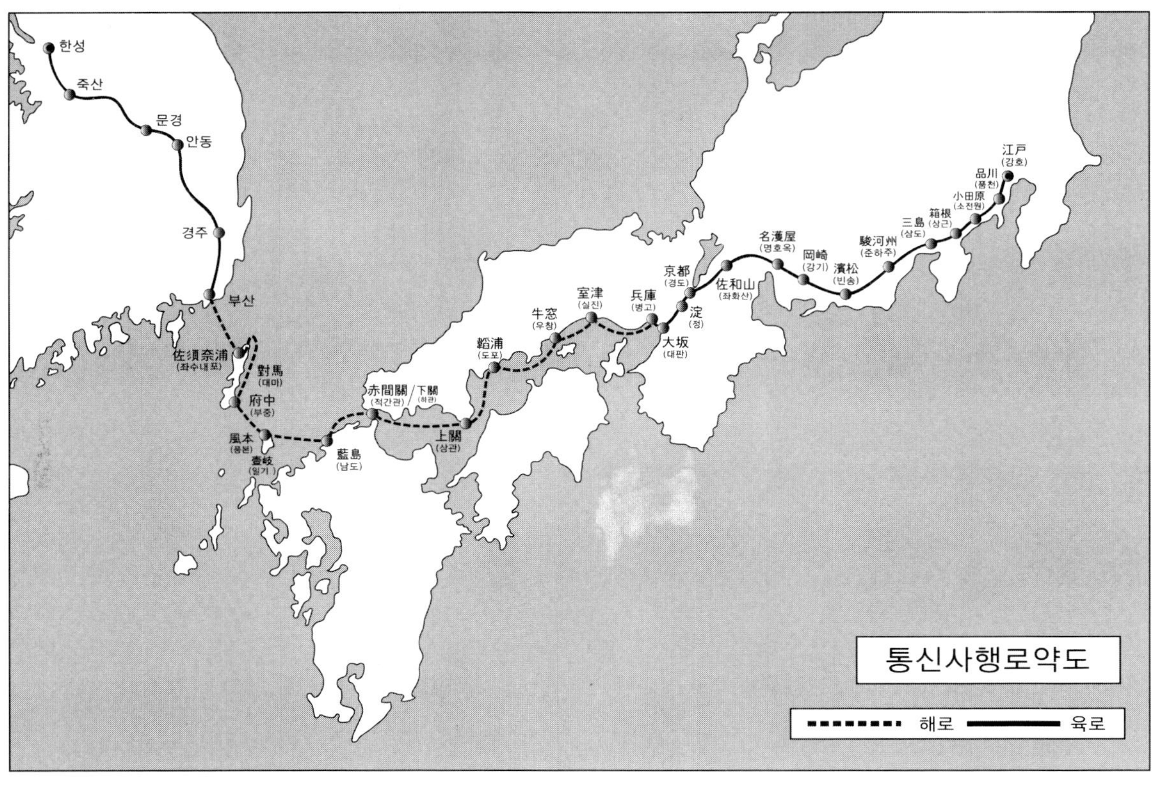

한성
죽산
문경
안동
경주
부산
佐須奈浦
(좌수내포)
對馬
(대마)
府中
(부중)
風本
(풍본)
壹岐
(일기)
藍島
(남도)
赤間關 / 下關
(적간관) (하관)
上關
(상관)
鞱浦
(도포)
牛窓
(우창)
室津
(실진)
兵庫
(병고)
大坂
(대판)
淀
(정)
京都
(경도)
佐和山
(좌화산)
名護屋
(명호옥)
岡崎
(강기)
濱松
(빈송)
駿河州
(준하주)
三島
(삼도)
箱根
(상근)
小田原
(소전원)
品川
(품천)
江戶
(강호)
통신사행로약도
해로
육로

『동사록(東槎錄)』 해제

『동사록(東槎錄)』은 조선 후기 제8차 통신사행인 신묘(숙종 37, 1711) 사행의 압물통사(押物通事) 김현문(金顯門, 1675~1738)의 기록이다. 『동사록』은 숙종 37년에서 38년에 걸쳐 있었던 신묘 사행의 견문록으로서, 1권 1책의 필사본이다. 현재 일본 교토대학에 소장되어 있다.

1. 김현문과 그의 가문

『동사록』의 저자인 김현문(金顯門, 1675~1738)은 숙종 1년(1675)에 태어났으며, 자는 양보(揚甫)이다. 그의 아버지는 김지남(金指南)이고, 어머니는 설성 박씨(雪城朴氏) 정시(廷蓍)의 딸이다.

김현문의 본관은 황해도 잠성(岑城) 곧 우봉(牛峰)이다. 우봉은 개성의 서북쪽에 자리 잡아 해주(海州)와 의주(義州)로 가는 통로로서, 중국과의 사신이 왕래하기에 편리한 곳이었다. 우봉 김씨는 고려 성종 때 김오(金澳)가 시어사(侍御史)로서 공을 세워 우잠공(牛岑公)에 봉해지고, 5세손 김원길(金元吉)이 원종 때 도위(都尉)로서 공을 세워 우봉군

14

(牛峰君)에 봉해진 이후, 후손들이 우봉을 본관으로 삼게 되었다고 한
다.

　김현문의 직계(直系) 선대(先代)는 이 지역의 무관(武官)이었으나,
한학(漢學) 및 주학(籌學)과도 깊은 관련이 있었고, 김현문의 아버지
김지남(1654~1718)대에서부터 역관으로 본격 진출하기 시작하였다.
김지남은 19세 되던 현종(顯宗) 12년(1672), 역과(譯科)에 급제하여 한
학 역관(漢學譯官)으로 활동하기 시작하였다. 그 후 숙종 8년(1682)에
는 사역원 정(司譯院正)으로 승진하였고, 같은 해 일본 통신사행사에
수행하였던 경험을 『동사일록(東槎日錄)』으로 남겼다. 김지남의 활동
은 매우 활발하여서, 중국에서 화약 제조법을 익혀와 『신전자초방(新傳
煮硝方)』을 저술하는 한편, 사역원(司譯院)의 업무 전반과 연혁(沿革)을
망라하고 모든 옛 일과 규례(規例)를 집대성하여 분류한 『통문관지(通
文館志)』 저술에도 주도적인 역할을 하였다. 숙종 37년(1711) 청나라
황제 강희제(康熙帝)가 국경지대를 조사하기 위해 목극등(穆克登)을 특
사로 보내자, 김지남은 능숙한 화술과 지식으로 목극등을 설득하여 백
두산이 조선의 경계에 속한다는 사실을 확인받았다. 김지남은 백두산
과 국경선을 표시한 지도를 만들어 교환하는 한편, 백두산에 정계비를
세우는 데 결정적인 역할을 하였다.

　김지남의 자녀는 모두 7남 3녀였는데, 그 중 첫째 경문(慶門), 둘째
현문(顯門), 셋째 순문(舜門), 넷째 유문(裕門), 여섯째 찬문(纘門)이 역
과에 급제하여 모두 역관으로 종사하였다.[1] 그 중 김현문은 숙종 28년

---

1) 김지남은 일찍이 역관의 명문 설성 박씨 판관 박정시(朴廷蓍)의 딸과 결혼
　하여 7남 3녀를 두었다. 그중 다섯째 아들 도문(道門)은 일찍 죽었으며, 일
　곱째 아들 보문(保門)은 특별한 관력을 확인하기 어려웠다.

(1702)에 28세의 나이로 역과에 합격하였으며, 왜학(倭學)을 전공하였다. 그는 왜학 교회(敎誨)를 거쳐, 품계가 가선대부(嘉善大夫)에 이르렀다. 연대기와 기타 자료에 의하면, 그는 왜관에서 활동하면서 여러 차례에 걸쳐 일본 사행에 파송되는 등 비교적 순조로운 관직생활을 하였던 것으로 나타난다.

김현문은 과거 합격 5년 후인 숙종 33년(1707)에 청관(廳官)으로서 훈상선생안(訓上先生案) · 교회선생안(敎誨先生案) · 총민선생안(聰敏先生案)을 수정하는 작업에 참여하였다.[2] 이들 자료는 정3품 이상의 당상 역관(堂上譯官)이나 교회, 총민 등을 역임한 역관들에 관한 기록으로 일정한 기간마다 수정하여 보관하고 있었던 것인데, 이때에는 김현문이 담당하였던 것이다. 그러다가 2년 후인 숙종 35년(1709)에는 부산 왜관의 별차(別差)로 가 있었다.[3] 숙종 37년(1711) 사행에서는 압물통사(押物通事)로 수행하였고, 숙종 41년(1715) 왜관 수리시에는 감동관(監董官)으로 파견되었다. 왜관 수리는 숙종 34년(1708) 화재 발생으로 인한 것이었는데, 숙종 40년(1714)에 가서야 그 수리가 시작된 것이었다. 이때 김현문은 최상집(崔尙㠍)과 함께 파견되어 공사 경비를 1,590냥에서 672냥으로 낮추었다.[4] 그리고 영조 7년(1731)에는 왜학 훈상(訓上)을 역임하였으며, 영조 9년(1733)에는 대마도주가 교체되면서 당하(堂下) 박춘서(朴春瑞)와 함께 문위사행으로 파송되기도 하였다.[5] 영조 14년(1738)에도 다시 한번 문위 당상역관으로 선발되었으나,

---

2) 『통문관지』 권8, 서적.
3) 『통신사등록』 5책, 기축 2월 18일.
4) 『승정원일기』 숙종 41년 3월 18일.
5) 『증정교린지』 권6, 지, 문위각년례(問慰各年例).

동래(東萊)로 내려가는 도중 6월 12일에 64세의 나이로 갑자기 사망하였다.6)

김현문 이후 그의 가계(家系)는 그리 번성하지는 못한 듯하다. 그에게는 1남 2녀가 있었다고 하는데, 아들인 김홍벽(金弘壁)에 대해서는 알려진 바가 없다. 다만 족보에는 김현문이 큰 형 김경문의 둘째 아들 홍량(弘梁)을 입후한 것으로 되어 있어 홍벽이 일찍 사망한 것으로 추정될 뿐이다. 입후한 김홍량은 역과에 합격하여 역관으로서의 맥을 이어갔다.

이와 같이 김현문은 17세기에 역관으로 진출하기 시작한 가문 출신이다. 그의 가문은 아버지 김지남과 본인 김현문을 비롯한 5형제의 활동으로, 점차 명문 역관 가문으로 성장하였다. 우봉 김씨는 조선 후기 약 250년간 95회의 역과 합격자를 배출하면서 대표적인 역관 가문이 되었는데,7) 그중에서도 2/3 이상이 김여의의 아들인 김진남과 김지남 계열이며, 특히 김지남계가 가장 큰 비중을 차지하는 것으로 나타난다.

---

6) 『승정원일기』 영조 14년 6월 14일. 김현문은 아버지 김지남 및 그 후손들과 함께 현재 경기도 고양시 덕양구 오금동 산 195-1의 묘역에 안장되어 있다.

7) 우봉 김씨는 조선 후기에 의과(醫科) 2명, 운과(雲科) 3명, 율과(律科) 1명의 합격자를 내었지만, 역과에서는 모두 95회(중복 합격으로 인해 실제 인원은 92명)의 합격자를 배출한 역관 명문 가문이었다. 우봉 김씨에 대해서는 김양수, 「조선후기 역관가문의 연구」, 『백산학보』 32, 1985를 참조할 것.

2. 김현문과 신묘사행(辛卯使行)

1) 사행의 목적

숙종 37년(1711)의 통신사행은 숙종 35년(1709)에 막부의 5대 장군으로서 관백이었던 원강길(源綱吉, 도쿠가와 츠나요시)이 사망하고, 숙종 36년(1710) 원가선(源家宣, 도쿠가와 이에노부)이 새롭게 즉위하면서 통신사를 보내주도록 요청하여 이루어진 사행이었다. 조선에서는 숙종 36년 6월 통신사를 청하는 일본 사신이 도착하여,[8] 통신사가 내년 5월에 출발하여 7월이나 8월에 강호에 도착했으면 좋겠다는 뜻을 전달하면서 본격적인 파송 준비를 시작하였다. 곧 이어 7월 22일 삼사신의 낙점이 이루어졌고, 그에 따른 일행의 차출이 있었기 때문이다.[9] 최종 선발된 정사(正使)는 이조참의(吏曹參議) 조태억(趙泰億)이며, 부사(副使)는 사복시 정(司僕寺正) 임수간(任守幹), 종사관(從事官)은 병조정랑(兵曹正郎) 이방언(李邦彦)이었다. 이들을 포함한 신묘사행의 총 인원은 500명에 달하였다.[10]

신묘사행은 관백의 승습을 축하하기 위한 것이었다. 그러나 그 외에 왜인(倭人) 교간(交奸) 사건, 빙례(聘禮) 개정 문제를 둘러싼 양국간의 외교 협의도 주요한 목적이었다. 그중 왜인 교간 사건이란, 숙종 33년(1707) 조선의 여인 감옥(甘玉)이 초량의 왜관에 몰래 들어가 왜인과

---

8) 『통신사등록』 5책, 경인 6월 13일.
9) 김현문, 『동사록』.
10) 제1선은 180명이며, 제2선은 165명, 제3선은 152명이었다(김현문, 『동사록』). 제1선의 경우 181명인 것처럼 보이지만, 소통사(小通事) 김순적(金順迪)이 격군(格軍)이라고 부기되어 있어 중복된다. 따라서 총 수행인원 497명에 삼사를 포함하면 500명이 된다.

간통하다가 발각되어, 감옥 본인과 공모자 송중만(宋仲萬)이 효시된 사건을 말한다. 이러한 교간 사건에 대해 조선에서는 엄한 형벌로 처형하며 금지하려 하였지만, 일본에서는 이와 같은 율을 적용시키지 않아 양국 간에 외교 문제로 비화되었던 것이다. 이 문제는 통신사행의 마지막 일정에서 '관왜(館倭)가 관소(館所)를 나와 강간하는 것은 일죄(一罪) 곧 사형으로 논단하며, 화간(和奸)한 자 및 강간하려다가 이루지 못한 자는 영구히 먼 곳에 유배하고, 여인이 스스로 관소에 들어가 간음한 것은 그 다음의 율로 시행하는 것'으로 마무리되었다.[11]

그런데 왜인 교간 사건과는 달리, 빙례 개정문제는 그리 간단하지 않았다. 빙례 개정문제에서 주요하게 언급된 것은 첫째, 약군(弱君, 관백의 아들) 이하의 예단을 빼는 일, 둘째 관백의 왕호(王號)를 회복하는 일, 셋째는 일본에서 연로에 통신사행을 접대하는 문제로 연례를 베푸는 회수와 의전(儀典), 통신사행이 중간에 문위하는 일본 사자를 맞이하는 절차의 문제가 있었고 마지막으로 국서(國書)에서의 범휘(犯諱)와 서식의 문제가 있었다.

그중 약군 이하의 예단을 제외하고 관백의 왕호를 회복하는 것은 사행 출발 전에 해결되었다. 그리고 통신사행을 접대하는 의전과 절차의 문제는 사행 중 제기되었으나 논란이 계속되다가 결국 일본의 요구를 수용하는 방향으로 마무리되었다. 하지만 가장 큰 문제는 조선의 국서를 전한 후 받은 회답 국서에서 일본이 중종(中宗)의 어휘(御諱)를 범하였을 뿐 아니라, 겉봉투의 서식도 전례(前例)에 따르지 않고 함부로 바꾼 일이었다. 이에 조선의 사신들은 국서를 바꾸어 주도록 요청하

---

11) 김현문, 『동사록』 11월 10일.

였으나 일본 측에서도 조선의 국서에 일본 국왕의 아버지의 이름을 기휘하지 않은 것을 빌미로 삼아 팽팽한 긴장 관계가 조성되었다. 결국 조선 사신들은 조선에서 가져갔던 국서를 다시 되돌려 받아 수정하여 보내면, 일본에서도 새로운 국서를 써서 주는 것으로 합의하였다. 그러나 조선의 요구를 끝까지 관철시키지 못한 책임이 커서, 사신들은 조선에 돌아온 후 삭직(削職)과 문외출송(門外黜送)의 처벌을 받았다.

2) 사행시 김현문의 활동

신묘사행은 3사신을 포함하여 모두 500명으로 구성되어 있었는데, 그중 역관은 13명이었다. 당상역관으로 최상집(崔尙㠍), 이석린(李碩獜), 이송년(李松年), 김시남(金始南) 등 4명이, 그 외에 상통사 정창주(鄭昌周)·홍순명(洪舜明)·현덕윤(玄德潤), 차상통사 김시량(金是樑)·최한진(崔漢鎭), 압물통사 김현문(金顯門)·박태신(朴泰信)·김시박(金時璞)·조득현(趙得賢) 등 9명이 있었다. 원래『통문관지』의 규정에 의하면, 당상역관 3인과 상통사 3인, 차상통사 2인, 압물 4인 등 모두 12명이어야 하였으나, 이번 신묘사행에서는 당상역관의 수가 1인 더 많았다.

이 사행에서 김현문은 왜학 압물통사로 종사하였다. 압물통사는 사행 중 물품을 관리하는 업무 담당으로, 실질적인 외교업무를 수행하는 것은 아니었다. 보통 사행에서는 당상역관이 사행의 실무를 총괄하며, 외교 사안의 협의에 있어서도 주요 역할을 하기 때문이다. 따라서 압물통사로서 김현문은 실제적인 외교업무보다는 사행의 하급 실무처리를 주로 담당하였다. 사행 중 망궐례와 같은 의례를 준비하거나(12월 1일),

필요 절차 논의(7월 9일), 재판 등 여러 일을 맡은 왜인들과의 교섭(6월 10일), 일본에서 주요 인물에게 문안하는 일(7월 3일), 마상재를 이끌고 가서 왜인들이 볼 수 있게 하는 일(11월 2일), 일본 국왕이 상으로 준 은의 분배(12월 13일) 등의 일이었다.

한편으로는 사자(寫字)나 필사 등도 담당하여서, 조선에 보내는 장계를 베껴 쓰기도 하였다(11월 20일). 사실 글씨 쓰기는 역관에게 기본적으로 요구되는 능력이었다. 역과(譯科)의 시험과목에도 강서(講書)·역어(譯語, 번역)와 함께 사자가 포함되어 있을 정도였다. 그러나 그의 글씨 쓰기에 대한 관심은 남달랐던 듯, 사행 여정에 있던 사찰·누각의 현판에도 관심을 기울였다. 아버지 김지남의 묘비 글씨도 그가 썼다고 하니, 관심뿐만 아니라 실제로도 서예에 일가견이 있었다고 여겨진다.

뿐만 아니라 그는 당시 일본의 학자였던 우삼동(雨森東)과도 회동하여 조선과 일본의 문화교류에도 기여하였다. 우삼동은 대마도에서 조선과의 외교를 오랫동안 담당했던 유학자이자 문인이었다. 그는 조선의 왜관에 근무하면서 조선어를 익히고 역사, 지리, 풍속, 인정, 습관 등 다방면에 걸쳐서 상세히 조사하기도 하였던 인물이었다. 그는 3개 국어에 능통하며 중국와 일본, 조선의 외교관계에 관심을 가지고 있었는데, 김현문을 찾아와 술을 마시며 밤새 담화하였다(9월 7일). 우삼동은 양국 간의 교류에 관심이 많았으므로 그 주요 주제를 미루어 짐작할 수 있지만, 김현문이 문인이었던 우삼동과 그렇게 오랜 시간 토론할 수 있을 정도의 학문과 식견을 갖추고 있었음도 가늠할 수 있는 부분이다.

3. 『동사록』의 체재와 내용

『동사록』은 크게 사행 준비, 견문 기행, 부록으로 나누어 볼 수 있다. 이러한 체재는 아버지인 김지남의 『동사록』과 매우 유사하다. 김지남의 『동사록』 역시 사행 준비로서의 사행 파송 배경, 사행 인원, 국서와 서계가 수록되어 있으며, 그 외 기행 견문록과 일본에 갔다 돌아온 총목 등이 부록으로 수록되어 있었다.

1) 사행의 준비 단계

이 부분에서는 먼저 사행이 파송되는 배경과 사행 원역의 차출 과정을 간단하게 서술하고 있다. 뒤를 이어 3사신과 그 외 인원 497명을 제1선, 제2선, 제3선으로 구분하여 자세히 기록하였다. 사행 인원은 사령이나 취수, 포수, 기수, 도척, 사공과 격군을 제외하고는 사행에서의 직책과 이름, 각각의 인원수를 수록하였다. 그리고 사행을 호행하는 왜인들의 직책과 이름, 그 변동사항 등을 간략하게 설명하고 있다.

다음으로는 조선에서 일본 국왕에게 보내는 국서의 내용과 대마도주(對馬島主)·장로(長老)·만송원(萬松院)·이정암(以酊庵)에 보내는 서계(書契)와 별폭(別幅)을 수록하였다.

2) 견문록

견문록은 숙종 37년(1711) 5월 12일 예단을 싸는 것으로부터 시작하여, 15일 숙종 앞에 나아가 하직인사를 드리고 출발해서 숙종 38년(1712) 2월 25일 부산에 귀국할 때까지를 일기 형식으로 기록하였다.

기행 견문 내용 중에는 일본에서의 일공물품(日供物品)·회답서계가 수록되어 있으며, 일본에서 국서를 전하고 귀로에 오른 11월 19일부터는 회사록(回槎錄)으로 표현되어 있다.

견문록은 처음부터 끝까지 날짜, 날씨와 함께 하루에 있었던 일, 머물렀던 지역, 거리 등을 빠짐없이 기록하는 형식을 지켜나간다. 이는 주제별 기록보다는 체계적이지 못하지만, 노정(路程)에 따른 그때그때의 상황과 업무 내용을 가장 충실하게 기록할 수 있는 최선의 방식이었다. 따라서 매일매일 김현문의 감회 뿐 아니라, 각 지역에서 대접받은 물품, 그 지역의 특징, 특산물, 그곳에서 만난 사람, 의례 등을 포함하고 있어서, 사행 중 있었던 일을 비교적 상세하게 파악할 수 있다.

그런데 이러한 사행록 서술 방식은 사실 김현문뿐만 아니라 김지남(金指南), 홍우재(洪禹載), 오대령(吳大齡) 등 역관에 의해 저술된 사행록의 공통된 특징으로 나타난다. 이는 역관 업무의 특성 때문이라고 여겨지는데, 당시 역관들은 사행에 수행하게 되면 관례적으로 자신들이 보고 들은 내용을 기록으로 남겨야 하였기 때문이다. 외국에 사신일행으로 갔다가 돌아오면, 서장관(書狀官)이나 역관들은 반드시 외국에서의 문견사목(聞見事目)을 제출해야만 하였던 것이다. 국가와 군민(軍民)의 사체(事體)에 관계되는 것은 처음부터 끝까지 자세히 써서 바치도록 되어 있었으므로, 문견사목에는 상대국의 정세 및 풍습, 지리 등의 내용들이 포함되어야 하였다. 이러한 경험이 곧 사행록 기록에서도 개인적인 감회나 체험만이 아닌 공적인 내용을 함께 담게 되는 요인이 되었을 것이다. 더욱이 일본은 해외의 절국(絶國)으로서 조선에서도 수십 년 만에 겨우 한번 가게 되는 국가여서, 그에 대한 기록이 드물어

사정을 자세히 알 수 없는 상황이었다. 이에 실무를 담당하는 역관으로서, 다음 사행에 참고가 될 만한 내용을 보다 상세하고 충실하게 기록할 필요가 있었던 것이다. 특히 통신사행의 파견이나 그들이 가지고 가는 예단(禮單) 및 별폭(別幅)의 품목과 수량, 의례 등의 모든 사안은 전례(前例)에 따라 행해지기 때문에, 이러한 기록은 더욱 중시되었을 것으로 보인다.

3) 부록

일본에 갔다 돌아온 총목(摠目), 일본의 역대 관백(關白), 대마도주(對馬島主)에 관한 설명 및 조선 후기의 통신사행, 사행 후의 처벌과정을 기록하였다.

총목에서 먼저 기록한 것은 주요 노정과 그곳에 머문 일수(日數), 그리고 여행 총 거리였다. 이에 따르면 사행은 조선의 육로 1,055리와 일본까지의 해로 3,285리, 일본에서의 육로 1,315리로 모두 5,655리를 여행하였다.

이를 좀더 구체화한 노정은 다음과 같다.[12)]

① 조선의 육로 : 내부엇－외부엇－양재(良才)－판교(板橋)－용인(龍仁)－양지(陽智)－죽산(竹山)－무극(無極)－숭선(崇善)－충주(忠州)－안부(安富)－문경(聞慶)－유곡(幽谷)－함창(咸昌)－용궁(龍宮)－예천(醴泉)－사천(沙川)－풍산창(豊山倉)－안동부(安東府)－일직참(一直站)－의성(義城)－청로참(靑路站)－의홍(義興)－

---

12) 이 여정은 모두 『통문관지』 규정대로 이루어진 것이었으나, 해로의 경우는 풍랑 등을 이유로 다소의 차이가 나타나기도 한다.

신녕(新寧)－영천(永川)－모량(毛良)－경주(慶州)－울산(蔚山)－
용당참(龍堂站)－동래(東萊)－부산(釜山)

② 해로 : 부산－좌수내포(佐須奈浦)－서박포(西泊浦)－뇌호(瀨戶)
－대마도부중－일기도(壹岐島)－남도(藍島)－지도(地島)－적간
관(赤間關)－향포(向浦)－궁주(宮洲)－실우(室隅)－상관(上關)
－하실(賀室)－진화(津和)－가로도(加老渡)－겸예(鎌刈)－고도
(高島)－충해(忠海)－횡도(橫島)－전도(田島)－압도(押渡)－도
포(韜浦)－백석(白石)－수도(水島)－하진(下津)－우창(牛窓)－
실진(室津)－명석포(明石浦)－병고(兵庫)－하구(河口)－대판성
(大坂城)－평방(平方)－정포(淀浦)

③ 일본의 육로 : 정포－왜경(倭京)－대진(大津)－삼산(森山)－팔번
산(八幡山)－좌화산(佐和山)－금차(今次)－대원(大垣)－주고(洲
股)－명호옥(名護屋)－명해(鳴海)－강기(岡岐)－적판(赤坂)－길
전(吉田)－황정(荒井)－빈송(濱松)－견부(見付)－현천(縣川)－금
곡참(金谷站)－등지(藤枝)－준하주(駿河州)－강고(江尻)－길원
(吉原)－삼도(三島)－상근택(箱根澤)－소전원(小田原)－대의(大
礒)－호총(戶塚)－하기(河崎)－품천(品川)－강호(江戶)

노정의 뒤를 이어서는 관백과 대마도주의 습직 시기와 사망년도 등
을 설명함으로써, 일본에 대한 기본 지식을 제공하고 있다. 또한 임진년
(1592) 이후 조선에서 일본으로 파송한 통신사의 연도와 삼사에 대한
기록도 담고 있다. 특히 이들 기록에서는 숙종 46년(1720), 영조 8년
(1732)의 사실을 서술함으로써, 동사록의 저술연대 추정에도 단서를

제공한다. 영조 8년은 1732년으로, 김현문의 사망년도가 영조 14년 (1738)이었으므로 이 저술이 바로 그 사이에 있었을 것임을 추정할 수 있는 것이다.

　『동사록』의 마지막에는 사행이 조선에 돌아온 이후 조정에서 행해진 처벌 논의 과정을 수록하였다. 많은 논의를 싣고 있는 것은 아니며 대체로 『조선왕조실록』 기록과 일치하지만, 당시 대신들의 빙례문제에 대한 인식의 일단을 보여주는 내용들이 포함되어 있다.

4. 『동사록』의 가치

　김현문의 『동사록』은 이미 언급한 바와 같이 객관적인 사실의 기록에 매우 충실하고 있다. 각 도착 지역에 대한 설명과 눈에 보이는 현상을 사실대로 기록하는 데 집중하고 있었다. 그는 노정, 지공 물품, 의례의 구체적 절차뿐만 아니라, 강호에서의 연회 의례 및 각 구성 내용도 극히 자세하게 기록하고 있다. 이러한 기록 중심적인 태도는 역관이라는 직책에 기인한 것으로 보이며, 매우 객관적으로 평가받을 수 있는 부분이다. 특히 사행에서의 절차 등은 전대(前代)의 사례를 참고하여야 했으므로, 이에 관계되는 기록을 정리함으로써 후대의 시행착오를 최소화할 수 있었던 것이다.

　또한 그의 『동사록』은 매우 비정치적이다. 이는 같은 사행의 기록이었던 임수간의 『동사일록』과 크게 비교되는 부분이다. 당시 주요 난제였던 빙례 개정의 문제는 사행 내내 일본과 갈등을 빚었던 것으로, 임수간의 『동사일록』 후반부에서는 국서 고치기를 요청한 시말을 중심으로 기록하면서 매일 일기 형식의 기록 형태를 벗어나고 있다. 그러나 김현문의 사행록에는 당시 주요 외교사안이었던 빙례 혹은 국서 문제에 대한 언급도 거의 객관적인 사실 위주로만 되어 있다.

또한 김현문의 『동사록』에는 조선의 문화를 가지고 일본의 문화를 예단하는 부정적 시각이 개입되어 있지 않았다. 그것은 객관적인 기록 태도의 영향이기도 하겠지만, 조선 내 문인들이 여전히 중국을 중심으로 일본을 바라보던 시각을 탈피하였음을 보여주는 예라 하겠다.

『동사록』은 일본 문화에 대한 풍부한 내용을 담고 있어 일본의 생활문화 자료로서의 의미도 크게 가지고 있다. 즉 일본의 복식과 음식, 풍속, 경관, 물산 등을 통해 전통적인 일본 문화 전반에 대한 파악이 가능한 것이다.

이상과 같이 그동안 소개되지 못하였던 김현문의 『동사록』을 통하여 숙종 37년(1711)의 신묘사행에 대해 풍부한 내용들이 밝혀질 수 있을 것이라고 기대된다.13)

---

13) 졸고, 「역관 김현문의 일본인식－1711년 사행록 『동사록』을 중심으로－」, 『한국사상사학』 29, 2007 참조. 본 해제는 이 논문을 주로 참조하였다.

『동사록』

김현문(金顯門) 동사록

경인년(숙종 36, 1710) 일본국 관백(關白)[1] 원가선(源家宣, 도쿠가와 이에노부)이 새롭게 위(位)에 올라 통신사를 보내주도록 청하니, 조정에서 이를 허락하였다. 해당 조(曹)에서 세 사신을 의망(擬望)[2] 하여 들였는데, 7월 22일에 상께서 낙점하여 내리셨고, 일행 원역도 차출하였다.

---

1) 일본의 막부대장군에 대한 관습상의 호칭. 관백이란 말은 본래 임금에게 아뢰기 전에 그에게 고한다는 뜻으로 중국 한(漢) 선제(宣帝)가 국가의 만기(萬機)를 대장군에게 고하였던[關白] 고사에서 나왔다. 일본에서는 주작천황(朱雀天皇) 때 등원충평(藤原忠平)이 관백이란 호칭으로 천황을 보필한다는 명분을 내세워 정권을 좌우하게 되면서 처음 쓰이기 시작하였다. 일본의 관직상 대신에게 임명하는 최고의 직위로 모든 조칙과 상주(上奏)에 반드시 관백을 거치게 하여 상징적 존재인 천황 대신 사실상 실권을 장악하였다.

2) 관원을 임명하는 데 후보자를 추천하는 일. 보통은 삼망(三望)을 하지만 꼭 세 사람을 추천하는 것은 아니며 단망(單望)이나 다망(多望)도 있다. 국왕이 그중 한 사람을 낙점하여 결정하였다.

삼사신(三使臣)

정사(正使)

　　이조참의(吏曹參議) 조태억(趙泰億)3) 호 평천(平泉)

부사(副使)

　　사복시 정(司僕寺正) 임수간(任守幹)4) 호 청평(靑坪)

---

3) 숙종 1년(1675)~영조 4년(1728). 조선 후기의 문신. 본관은 양주(楊州). 자는 대년(大年), 호는 겸재(謙齋)·태록당(胎祿堂). 형조판서 조계원(趙啓遠)의 손자이고, 이조참의 조가석(趙嘉錫)의 아들이며, 조태구(趙泰耈)·조태채(趙泰采)의 종제(從弟)이다. 최석정(崔錫鼎)의 문인이다. 숙종 19년(1693) 진사가 되고, 숙종 28년(1702) 식년문과에 을과로 급제, 검열·지평·정언 등을 지냈다. 숙종 33년(1707) 문과 중시에 병과로 급제하였다. 숙종 34년(1708) 이조정랑을 거쳐 우부승지, 철원부사를 역임한 후, 숙종 36년(1710) 대사성에 올랐다. 이때 통신사로 차출되어 일본에 다녀왔으나, 숙종 38년(1712) 왜인의 국서(國書)가 격식에 어긋났다는 이유로 관작이 삭탈되고, 문외출송(門外黜送)되었다가 이듬해 풀려나왔다. 경종 1년(1721) 호조참판으로 기용되었는데, 이때 조태구·최석항(崔錫恒)·이광좌(李光佐) 등과 함께 세제(世弟 : 뒤의 영조) 책봉과 대리청정을 반대하여 철회시켰으며, 소론(少論) 정권에 참여하여 크게 기용되었다. 온건파에 속하였고, 영조 즉위 후 김일경(金一鏡) 등 소론 과격파의 국문 때 책임관이 되었지만, 위관(委官)의 직책을 매우 불안히 여겨 왕의 친국을 청하기도 하였다. 초서(草書)와 예서(隷書)를 잘 썼으며 영모(翎毛)를 잘 그렸다고 한다. 저서로는 『겸재집』이 있다. 시호는 문충(文忠)이다.(인물에 관한 내용들은 한국학중앙연구원의 '한국역대인물종합정보시스템'을 참조하였다.)

4) 현종 6년(1655)~경종 1년(1721). 조선 후기의 문신. 본관은 풍천(豊川). 자는 용여(用汝), 호는 돈와(遯窩). 우참찬 임상원(任相元)의 아들이다. 숙종 16년(1690) 생원시에 합격하였고, 숙종 20년(1694) 알성문과에 병과로 급제, 곧 설서(說書)가 되었고, 정언을 거쳐 숙종 25년(1699) 이만성(李晩成) 등 8인과 함께 홍문록(弘文錄)에 올랐다. 그 뒤 수찬·교리·정언·부수찬 등을 번갈아 역임하다가 숙종 29년(1703) 당쟁의 폐단과 시정(時政)의 득실을 논하였으나 받아들여지지 않자 향리에 은거하였다. 곧 재기용되어 지평이 되었고, 숙종 33년(1707) 사직으로 문신 중시(文臣重試)에 병과로 급제

종사관(從事官)

　병조정랑(兵曹正郎) 이방언(李邦彦)5) 호 남강(南岡)

원액(元額) 총수(總數) 497원(員)의 명단

제1선[정사]6)

자제군관(子弟軍官)

　절충장군(折衝將軍) 이액(李詻)

　전 참봉(參奉) 한윤기(韓潤基)

군관(軍官)

　절충장군 김일영(金鎰英)

　도총부 경력(都總府經歷) 조건(趙健)

하였다. 그 뒤 이조좌랑 겸문학·교리·수찬 등을 역임하다가 숙종 35년 (1709) 사가독서(賜暇讀書)를 하였다. 숙종 36년(1710)에 통신부사가 되어 일본에 파견되었으나 국서의 격식 문제로 인해 관작이 삭탈되고 문외출송 (門外黜送)되었다. 그는 경사(經史)에 밝았으며 음률(音律)·상수(象數)·병 법(兵法)·지리 등에도 해박하였다고 한다. 저서로 『돈와유집(遯窩遺集)』이 있다.

5) 조선 후기 숙종대의 문신. 본관은 완산. 자는 미백(美伯), 호는 남강(南岡). 이세석(李世奭)의 아들이다. 숙종 22년(1696)에 급제하였고, 이듬해 감과 (柑科)에 장원하였다. 숙종 25년(1702)에 전시(殿試) 문과에 합격하여 정언 과 설서를 역임하였다. 조태억, 임수간과 마찬가지로 통신사행 이후 삭탈관 직, 문외출송되었다.

6) 통신사행은 모두 6척의 배가 가는데 그중 상선(上船)이 3척이다. 제1선에는 정사 일행이 국서(國書)를 받들고 승선하며, 제2선에는 부사 일행이 승선하 며, 제3선에는 종사관 일행이 승선한다. 복선(卜船) 3척에는 짐을 나누어 싣는데, 3사행의 당하관이 각각 1원씩 이 배에 탄다(『통문관지』 권6, 교린 하, 바다를 건너가는 사선(使船)).

훈련원 첨정(訓練院僉正) 한범석(韓範錫)7)

훈련원 주부(訓練院主簿) 유준(柳濬)

전 초관(哨官) 김세진(金世珍)

수역(首譯)8)

가선대부(嘉善大夫) 최상집(崔尙嶪)9)

가선대부 이석린(李碩獜)10)

상통사(上通事)

전 판관(判官) 정창주(鄭昌周)11)

---

7) 조선 후기의 무신. 본관은 청주(淸州). 자는 성뢰(聖賚). 병자호란 때의 의병장 한몽삼(韓夢參)의 증손이다. 숙종 21년(1695) 무과에 급제하여 선전관·통어사(統禦使) 등을 거쳐 부총관이 되었다. 서해의 해적들이 심양(瀋陽)과 요동(遼東) 사이에 출몰하여 변방지역을 노략질하자, 조선 북쪽 변경지역에 걱정거리가 될 것을 염려하여 여기에 대비할 인물을 선발할 때 무관들 중에서 제1인자로 뽑혔다. 적의 정세를 잘 탐지한 다음 청나라에 보고하여 공을 세우고 귀국하여 제주목사가 되었다. 이때 마침 흉년이 들어 섬의 주민들이 굶주리게 되자 관청의 곡식을 주선해서 진휼(賑恤)하였고, 나쁜 병이 돌자 서울에서 약을 구해 병을 퇴치하였다. 경종 2년(1722) 나주토포사(羅州討捕使)로 있다가 영흥부사로 옮겼으며, 이후 경상 좌수사가 되었다. 영조 4년(1728) 이인좌(李麟佐)의 난이 일어나자 안성에 모인 적을 무찔러 난을 평정하고 민심을 안정시켰다.

8) 당상역관. 통신사행에는 모두 왜학(倭學) 당상역관 2원(員)을 임명하여 보내는데, 숙종 8년(1682) 왜인들이 1원(員)을 더 두도록 간청하므로 이때부터 3원(員)을 두는 것이 관례가 되었다.

9) 조선 후기의 역관. 본관은 무주(茂朱)이며, 자는 연보(延普)이다. 현종 5년(1664)생이며, 숙종 13년(1687)에 24세의 나이로 역과(譯科) 식년시(式年試)에 합격하였다. 왜학(倭學)으로, 교회(敎誨)를 역임하였고 정헌대부(正憲大夫)의 품계에 올랐다.

10) 조선 후기의 역관. 본관은 해주(海州)이며, 자는 성서(聖瑞)이다. 현종 1년(1660)생이며, 숙종 4년(1678)에 19세의 나이로 역과 식년시에 합격하였다. 왜학이며, 직장(直長) 등을 역임하였고 품계는 가선대부(嘉善大夫)에까지 올랐다.

제술관(製述官)

　　　급제(及第) 이현(李礥)

압물통사(押物通事)

　　　전 첨정(僉正) 김현문(金顯門)

　　　전 직장(直長) 박태신(朴泰信)[12]

양의(良醫)

　　　전 직장 기두문(奇斗文)

사자관(寫字官)

　　　상호군(上護軍) 이수장(李壽長)

서기(書記)

　　　봉상시 판관(奉常寺判官) 홍순연(洪舜衍)[13]

별파진(別破陣)

　　　김두명(金斗明)

마상재(馬上才)

　　　지기택(池起澤)

전악(典樂)

　　　김석겸(金碩謙)

---

11) 조선 후기의 역관. 본관은 온양(溫陽)이며, 자는 성지(盛之)이다. 효종 3년 (1652)생이며, 숙종 1년(1675) 역과 식년시에 합격하였다. 한학(漢學)으로서 사역원 정을 역임하였다. 원래 통신사행에는 상통사와 압물통사에 한학을 각 1인씩 차정하는데, 이 사행에서는 정창주가 상통사로 수행하였다.
12) 조선 후기의 역관. 본관은 밀양(密陽)이며, 자는 신재(信哉)이다. 숙종 5년 (1679)생이며, 숙종 25년(1699) 역과 식년시에 합격하였다. 왜학으로 교회를 역임하였고 품계는 가선대부에 이르렀다.
13) 조선 후기의 문신. 본관은 남양, 자는 명구(命九)이다. 효종 4년(1653)생으로 숙종 31년(1705)에 문과에 급제하였다.

이마(理馬)

안영민(安英敏)

반당(伴倘)

엄정휘(嚴廷輝)

선장(船將)

안시적(安時迪)

복선 감관(卜船監官)

이인성(李寅成)

예단지기(禮單直)

김익명(金益命)

청지기(廳直)

이명준(李命俊)

반전지기(盤纏直)

최천약(崔天若)

도훈도(都訓導)

김한백(金漢伯)

소동(小童)

배중검(裵重儉)

김유성(金有聲)

강필주(姜弼周)

김봉장(金鳳章)

수역 소동(首譯小童)

김광일(金光日)

손상복(孫尙卜)

제술 소동(製述小童)

홍준걸(洪俊屹)

사노(使奴)

귀선(貴先)

만귀(萬貴)

원액노(員額奴) 20명

소통사(小通事)

김돌금(金乭金)

김순적(金順迪) [격군(格軍)]

박모로금(朴毛老金)

최진창(崔震昌)

정득추(鄭淂秋)

사령(使令) 4명

취수(吹手) 6명

포수(砲手) 2명

기수(旗手) 1명

도척(刀尺) 3명

수역 사령(首譯使令) 4명

상선 사공(上船沙工) 4명

상선 격군 57명

복선 사공(卜船沙工) 4명

복선 격군 35명

제2선[부사]

자제군관

부사맹(副司猛) 장문한(張文翰)[14) [공방(工房)]

한량(閑良) 임도승(任道升) [예방(禮房)]

군관

도총부 도사(都摠府都事) 조빈(趙儐) [병방(兵房)]

전 감찰 민제장(閔濟章)[15)

무신겸선전관(武臣兼宣傳官) 정찬술(鄭纘述)[16)

---

14) 조선 후기의 역관. 본관은 안동(安東)이며, 자는 진경(晉卿)이다. 현종 7년 (1666)생으로 숙종 10년(1684) 역과에 합격하였다. 그의 전공은 한학이며 교회(教誨)를 역임하였다. 그는 이번 사행에서 역관이 아닌 자제군관으로 수행하였다.

15) 조선 후기의 무신. 본관은 여흥(驪興). 자는 회백(晦伯), 호는 삼금당(三錦 堂). 민후경(閔後慶)의 아들이다. 신장이 9척이나 되고, 능히 5석의 활을 당 겼다고 한다. 숙종 31년(1705) 무과에 급제하여 감찰을 거쳐, 숙종 37년 (1711) 신묘사행 중 대마도에서 풍랑을 만나 위태롭게 되었을 때 혼자 일행 을 구출하여 무사히 다녀온 뒤, 회령부사가 되었다. 전라병사와 통제사를 역임하였고, 영조 4년(1728) 전라도병마절도사로 있을 때 국고를 탕진하였 다는 죄목으로 탄핵을 받았으나, 영조의 신임으로 무사하였다. 같은 해 안 성군수로 부임하여 이인좌(李麟佐)의 난이 일어나자 아우 제만(濟萬)과 함 께 안성·죽산에서 반란군을 평정하는 데 큰 공을 세워 분무일등원종공신 에 훈록되었다. 이어 그해 황해도병마절도사를 지내고 그 이듬해 병으로 죽었다.

16) 조선 후기의 무신. 본관은 영일(迎日). 정몽주(鄭夢周)의 11대손이다. 영조 1년(1725) 전라병사가 되었고, 영조 4년(1728) 이인좌의 난이 일어나자 포 도대장으로 발탁되었다. 영조 19년(1743) 평안병사가 되었다가 파직되었는 데, 평안감사 이종성(李宗城)이 훌륭한 장수임을 역설하여 구제되었다. 영 조 25년(1749) 통제사, 영조 28년(1752) 총융사가 되어 금위영·어영청의 대장을 겸직하였으나, 부하를 검칙(檢飭)하지 못하였다는 영남이정사(嶺南 釐正使) 민백상(閔百祥)의 탄핵으로 고신이 환수되었고, 영조 31년(1755) 무고한 백성을 죽인 까닭으로 파직되었다가 영조 34년(1758) 다시 총융사

　　호군(護軍) 신진소(申震熽) [원사(遠射)]

　　전 별장 유정좌(劉廷佐)

수역

　　절충장군 이송년(李松年)[17]

상통사

　　홍순명(洪舜明)[18]

압물통사

　　김시박(金時璞)[19]

　　조득현(趙得賢)[20]

　　에 올랐다. 한편, 영조 22년(1746) 영의정 김재로(金在魯)의 요청으로 그의
증손이 정몽주의 사손(祀孫)으로 정하여짐으로써 제사를 받들게 되었다.

17) 조선 후기의 역관. 본관은 광주(廣州)이며, 자는 윤숙(允叔)이다. 현종 1년
(1660)생이며, 숙종 9년(1683) 역과 증광시에 합격하였다. 왜학으로, 교회를
역임하였고 품계는 통정대부(通政大夫)에 올랐다.

18) 조선 후기의 역관. 본관은 남양(南陽)이며, 자는 수경(水鏡)이다. 숙종 3년
(1677)생으로, 3대에 걸쳐 왜학을 배출한 명문 역관 가문 출신이었다. 그의
증조부 홍희남(洪喜男)은 통신사행의 당상역관과 문위행(問慰行)의 당상역
관으로 각각 4차례나 파견될 만큼 인조대와 효종대에 활발하게 활동하였던
왜학역관이었으며, 조부는 인조 12년(1643) 통신사의 당상역관으로 수행하
였던 왜학 홍여우(洪汝雨)이다. 그의 당숙 홍우재(洪禹載) 역시 숙종 8년
(1682) 통신사의 당상역관으로 수행하여 『동사록』을 저술하였다. 홍순명은
숙종 31년(1705) 역과 식년시에 합격한 이후, 동래부의 별차(別差)·훈도
(訓導)·교회 등을 역임하고 통정대부의 품계에 올랐다. 일본어 어휘를 연
습하고 난해어를 해독하는 참고서 역할을 하였던 『왜어유해(倭語類解)』의
편찬자로 알려져 있다.(이상규, 「역관 홍순명(洪舜明)의 경력과 저작 『왜어
유해(倭語類解)』」, 『조선시대의 사상과 문화』, 집문당, 2003 참조).

19) 조선 후기의 역관. 본관은 춘천(春川)이며, 자는 명중(明仲)이다. 숙종 10년
(1684) 출생하여 숙종 31년(1705)에 역과에 합격하였다. 왜학이며, 사역원
주부(主簿)와 교회를 역임하였다.

20) 조선 후기의 역관. 본관은 금산(錦山)이며, 자는 경숙(景叔)이다. 현종 4년

의원

전 주부 현만규(玄萬奎)

화원(畫員)

부사과 박동보(朴東普)

서기

급제 엄한중(嚴漢重)[21]

별파진

엄한우(嚴漢佑)

전악

김세경(金世琼)

반당

최수해(崔壽海)

선장

신지관(辛之寬)

복선 감관

김자명(金自鳴)

청지기

정준희(鄭俊喜)

반전지기

이능백(李能白)

(1663) 출생하여 숙종 10년(1684) 역과에 합격하였다. 한학으로, 사역원 직
장 등을 역임하였다.

21) 조선 후기의 문관. 본관은 영월(寧越)이며, 자는 자정(子鼎)이다. 현종 6년
(1665) 출생하여 42세 되던 해인 숙종 32년(1706) 문과에 합격하였다.

소동

　　이세적(李世勣)

　　강익성(姜翼聖)

　　이덕재(李德載)

　　이애정금(李愛正金)

수역 소동

　　김흥석(金興碩)

도훈도

　　정재중(鄭載重)

사노

　　오봉(五奉)

　　계남(季男)

원액노 16명

소동사(小童詞)

　　최명남(崔命男)

　　이승담(李承淡)

　　박귀찬(朴貴贊)

사령 4명

취수 6명

포수 2명

기수 1명

도척 2명

수역 사령 2명

38

상선 사공 4명

상선 격군 62명

복선 사공 4명

복선 격군 30명

제3선[종사관]

자제군관

　　부사용(副司勇) 변경화(卞景和)22)

군관

　　전 군수(郡守) 이행검(李行儉) [병방]

　　선전관(宣傳官) 정수송(鄭壽松) [공방]

수역

　　절충장군 김시남(金始南)23)

상통사

　　현덕윤(玄德潤)24) [건량(乾粮)]

---

22) 조선 후기의 역관. 본관은 밀양(密陽)이며, 자는 성서(聖瑞)이다. 현종 14년
(1673)에 출생하여 18세 되던 숙종 16년(1690) 역과에 합격하였다. 그의 전
공은 한학으로 사역원 정에 올랐다. 이번 사행에서는 역관이 아닌 자제군
관으로 수행하였다.

23) 조선 후기의 역관. 본관은 우봉(牛峰)이며, 자는 중숙(重叔)이다. 효종 7년
(1656)에 출생하여 숙종 16년(1690) 역과 증광시에 합격하였다. 왜학으로서
교회 등을 역임하였고, 품계는 통정대부에 올랐다.

24) 숙종 2년(1676)~영조 13년(1737). 조선 후기의 역관이며 문장가. 본관은 천
녕(川寧)이며, 자는 도이(道以), 호는 금곡(錦谷)이다. 숙종 31년(1705) 역과
에 합격하고 부산 훈도로 재임하였다. 그 뒤 가선대부(嘉善大夫)의 품계를
받고 부호군을 역임하였다. 시와 문장에 능하였고, 서예에도 뛰어나 초서와
예서에서 일가를 이루었다고 한다.

차상통사

김시량(金是樑)[25] [복선]

전 첨정 최한진(崔漢鎭)[26]

의원

부사용 이위(李渭)

사자관

이이방(李爾芳) [복선]

서기

부사과 남성중(南聖重)

마상재

이두흥(李斗興)

반당

김세영(金世榮)

선장

김여징(金汝澄)

복선 감관

추시강(秋時江)

청지기

---

25) 조선 후기의 역관. 본관은 경주(慶州)이며, 자는 대재(大哉)이다. 현종 5년
(1664) 출생하여, 숙종 13년(1687) 역과에 합격하였다. 왜학으로서, 사역원
정(正)을 역임하였다.

26) 조선 후기의 역관. 본관은 경주(慶州)이며, 자는 안국(安國)이다. 숙종 4년
(1678)생으로 숙종 34년(1708) 역과에 합격하였다. 왜학으로서 교회 등을
역임하였고, 품계는 통정대부에 이르렀다. 제3선의 수역(首譯)이었던 김시
남(金始南)은 최한진의 처부(妻父)이다.

원만주(元萬柱)

반전지기

조용석(趙龍錫)

도훈도

김일억(金鎰億)

소동

박치선(朴致善)

이상삼(李尙三)

최응호(崔應虎)

윤창걸(尹昌傑)

수역 소동

장세징(張世澄)

사노

노적(老積)

순걸(順傑)

원액노 12명

소동사

송모동(宋毛同)

사령 4명

취수 6명

포수 2명

도척 2명

수역 사령 3명

상선 사공 4명

상선 격군 57명

복선 사공 4명

복선 격군 33명

호행대차왜(護行大差倭)[27]

평전준인(平田隼人) [이름은 평방직(平方直)이다.] 부산 왜관(倭館)에서부터 호행하는 자이다.

대포충좌위문(大浦忠左衛門) [이름은 평륜지(平倫之)이다.]

재판(裁判)[28]

도웅팔좌위문(島雄八左衛門) [이름은 평방정(平方正)이다. 부산 왜관에서부터 호행하였으나, 대마도에 도착하여 병으로 죽었다]

사전일랑병위(寺田一郎兵衛) [이름은 귤방고(橘方高)이다.]

통구구미우위문(樋口久米右衛門) [이름은 평방리(平方利)이다. 대마도에 있을 때 평방정을 대신하였으나, 돌아올 때 왜경(倭京)에 도착하여 뒤에 남았다.]

농육낭우각위문(瀧六郎右各衛門) [이름은 평방상(平方相)이다. 돌아올 때 왜경에 도착한 평방리가 아들의 병으로 뒤에 남았으므로, 그를 대신하였다.]

도선주(都船主)

---

27) 차왜는 강호(江戶)시대 조선에 파견된 대마도(對馬島)의 부정기 사절을 조선에서 불렀던 호칭이다. 예조참판 앞으로 오는 서계를 지참한 차왜를 대차왜라 하였다. 차왜에게는 부산의 왜관에 머무를 수 있는 체류기한이 정해져 있었다.

28) 조선과 일본 두 나라의 교제를 주관하는 차왜.

길천육랑좌위문(吉川六郎左衛門) [이름은 평성상(平誠尙)이다. 부산
왜관에서부터 호행한 자이다.]

상선(上船) 통사왜(通詞倭)[29]

강구금칠(江口金七), 장유등우위문(長留藤右衛門)

부선(副船) 통사왜

가세전오랑(加勢傳五郎), 소전사랑병위(小田四郎兵衛)

종선(從船) 통사왜

산성홍좌위문(山城弘左衛門), 아비유의병위(阿比留儀兵衛)

상복선(上卜船) 통사왜

부정원입(富井源入), 소산전가우위문(小山田嘉右衛門)

부복선(副卜船) 통사왜

교변시병위(橋邊市兵衛), 소송원권우위문(小松原權右衛門),

백수우병위(白水又兵衛)

삼복선(三卜船) 통사왜

무리전변길(茂里田弁吉), 인위선육(仁位善六), 중천길우위문(中
川吉右衛門)

정선(正船) 금도왜(禁徒倭)[30]

미전총병위(米田摠兵衛)

부선 금도왜

전성택우위문(田城澤右衛門)

---

29) 조선과 언어를 소통하기 위해 대마도에 두었던 일본의 통역관. 숙종 19년
(1693)부터 조선에 나와 3년마다 교체하였다.

30) 왜관(倭館) 안에서 교간(交奸)이나 도둑질을 못하도록 하는 왜인. 22인으로
1년마다 교체하였다(『통문관지』 권5, 차왜(差倭)).

종선 금도왜

천정희내(淺井喜內)

국서(國書)

조선국왕 성(姓) 휘(諱) 봉서(奉書)['위정이덕(爲政以德)'이라고 새긴 어보가 찍혀 있다.]

일본국왕 전하

빙문(聘問)이 끊긴 지 어느덧 1세(一世)입니다. 듣건대 전하께서 선대의 터전을 잘 이어받아(光紹) [(光자를) 극(克)자로 고쳤다.] 널리 구역을 다스린다 하니, 이웃 간의 우호를 닦는데 있어서 기쁜 마음 이루 말할 수 없습니다. 이에 성대하게 사신을 보내어 신의를 거행하는 한편, 화목을 닦고 경사(慶事)에 하례하며 삼가 전례에 따라 변변치 못한 물품이나마 멀리서 정성을 다해 보내는 바입니다. 더욱 치세에 힘쓰시기를 바라며 더욱 영원하고 굳게 교의(交誼)하기를 바라나이다. 불비(不備)[31]

신묘년(辛卯年, 숙종 37, 1711) 5월 일

별폭(別幅)[32] [인삼 50근, 대수자(大繻子)[33] 10필, 대단자(大緞子)[34] 10필,

---

31) 제대로 갖추지 못했다는 말로 편지 끝에 붙이는 겸사.
32) 본래는 쪽지나 조각을 뜻하는 말로 공식 문건의 내용을 보충하는 형식으로

청서피(靑黍皮)[35] 30장, 황조포(黃照布) 20필, 흑조포(黑照布) 30필, 호피(虎皮) 15장, 황밀(黃蜜)[36] 100근, 어피(魚皮)[37] 100장, 색지(色紙) 30권, 각색 붓 50자루, 준마(駿馬) 2필과 안구(鞍具), 청밀(淸蜜, 꿀) 10호(壺)[등잔마다 1두씩], 매 10연(連), 진묵(眞墨) 50홀(笏)][38]

서계(書契)[39]

조선국 예조참의(禮曹參議) 오명준(吳命峻)[40] 봉서(奉書)

첨부된 문건이다. 통신사행에서는 진헌물의 품목을 적은 것을 말한다. 이를 별폭이라고 하는 것은, 서계에 사절의 목적과 용건을 기재하고 문서 끝이나 별지에 예물로 보내는 선물의 종류와 수량을 적어 완전한 문서로 작성했기 때문이다. 일본의 풍속에서는 서로 물건을 줄 때 별폭을 사용한다고 한다. 별폭은 상대방의 지위에 따라 품목과 그 품목의 양이 정해졌다.

33) 여러 사행록에는 대유자(大襦子)로 표기된 경우가 있다. 대유자는 두텁고 매끈하며 윤이 나는 비단의 한 종류이다.

34) 유자(襦子)보다 윤이 더 나고 색실로 무늬를 넣어 짠 비단.

35) 담비 종류 짐승의 털가죽.

36) 꿀벌집의 주성분으로서 꿀을 짜낸 뒤에 남은 찌꺼기를 끓여서 만든 것.

37) 물고기의 가죽으로 대개는 상어 가죽을 말한다.

38) 임수간의 『동사일기(東槎日記)』에는 인삼 50근, 대수자 10필, 대단자 10필, 색대사(色大紗) 20필, 백조포(白照布) 20필, 황조포 20필, 흑마포(黑麻布) 30필, 호피 15장, 초피(貂皮) 20장, 청서피 30장, 어피 100장, 색지 30권, 각색 붓 50자루, 진묵 50홀, 황밀 100근, 청밀 10기(器), 매 10연, 준마 2필과 안장 등으로 약간의 차이가 있다.

39) 조선시대 일본과 왕래한 공식 외교문서. 관백에게는 조선 국왕의 명의로 국서(國書)가 작성되었고, 대마도주(對馬島主)나 관백의 관리들에게는 예조참판, 참의, 좌랑 등 상대방의 직위와 상응한 직명으로 서계가 작성되었다.

40) 조선 후기의 문신. 본관은 해주(海州). 자는 보경(保卿). 병조판서 오도일(吳道一)의 종손으로 오수량(吳遂良)의 아들이며, 우의정 오명항(吳命恒)의 형이다. 숙종 10년(1684) 진사시에 합격하고, 숙종 20년(1694) 알성문과에 장원으로 급제하여 정언(正言)이 되었다. 성품이 강직하여 조정에 척완의

일본국 대마주 태수(對馬州太守) 습유(拾遺) 평공(平公) 합하(閤下)41)

멀리서 생각건대, 이 더운 절후에 기거(起居)는 안녕하십니까? 우리 조정에서 귀국(貴國)의 새 왕화(王化)가 더욱 빛남을 축하하기 위해 폐백을 갖추고 사신을 보내어 신의를 두터이 하며 우호를 닦습니다. 이 지극한 뜻을 받들어 성의를 다해 약간의 예의를 표하오니, 아울러 웃으면서 받아주시기 바랍니다. 불비

별폭 [인삼 5근, 표피(豹皮) 3장, 백조포(白照布) 10필, 백면주(白綿紬, 흰 명주) 10필, 호피 2장, 화석(花席) 5장, 흑마포(黑麻布, 검은 베) 5필, 백목면(白木綿) 20필)]

조선국 예조좌랑 홍우도(洪禹道)42) 봉서(奉書)
일본국 연장로(緣長老) 족하(足下)

세력이 팽배함을 탄핵하였으며, 종종 직간을 잘하여 한때 파직당하기도 하였다. 숙종 41년(1715)에 『가례원류(家禮源流)』의 시비가 발생하여 노론·소론의 대립이 첨예화되었을 때, 책의 발문에 윤증(尹拯)의 행동을 비난하였고, 이를 계기로 부제학 정호(鄭澔)를 탄핵하여 파직시켰다. 그 뒤 우의정 이건명(李健命)의 만류에도 불구하고 격렬한 문장으로 이조판서 김구(金構)를 탄핵하기도 하는 등, 직간을 잘하여 자주 오해를 불러일으켰다. 문장과 글씨가 뛰어나고 경사(經史)에도 조예가 깊었다.

41) 족하는 동년배 이하의 사람에 대한 경칭이며, 합하는 족하보다 존경의 뜻이 강한 경칭이다.

42) 조선 후기의 문신. 홍처관(洪處寬)의 아들로, 효종 6년(1655)생이다. 숙종 10년(1684) 식년시(式年試) 병과(丙科)에 급제하여 예조좌랑과 현감을 역임하였다.

멀리서 생각건대, 이 계절에 기거는 안녕하십니까? 마침 축하하러 떠나는 사행편에 문후의 예를 올리오니, 바라건대 수로(水路)에 잘 호위하시어 순조롭게 항해할 수 있게 해주시면 매우 다행한 일이겠습니다. 이에 약간의 물품을 받들어 멀리서 정성을 표하는 바입니다. 불비

별폭 [인삼 3근, 백면주 5필, 진묵 10홀, 백조포 5필, 황모필(黃毛筆) 20자루]

조선국 예조좌랑 홍우도 봉서(奉書)
일본국 종벽산(鍾碧山) 만송원(萬松院)[43] 족하

한창 무더운 계절에 수도(修道)는 잘 되고 계십니까? 사모하는 마음 매우 간절합니다. 변변치 못한 물품이나마 웃으면서 받아주시기를 바랍니다. 불비.

별폭 [백조포 5필, 호피 1장, 유둔(油芚)[44] 1부(部) 백면주 5필, 화석 3장]

조선국 예조좌랑 홍우도 봉서(奉書)
일본국 사문(沙門) 이정암(以酊庵)[45] 족하

---

43) 만송원은 대마도주 평의지(平義智)가 죽은 뒤에 대마도의 종벽산에 설치한 원당(院堂)이다. 만송원 장로는 곧 서산 장로로서, 본토의 승려를 차출해서 임명한다. 단지 사행 때에만 예조좌랑(禮曹左郎)과 문서를 통한다.
44) 방수용으로 쓰이는 두꺼운 유지(油紙).
45) 대마도에 있는 절인데, 광해군 3년(1611)에 현소(玄蘇)가 부(府)의 동쪽에 있는 할려산에 암자를 짓고 이름을 이정암이라고 하였다. 대마도주가 조선의 국왕과 일본의 막부장군(幕府將軍) 사이에서 국서(國書)를 고쳐 쓰는 등

신묘년(辛卯年, 숙종 37, 1711)

5월 큰 달

12일 경자

아침에는 흐리고 저녁에는 맑음.

호조와 예조 당상 및 삼사신(三使臣)이 예조에서 함께 예단의 물건 싸는 것을 살폈다. 그 중 생저포(生苧布, 생모시), 호피와 표피(豹皮) 등 여러 가지 물품을 상(上)께서 점퇴(點退)46)하시어 바꾸어 준비하였다.

15일 계묘

아침에는 비가 내리다가 낮에는 맑음. 저녁에는 비가 내림.

삼사신 이하 일행이 대궐에 나아가 상께 하직 인사를 드렸다. 마친 후 상께서 명하시어 삼사신을 흥정전(興政殿)에서 인견(引見)하시고 선온(宣醞),47) 납약(臘藥),48) 호초(胡椒, 후추), 호피, 궁전(弓箭, 활과 화

간계를 부리는 일이 많자, 인조 2년(1624)의 통신사행 이후, 전부터 막부에서 교린(交隣)의 고문으로 삼던 경도(京都) 오산승(五山僧)을 돌아가며 이곳에 주재시켜 외교 사무를 맡아보게 하였다. 경도 오산승이란 경도에 있는 임제종(臨濟宗)의 다섯 큰 절인 천룡사(天龍寺)·상국사(相國寺)·건인사(建仁寺)·동복사(東福寺)·만수사(萬壽寺)에서 차출한 문자를 아는 승려를 말한다. 매번 강호에서 승려를 임명하여 보내고, 30개월이 되면 교체한다. 조선과 문서를 통하고 통신사 일행을 보호하고 대접하며 대마도 안을 점검하고 규찰한다. 반열은 태수의 아래이지만, 예는 대등하게 한다.

46) 받을 물건을 조사하여 마음에 맞지 않는 물건을 수령하지 않고 물리치는 것.

47) 왕이 신하 등에게 내리는 어주(御酒).

살), 유둔(油芚), 부채 등의 물건을 내려주셨으며, 원액(員額)과 군관(軍官) 등에게는 대접선(大接扇)과 별선(別扇) 각 1자루씩을 내려주셨다. 삼사신이 절월(節鉞)49)을 받들고 나갔다. 나는 삼당상과 세 상판사(上判事)와 함께 반열을 따라 남관왕묘(南關王廟)50)에 이르러 사상(使相)에게 고하였다. 각자 흩어져 돌아가서 나도 집에 돌아왔는데, 짐은 이미 출발하였고 봉사(奉事) 등 여러 동생과 함랑(咸郞), 최랑(崔郞)은 이미 강교(江郊)에 나아갔다고 한다. 서계(書契)의 일로 다시 궐내에 나아가 비변사와 예조와 이조에 말한 후 집에 돌아왔다. 사당에 들어가 절한 후 내방한 일가친족과 작별하였다. 가는 길에 곡교택(曲橋宅)에 들어가 조모(祖母)께 작별인사를 올렸다.

날이 이미 한낮이 되어가므로, 빨리 달려 내부엇현(內夫笆峴)에 이르렀다. 동료인 김이택(金而澤)과 한군탁(韓君度)이 반과(盤果)를 차려놓고, 본청의 여러 동료들이 모두 모여 머물기를 청하였다. 조금 있으니 이홍현(李洪玄) 대감과 동료 최상계(崔相繼)가 나와서 동료들과 함께

---

48) 납일(臘日)을 전후하여 임금이 가까운 신하들에게 내리는 약.
49) 조선시대 지방의 관찰사·유수·병사·수사·대장·통제사 등이 부임할 때 임금이 내어주던 절(節)과 부월(斧鉞). 절은 수기(手旗)와 같고 부월은 도끼와 같이 만든 것으로 생살권(生殺權)을 상징한다.
50) 중국 삼국시대 촉한(蜀漢)의 무장이었던 관우(關羽)를 신앙하기 위하여 건립된 묘당(廟堂). 중국에서는 명나라 초부터 관왕묘를 건립하여 일반인에게까지도 그 신앙이 전파되었는데, 우리나라에서는 임진, 정유왜란 때 명나라 군사들에 의해 관왕묘가 건립되었다. 서울에는 남대문 밖의 남관왕묘와 동대문 밖의 동관왕묘가 있으며, 지방에는 강진, 안동, 성주, 남원 등 네 곳에 관왕묘가 건립되었다. 과거 이곳에서는 봄·가을에 장신(將臣)들이 모여 향사(享祀)를 올리고 때로는 국왕이 친히 거둥하여 향사를 올리기도 하였으며, 왕명을 받은 사신들이 이곳에 이르러 일단 출국이나 입국절차를 차리는 것이 상례였다.

즐겁게 여러 잔을 마시고 작별하였다. 외부엇현(外夫旕峴)에 이르니 서동(西洞)의 당숙과 여러 동생들이 나와서 기다린 지 오래되었고, 친구들도 와서 이별하려는 자가 많았다. 잠시 의막(依幕)에 들어갔는데 소나기가 쏟아져 내려, 비를 무릅쓰고 서서 여러 잔을 마셨다.

삼사신이 이미 강을 건넜다고 하므로 당숙께 절하며 작별하였다. 한강 나루터에 이르러 여러 동생들 및 최랑(崔郞)과 악수하고 서로 이별하였다. 저들도 나도 눈물을 머금고 작별하니, 이번 사행이 연행(燕行)과 다르다는 것을 여기에서 알 수 있겠다. 더욱 서운한 것은, 부친께서 지난달에 이미 서쪽으로 가셨으며,51) 형님도 3월에 자문(咨文)을 가지고 사행으로 갔기 때문에,52) 이와 같이 기한을 알 수 없는 행차에 슬하(膝下)에서 작별인사를 올릴 수 없다는 것이다. 그러니 이 마음의 서운함을 어찌 형용하고 비유할 수 있겠는가.

초저녁에 양재참(良才站)에 이르러 유숙하였다. 장단(長湍)·연천(連川)·교하(交河)·풍덕(豊德)·과천(果川)·삭녕(朔寧) 등의 고을에서 대접하였다. 이날은 30리를 갔다.

---

51) 숙종 37년(1711) 위원(渭原) 지역민이 월경하여 살인한 일이 발생하자 청에서 조사관을 파견하였는데, 이들이 조선의 경내로 들어오는 일을 막기 위하여 역관(譯官) 김지남(金指南)을 봉성(鳳城)에 보내어 조사관을 힐책케 하였다(『숙종실록』권50, 숙종 37년 4월 병술).

52) 숙종 37년(1711) 위원(渭原) 지역민의 월경 사건시, 조정에서는 역관 김경문(金慶門)을 보내어 청국(淸國)에 가서 범월인(犯越人)을 체포하여 취복(取服)하는 일과, 별도로 임명한 형관(刑官) 송정명(宋正明)을 봉성에 보내 조사하게 한다는 뜻을 예부(禮部)에 이자(移咨)하였다(『숙종실록』권50, 숙종 37년 3월 경자).

50

16일 갑진

비가 내리다 맑다 함.

새벽에 길을 떠나 판교(板橋)에 이르렀다. 광주(廣州)·김포(金浦)·영평(永平)·부평(富平)·금천(衿川) 등의 고을에서 대접하였다. 점심 후 용인현(龍仁縣)에 이르러 유숙하였다. 통진(通津)·용인(龍仁)·인천(仁川)·남양(南陽) 등의 고을에서 대접하였다. 남양부사(南陽府使)는 직접 오지 않고 그 고을의 담당 아전을 보내 대접하였는데, 음식 맛이 상하여 입에 댈 수가 없었으며, 노(奴)와 역졸(驛卒) 중에는 먹지 못한 자도 많았다. 이날은 60리를 갔다.

17일 을사

맑음.

아침밥을 먹은 후 출발하였다. 양지현(陽智縣)에 도착하니, 이천(利川)·마전(麻田)·안산(安山)·가평(加平)·양천(陽川)·양지(陽智) 등의 고을에서 대접하였다. 점심 후 죽산부(竹山府)에 이르러 유숙하였다. 수원(水原)·죽산(竹山)·진위(振威)·적성(積城) 등의 고을에서 대접하였다. 이날은 80리를 갔다.

18일 병오

아침에는 맑았으나 저물녘에는 비가 내림.

새벽에 출발하여 무극역(無極驛)에 이르렀는데, 안성(安城)·양근(陽根)·지평(砥平)·여주(驪州)·포천(抱川)·양성(陽城) 등의 고을에서 대접하였다. 점심을 먹은 후 숭선참(崇善站)에 이르러 유숙하였다.

청주(淸州)·진천(鎭川)·문의(文義)·목천(木川)·전의(全義) 등의 고을에서 대접하였다. 이날은 80리를 갔다.

역마(驛馬)를 갈아타고, 돌아가는 역자(驛子) 편에 집으로 편지를 부쳤다. 이후로는 내내 마도(馬徒) 1명, 서자(書者) 1명, 농마도(籠馬徒) 1명, 구종(丘從) 1명, 짐 싣는 말 1필, 노자가 타는 말 1필, 사령(使令)[53] 1쌍(雙), 배리(陪吏) 1명, 통인(通引) 2명, 방자(房子)·사환군(使喚軍)·다모(茶母)[54]·감상(監嘗)이 각 1명씩 있었다. 호서영리(湖西營吏) 음촌석(陰寸惜) 등 3명이 와서 사행을 수행하였다.

19일 정미

비가 내림.

새벽에 비를 무릅쓰고 떠나 충주(忠州)에 이르러 유숙하였다. 본주(本州) 및 청풍(淸風)·제천(堤川)·청안(淸安)·음성(陰城) 등의 고을에서 대접하였다. 이 날은 40리를 갔다. 쇄마인(刷馬人)[55] 명준(命俊)이 돌아가는 길에 집으로 편지를 부쳐 보냈다.

20일 무신

흐림.

새벽에 떠나 안부역(安富驛)에 도착하였는데, 괴산(槐山)·연풍(延豊)·보은(報恩)·단양(丹陽)·영춘(永春)·회인(懷仁) 등의 고을에서

---

53) 각 관서에서 심부름하는 사람을 가리키는 범칭.
54) 관사(官司)에서 차와 술대접 등의 잡일을 맡아 하던 관비(官婢).
55) 쇄마(刷馬)는 지방에 배치하였던 관용마(官用馬)이니, 쇄마인은 쇄마를 관리하는 사람인 듯하다.

대접하였다. 점심을 먹은 후 가는 길에 수옥정(漱玉亭)에 들렀더니, 비가 내린 뒤라 폭포가 대단하여 날아가는 물방울이 난간 위에까지 올라와 사람의 정신을 상쾌하게 하였다. 사면이 푸른 벽이고 푸른 언덕이 둘러 싸고 있어서, 인간 세상의 시끄러움이 전혀 없는 곳을 밟는 것 같았다. 이때는 한낮인데도 매우 시원하니, 이는 실로 인간 세상에서 보기 어려운 경계이다. 음촌석을 시켜 절벽에 올라, 정사 이하 수행하는 군관(軍官)과 원액(員額)의 이름을 바위 위에 쓰게 하였다.

조령(鳥嶺)에 올랐다. 고개 위에서 말을 갈아타고 저녁에 문경현(聞慶縣)에 이르러 유숙하였다. 본현과 선산(善山)에서 대접하였다. 이날은 80리를 갔다. 호서영리가 고하여 돌아가고, 영남영리(嶺南營吏) 김유장(金有章) 등 3명이 와서 수행하였다.

21일 기유

아침에는 맑다가 낮에는 비가 내림.

새벽에 출발하여 유곡역(幽谷驛)에 도착하였다. 상주(尙州)·금산(金山)·개령(開寧) 등의 고을에서 대접하였다. 점심을 먹은 후 정사상(正使相, 정사)이 함창(咸昌) 하서면(下西面)에 있는 고(故) 문강공(文剛公)의 계실(繼室) 함녕군부인(咸寧郡夫人) 김씨(金氏)의 묘에 이르러 치제(致祭)하였으니, 곧 정사상의 11대 조모(祖母)라 한다. 제사 물품은 본 고을에서 준비하여 왔는데, 매우 풍성하고 넉넉하였다. 날이 저문 뒤 함창현(咸昌縣)에 이르러 유숙하였다. 본현(本縣)과 인동(仁同)에서 대접하였다. 이날은 60리를 갔다.

22일 경술

소나기가 많이 내림.

종사관이 상주(尚州)·비안(比安)을 경유하는 것으로 길을 잡아 의성(義城)에서 만나기로 약속하고 먼저 출발하였다. 정사 행차는 조반을 마치고 출발하여 용궁현(龍宮縣)에 이르러 유숙하였다. 군위(軍威) 및 본현에서 대접하였다. 이날은 40리를 갔다. 부사 행차는 안부(安富)에서 뒤처졌었으나 이때에 뒤이어 도착하였다.

23일 신해

흐림.

일찍 출발하여 예천군(醴泉郡)에 이르러 유숙하였다. 두 행차를 본군에서 모두 대접하였다. 이날은 30리를 갔다. 두 사신이 쾌빈루(快賓樓)에 올라 비장(裨將)[56]을 시켜 활을 쏘게 하고, 보며 즐겼다. 서울 사람이 돌아가게 되어 그 편에 집으로 편지를 써서 부쳤다.

24일 임자

맑음.

새벽에 출발하여 15리를 가서 사천(沙川)에 도착하니, 어제 내린 소나기 때문에 다리가 무너져 있고 큰물이 넘쳤다. 사상(使相)께서 가마에서 내려 멈추어서 절월과 예단, 짐들을 모두 건너게 한 후 천천히 인부들을 건너게 하였다. 또 15리를 가서 풍산창(豊山倉)에 도착하였더

---

56) 조선시대 감사·절도사 등 지방 장관이 데리고 다니던 막료(幕僚)로 장관이 임의로 임명하는 무관.

니, 영천(榮川)·순흥(順興)에서 대접하였다. 점심을 먹고 출발하고자 하였으나 한낮의 무더위가 너무 심하여 갈 수가 없어서 해가 넘어간 후 비로소 출발하였다. 저녁에 안동부(安東府)에 이르러 유숙하였다. 본부와 영양(英陽)에서 대접하였다. 고개를 넘은 후에는 구경나온 사녀(土女)들이 사나흘치의 식량을 싸가지고 와서 길거리를 메웠다. 빙둘러 장막을 높게 치고 관람하는 자들도 많았는데, 안동이 더욱 많았다. 이날 은 60리를 갔다.

25일 계축

맑음.

안동에 머물렀다. 예단과 짐들을 고쳐 쌌다. 오후에 사상이 삼태사묘(三太師廟)[57]에 가서 절하였다. 마친 후 남문루(南門樓)에 가서 마상재(馬上才)[58]를 구경하였는데, 말 달리는 길이 평평치 못하여 각종의 기

---

57) 고려 개국공신 김선평(金宣平)·권행(權幸)·장길(張吉)의 위패를 봉안한 곳. 이들은 모두 안동을 본관으로 하는 안동 권씨·안동 김씨·안동 장씨의 시조들로, 고려를 처음 세울 때 공이 있어서 왕건으로부터 성씨를 받았다.

58) 말을 타고 달리며 부리는 기병무예(騎兵武藝), 혹은 일본의 막부 장군 앞에서 마상재를 시범하기 위하여 뽑혀 가는 군인을 지칭하기도 한다. 고려 때 시작되어 임진왜란 이후에는 각 영문(營門)에서 시행되었는데, 대략 8가지 종목이 있다. 곧 말을 달리며 삼혈총(三穴銃) 쏘기, 말 등 좌우로 넘기, 말 등 위에 죽은 듯이 가로 눕기, 말 다리 밑으로 몸 숨기기, 말 등에서 물구나무 서기, 머리를 말꼬리로 향하고 세로로 눕기, 말의 몸통 좌우로 넘나들기, 쌍마(雙馬) 타고 서서 총 쏘기 등이 있으며 때에 따라 약간의 변동이 있기도 하다. 인조 13년(1635) 일본 정부의 간청에 의해 마상재에 뛰어난 장효인(張孝仁)과 김정(金貞)이 사절단을 따라 일본에 건너가서 재주를 보였으며, 그 뒤로는 사절단에 반드시 마상재가 동행하게 되었다.

술을 다 펼칠 수가 없었다. 고을 수령인 영공(令公) 여필용(呂必容)59)과 양 사신이 강무청(講武廳)에 앉아서 잔치를 베풀어, 관악기와 현악기를 번갈아 연주하고 기희(妓戱)를 다 하였다. 날이 저물어서야 파하였다.

26일 갑인

아침에는 맑았으나 낮에는 비가 내렸다.

새벽에 출발하여 5리를 가서 영호루(暎湖樓)60)에 도착하였더니, 고을 수령이 전별연을 준비하고 기다리고 있었다. 술이 서너 순배 돈 후에 부사가 먼저 배를 타고 강을 건넜다. 영호루 편액의 세 글자는 고려 공민왕(恭愍王)이 쓴 것으로, 뻗어 나간 필법이 힘있고 매우 씩씩하니 참으로 옛 유적이다. 낮에 일직참(日直站)에 도착하였고, 영해(寧海)·예안(禮安)에서 대접하였다.

점심 후 출발하여 저녁에 의성에 도착하여 종사관과 서로 만났다. 들으니, 왜인들이 관백(關白)에 대해 대군(大君)이라는 칭호를 고쳐 국왕의 칭호를 회복하기를 청하였다 한다.61) 삼사상(三使相)이 문소각(聞韶閣)62)에서 모였는데, 부사행(副使行)이 대접하였다. 청송(靑松)에는

---

59) 조선 후기의 문신. 효종 6년(1655) 출생하여 숙종 9년(1683) 증광시에 합격하였다. 관직은 호조참판을 역임하였다.
60) 영남의 네 누각 중 하나. 공민왕이 홍건적의 난을 피하여 안동으로 몽진하였을 때 이곳에서 유람했다고 한다. 현판은 공민왕의 친필이다.
61) 처음에는 조선에서 일본 관백에 대한 호칭을 일본국왕이라고 하였었는데, 인조 14년(1636)에 왜사(倭使) 평지우(平智友)가 와서 '대군'이라고 개칭하도록 요청하였다. 숙종 37년(1711)에 통신사가 하직 인사를 한 뒤에 일본에서 옛 예에 의해 '왕'이라고 일컫기를 간청하였으므로, 조정에서 허락하였다. 그러나 숙종 45년(1719)에 다시 대마도주의 말에 의거하여 '대군'으로 일컫게 되었다(『통문관지』 권6, 교린 하, 국서의 법식).

검무(劍舞)를 잘 추는 2명의 기생이 있어 쌍검무(雙劍舞)를 추게 하였는데 그 검법이 매우 기묘하였다. 때때로 공중을 우러러 검을 던져 두개의 검이 교대로 내려올 때 한 손으로 모두 잡았다. 백번 던져 한번도 실수하지 않았으며, 그 빠르게 번쩍번쩍하는 모양이 사람으로 하여금 두렵게 하니 참으로 기이한 볼거리였다. 본현과 청송에서 대접하였다. 이날은 70리를 갔다.

27일 을묘

흐림.

새벽에 출발하여 청로참(靑路站)에 도착하였다. 영덕(盈德)·진보(眞寶)·비안(比安) 등의 고을에서 대접하였다. 점심을 먹은 후 사상이 학산서원(鶴山書院)에 들러 전배(展拜)하였다. [육신(六臣)과 기사(己巳) 삼충신(三忠臣)이다.] 저녁에 의흥현(義興縣)에 도착하여 유숙하였다. 성주(星州)와 본현에서 대접하였다. 이날은 50리를 갔다.

28일 병진

비가 내림.

새벽에 비를 무릅쓰고 출발하여 신녕현(新寧縣)에 도착하여 유숙하였다. 본현과 칠곡(漆谷)·산음(山陰) 등의 고을에서 대접하였다. 22일에 부친 서울의 편지를 보고 비로소 온 집안이 편안한 것을 알았다. 그리고 삼가 부친의 행차가 이산(理山)에 도착하여 보내신 편지를 보았으니, 그 기쁘고 다행함을 어찌 다 비유할 수 있겠는가. 이날은 40리를

---

62) 의성으로 들어가는 초입, 구봉산 자락 언덕 위에 있다.

갔다.

29일 정사

아침에는 흐리고 낮에는 맑음.

날이 밝기 전에 출발하여 영천군(永川郡)에 도착하여 유숙하였더니, 본군과 경산(慶山)에서 대접하였다. 본도의 방백(方伯)인 영공(슈公) 유명홍(兪命弘)[63]이 옛 의례에 따라 조양각(朝陽閣)에서 전별연을 베풀었는데, 9군에서 각각 준비하게 하였다. 정사의 일행에게는 합천(陜川)·삼가(三嘉)가 준비하였다. 앉을 곳이 좁아서 각각 그 연회상을 일행이 머물고 있는 곳으로 보내고 노자(奴子)에게도 반상(盤床)을 보냈는데, 반찬이 매우 풍성하였다.

오후에 조양각 아래의 넓은 들에서 마상재를 구경하였다. 구경하는 사람들이 들에 가득 차 있는 것도 하나의 장관이었다. 9군의 풍물이 이곳에 모두 모여 관악기와 현악기가 번갈아 연주되고 기희(妓戲)를 다하니, 종일 즐겁게 마시다가 불을 밝히고서야 파하였다. 오늘 일은

---

63) 효종 6년(1655)~영조 5년(1729). 조선 후기의 문신. 본관은 기계(杞溪). 자는 계의(季毅), 호는 죽리(竹里). 유석(兪晳)의 아들이다. 현종 13년(1672) 진사가 되고, 숙종 8년(1682) 증광 문과에 병과로 급제하여 숙종 14년(1688) 지평이 되었으나 이듬해 기사환국으로 파직되고, 숙종 18년(1692) 헌부(憲府)의 요청으로 형 유명웅(兪命雄)과 같이 사판(仕版)이 삭거(削去)되었다. 숙종 20년(1694) 갑술옥사로 서인이 집권하자 다시 등용되어 장령·정언·헌납을 거쳐 양서지방(兩西地方)과 호서지방을 암행염찰(暗行廉察)하였다. 숙종 44년(1718) 도승지, 이듬해에 대사간이 되고, 경종 1년(1721) 한성좌윤·전라감사가 되었다. 이해 신임사화로 노론이 추방되자 파직되어 유배되었다. 1724년 영조가 즉위하고 노론이 집권하자 이듬해 대사간·경기감사가 되고, 영조 2년(1726) 한성판윤·예조판서, 영조 3년(1727) 우참찬이 되었다. 시호는 장헌(章憲)이다.

나그네의 회포를 풀기에 좋은 일이었다. 이날은 40리를 갔다.

30일 무오

비가 내림.

순사(巡使)가 영(營)으로 돌아가므로 그 편에 집으로 편지를 부쳐 보내어서 서울에 전하게 하였다. 새벽에 출발하여 모량역(毛良驛)에 도착하였다. 대구(大丘)·자인(慈仁)·청하(淸河) 등의 고을에서 대접하였다.

점심을 먹은 후 비를 무릅쓰고 경주부(慶州府)에 도착하였는데, 10리를 못미처 정사상이 신라 충신 김유신(金庾信)의 묘에 들러 보았다. 해가 진 후 부중(府中)에 이르니, 다리 아래의 물이 크게 넘쳐 일행 중 물에 빠져 위험에 처할 뻔한 사람이 많았다. 본부와 하양(河陽)에서 대접하였다. 이 날은 75리를 갔다.

6월 작은 달

초1일 기미

맑음.

새벽에 망궐례(望闕禮)[64]를 행하였다. 경주에 머물렀다. 경주부윤(慶州府尹) 영공 남지훈(南至熏)[65]이 전별연을 베풀어 종일 술을 마시

---

64) 궁궐이 멀리 있어서 직접 궁궐에 나아가서 왕을 배알하지 못할 때 멀리서 궁궐을 바라보고 행하는 예.
65) 조선 후기의 문신. 효종 4년(1653)에 출생하여 숙종 9년(1683) 문과 증광시에 합격하였다. 승지를 역임하였다.

고 즐겼다. 밤에 남문 밖 봉황대(鳳凰臺)에 올라 성안을 내려다보았는데, 집집마다 불을 밝혔으니 비록 상원(上元, 정월 대보름)에 관등(觀燈)하는 것이라고 해도 어찌 이보다 더하겠는가. 이것도 고을의 풍속이라 한다.

초2일 경신

맑음.

새벽에 사상을 모시고 잠시 금학헌(琴鶴軒)에 들어갔다가, 또 봉황대에 올라 두루 바라본 후 그대로 출발하였다. 병영(兵營)에 도착하여 북문루(北門樓)에 오르니, 좌병사(左兵使) 영공 이하정(李夏禎)이 이미 와서 기다리고 있었다. 잠시 쉬었다가 길을 떠나 울산부(蔚山府)에 이르러 유숙하였다. 본부 및 장기(長鬐)에서 대접하였다. 날이 저문 후 좌병사가 객사(客舍)의 동헌(東軒)에서 전별연(餞別宴)을 베풀었다. 일행이 각각 수하들이 있는 곳에 연회상을 보내고, 아울러 비장(裨將)을 보냈는데 말이 매우 정답고 자상하였다. 이날은 90리를 갔다.

초3일 신유

아침에는 맑았으나 낮에는 비가 내림.

새벽에 병사(兵使)가 객사 문루(門樓)에서 송별하였다. 낮에 용당참(龍堂站)에 도착하여 유숙하였다. 밀양(密陽)과 양산(梁山)에서 대접하였다. 이날은 60리를 갔다.

초4일 임술

맑음.

새벽에 정사상이 대청에 나와 앉아 일행의 짐들을 일일이 검사한 후 그대로 도장을 찍고 봉하였다. 식후 출발하여 동래(東萊) 오리정(五里程)에 도착하였는데, 부백(府伯) 영공 이정신(李正臣)과 지대(支待)하는 수령이 장막을 설치하고 군의(軍儀)를 갖추고 국서를 맞이하여 용정(龍亭)66)에 옮겨 놓았다. 사신 이하는 흑단령(黑團領)67)을 입었고, 지방관과 지대관(支待官)이 앞에서 인도하니, 삼사와 군악(軍樂)이 먼저 가고 군물(軍物)이 그 다음에 갔다. 삼사의 비장(裨將)이 그 다음이며, 의장(儀仗)이 그 다음, 풍악(風樂)이 그 다음이었다. 용정이 그 다음이며, 상통사(上通事)와 사자관(寫字官), 3사를 배행하는 봉절월(奉節鉞)이 그 다음에 갔다. 원액은 그 직차(職次)에 따라 뒤에 모시고 부중(府中)으로 들어갔다.

객사에 도착하니 중문 안에서 유생(儒生)이 용정에서 국서를 받들어 내어 정로(正路)를 지날 때 수령이 공경히 맞이하여 몸을 굽히고 정청(正廳) 북쪽 벽의 탁상에 봉안하였다. 수령이 반열에 돌아와 북향하여 서니, 삼사신이 뒤따라 이르러 또 몸을 굽혔다. 삼사가 정청(正廳)의 동쪽 벽으로 가서 서향(西向)하여 섰다. 원액 이하는 직차의 순서에 따라 동쪽 계단 위에 섰으며, 비장은 서쪽 계단 위에 차례로 섰다. 수령이 뜰 안에서 사배례(四拜禮)를 행하였다. 앞에 있는 수령이 서쪽 계단으로부터 정청의 위에 종종걸음으로 나아가 정사 앞에 나와 엎드려 문안하고 예를 올린 뒤 내려와 자리로 돌아왔다. 세 번 향을 올리고

---

66) 나라의 옥책(玉冊)·금보(金寶) 등을 운반할 때 쓰는 견여(肩輿).
67) 검은 빛깔의 단령(團領). 단령은 관리들이 입었던 공복으로 위아래가 붙은 포인데, 깃이 둥글고 소매가 넓으며 길이는 발꿈치까지 내려오는 홑옷이다.

또 사배례를 행한 뒤 파하였다. 본부와 기장(機張)에서 대접하였다. 이 날은 50리를 갔다.

초5일 계해

아침에는 비가 내렸으나 저녁에는 맑음.

동래에 머물렀다. 동래에 도착하였음을 아뢰는 장계편에 집으로 편지를 부쳤다. 오후에 삼사와 부백(府伯)과 접위관(接慰官)인 도사(都事) 박성로(朴聖輅)가 정원루(靖遠樓)에 올라 마상재를 보고 또 씨름을 보았는데, 구경하는 자가 많았다.

초6일 갑자

아침에는 비가 내렸으나 낮에는 맑음.

식후에 출발하여 부산 오리정에 도착하였다. 부산첨사(釜山僉使)와 지대하는 수령, 차원(差員)이 장막을 설치하고 한결같이 어제와 같이 공경히 국서를 맞이하였다. 정사는 객사의 동쪽 빈일헌(賓日軒)에, 부사는 서쪽 정해헌(靜海軒)에, 종사관은 관덕정(觀德亭)에 묵었고, 일행은 각각 민가(民家)에 머물렀다. 나는 본진의 군관(軍官) 천취성(千就成)의 집에 머물렀는데, 이 대감과는 담 하나를 사이에 두고 있었다. 정사의 일행은 진주(晋州)에서 3일, 김해(金海)에서 3일, 창원(昌原)에서 3일, 고성(固城)에서 2일, 거제(巨濟)에서 1일, 흥해(興海)에서 2일, 창녕(昌寧)에서 3일, 동래(東萊)에서 4일을, 부사의 일행은 의령(宜寧)에서 3일, 영산(靈山)에서 2일, 진해(鎭海)에서 1일, 함안(咸安)에서 3일, 웅천(熊川)에서 1일, 밀양(密陽)에서 3일, 사천(泗川)에서 1일, 진주(晋州)에서 1일, 울산(蔚山)에서 3일, 기장(機張)에서 2일, 단성(丹城)에서 1일을, 종사관의 일행은 칠원(漆原)에서 1일, 초계(草溪)에서 3일, 현풍(玄風)에서 3일, 경주(慶州)에서 3일, 곤양(昆陽)에서 3일, 언양(彦陽)에서 2일, 양산(梁山)에서 4일, 하동(河東)에서 2일을 정하여 대접하기로 하였다.

기후가 순조롭지 않아 배를 출발시키지 못하였는데 이상의 각 읍이 또 차례대로 와서 대접하였으므로, 사상(使相)이 각 읍에 분부하여 일행의 먹을거리를 모두 감하고 반찬도 소략하게 하여 읍들이 돌아가며 가져오는 폐단을 없애도록 하였다. 그런데 두 끼의 밥상도 모양을 제대로 갖추지 않아 하나도 입에 댈 만한 음식이 없었으므로 매우 괴로웠다. 이날은 20리를 갔다.

초7일 을축

흐림.

부산에 머물렀다. 파발이 왔을 때 집에서 보내온 서신을 받아보았다. 비국(備局)에서 보내온 관문(關文)68)이 도착하였는데, '최연보(崔延普)69)를 석방하여 더 정하니 거느리고 가라.'는 일로 탑전(榻前)70)에서 결정되었다는 것이다. 사상이 즉시 나주목(羅州牧)에 관문(關文)을 보내어, 속히 그가 도착할 수 있도록 조처하였다. 삼사상이 선창에 나아가서 새로 만든 배를 살펴본 후, 영가대(永嘉臺)에 올라 바다를 바라보다

---

68) 품급(品級)이 같은 아문(衙門) 사이에 서로 보내고 받는 문서, 또는 높은 아문에서 낮은 아문에 보내는 공문서.
69) 최상집. 연보(延普)는 최상집의 자(字)이다.
70) 탑은 평상을 말하는데, 탑전이라 하면 임금 앞을 뜻한다.

가 내려왔다. 좌수사 영공 심주(沈澍)가 와서 사상을 뵈었다.

초8일 병인

바람이 불고 비가 내림.

부산에 머물렀다.

초9일 정묘

바람이 불고 비가 내림.

부산에 머물렀다.

초10일 무진

맑음.

부산에 머물렀다. 삼사상이 영가대에 올랐다. 삼행(三行)의 비장(裨將)을 시켜 새로 만든 배를 타고 선창 밖에서 시승(試乘)하여, 느리고 빠른 것을 시험하게 하였다. 나는 오후에 관소(館所)에 나아가 재판(裁判) 등 여러 일을 맡은 왜인들을 만나 보았다.

11일 기사

맑음.

부산에 머물렀다.

12일 경오

맑음.

부산에 머물렀다. 동래에 장계를 올리는 편에 집으로 편지를 보냈다. 오후에 삼사상이 또 영가대에 올랐다. 또 삼행의 비장을 시켜 바다 가운데에서 시승을 하게 하였는데, 절영도(絶影島)에 이르렀다가 돌아왔다.

13일 신미

맑음.

부산에 머물렀다.

14일 임신

맑음.

새벽에 정사와 부사, 두 사신이 금정산성(金井山城) 범어사(梵漁寺)에 가서 노닐다가 저녁에 숙소로 돌아왔다. 나는 여러 동료들과 함께 오리정에 나아가 공경히 맞이하였다.

15일 계유

맑음.

새벽에 망궐례를 행하였다. 부산에 머물렀다.

16일 갑술

맑음.

빈헌(賓軒)에서 사연례(賜宴禮)71)를 베풀었다. 빈헌의 왼쪽에 수사

---

71) 사행에게 우리 나라 지경에서 내려 주는 연회. 옛 예에는 충주, 안동, 경주, 부산의 4곳에서 잔치를 내려 주었으나, 사신이 민폐를 없애려 하여 부산에

(水使)가 의례대로 기물을 설치하였다. 사신 이하는 모두 공복(公服)을 갖추고, 군관은 차례대로 왼쪽에 앉고, 원액은 순서대로 오른쪽에 앉았다. 안동·경주·울산·동래 4읍의 기생들이 모두 모여 음악을 연주하였으며, 차려 놓은 찬과 안주·과일은 풍성하였다. 기생들이 나열하여 일시에 술을 돌렸다. 사상 이하는 모두 꽃을 꽂고 위엄 있는 거동이 엄숙하였으며, 현악기를 연주하며 부르는 노랫소리는 매우 아름다웠다. 기생들의 기예가 끝난 뒤 아홉 번 술잔을 돌리고 파하였는데, 이는 일찍이 경험하지 못한 성대한 연회였다. 충주·안동·경주·부산 4곳에서 사연(賜宴)하는 것이 옛 예였으나, 지금은 흉년 때문에 사행이 출발하기 전에 미리 탑전에 아뢰어 폐해를 없앴다. 그러나 관왜(館倭)가 보는 곳에서는 없앨 수 없기 때문에 부산 한 곳에서만 잔치를 베푸는 것으로 결정하였으므로, 이곳에서만 잔치를 베푼 것이다. 각 원역(員役)과 노자(奴子)도 뜰아래에 앉아 찬을 받았다.

17일 을해

맑음.

부산에 머물렀다.

18일 병자

맑음.

부산에 머물렀다. 이날은 곧 어머님의 생신이다. 몸이 멀리 떨어진 바닷가에 있어서 술잔을 올리는 예에 참여할 수 없으니, 이 마음의 서운

서만 행하였다.

함은 이루 말할 수 없다. 오후에 최 대감이 유배지인 지도(智島)에서 9일 만에 올라와 도착하였다.

19일 정축

맑음.

동료 김장복(金長福)과 금군(禁軍) 홍이원(洪以源)이 국서 고친 것을 받들고 서울에서 내려왔으니, 왜인들이 대군(大君)의 칭호를 국왕으로 바꾸어 칭하기를 청한 데 따른 것이다. 삼사신 이하가 모두 공복을 갖추고 오리정에 나아가 예식대로 공경히 맞이하여 객사에 봉안하였다. 이전의 본봉(本封)은 김장복에게 부쳐서 서울로 올려 보냈다.

20일 무인

맑음.

재판 등이 바다 건널 배를 살펴 점검하는 일로 배를 타고 와서 뵈니, 간단하게 술과 과일을 갖추어서 대접하게 하였다. 국서를 공경히 받았다는 일로 계문을 써서 파발에 부쳤는데, 나도 집으로 편지를 써서 부쳤다. 종사관이 나가 앉아 일행의 공사(公私)의 짐을 검사하고, 봉하는 것을 감독한 후 탈 배에 실었다. 저녁 후 삼사상 이하의 원액은 영가대에 나아가 뜰 앞에 단을 쌓고 기풍제(祈風祭) 행하는 예를 연습하였다.

21일 기묘

맑음.

축시(丑時, 오전 1시~3시) 초각에 오례의(五禮儀)에 따라 해신(海神)

에게 기풍제를 지냈다. 제문은 제술관 이현(李礥)이 찬하였고, 사자관
이이방(李爾芳)이 글씨를 썼다. 위패의 글씨 '대해지신(大海之神)' 네
글자는 사자관 이수장(李壽長)이 썼다. 서기 홍순연(洪舜衍)을 전사관
(典祀官)으로, 엄한중(嚴漢重)을 대축(大祝)[72]으로 삼았다. 남성중(南
聖重)은 집례(執禮)[73]로, 상통사 홍순명(洪舜明)은 재랑(齋郎)[74]으로,
현덕윤(玄德潤)은 축사(祝史)[75]로 삼았다. 정창주(鄭昌周)는 관세위(盥
洗位)[76]를, 차상통사 김시량(金是樑)은 봉로(奉爐)를, 최한진(崔漢鎭)
은 봉향(奉香)을 삼았다. 압물통사 박태신(朴泰信)은 집준(執樽)을 삼았
다. 나는 찬자(贊者)가 되었다. 김시박(金時璞)은 알자(謁者),[77] 의원
현만규(玄萬奎)와 화원 박동보(朴東普)는 척기(滌器)[78]이며, 의원 이위
(李渭)와 사자관 이이방은 좌우 여창(臚唱)[79]을 삼았다. 기타 여러 집사
외에는 순서대로 반열에 참여하였으며, 군관들은 좌우로 둥글게 섰다.
삼사는 차례대로 세 번 술잔을 올렸다. 제사를 마친 후 제문과 폐백을
바다 가운데 던졌다.

　제물은 돼지 희생(犧牲) 1마리와 흑염소 1마리, 포육 1첩을 담은 것
1그릇, 어포(魚脯)·식혜(食醯)·어혜(魚醯) 각 1그릇, 귤·황률(黃
栗)·큰 대추·껍질 있는 잣 1승 5홉씩을 각각 담은 것 1그릇, 미나리
김치·부추김치·곽저·대나무순김치 각 1그릇이고, 생배 1그릇은 절

---

72) 축문을 읽는 사람.
73) 행사 절차를 적은 홀기(笏記)를 읽어 제사의 절차를 진행하는 사람.
74) 향로를 받는 제관.
75) 축문을 읽는 사람.
76) 제향 때 제관들이 손을 씻는 자리.
77) 제관을 인도하는 집사.
78) 그릇을 닦는 사람.
79) 의식의 절차를 소리 높여 창도하는 사람.

기가 아니라서 호도로 대신하였다. 도미(稻米), 양미(粱米), 서미(黍米), 직미(稷米)는 각 5승이다. 폐백은 주척(周尺)80) 12척이며, 황촉(黃燭) 1쌍, 큰 촛대, 향로(香爐), 향합(香盒), 향상(香床), 제상(祭床) 2, 잔 3, 고족상(高足床), 위판(位板) 1구(具), 축문지(祝文紙) 1장, 황필(黃筆)과 진묵(眞墨) 각 1, 용촉(龍燭) 30자루, 홀기지(笏記紙) 1장, 폐갑(幣匣) 1, 생갑(牲匣) 2, 차일 장막과 지의(地衣), 관세(盥洗)하는 여러 도구, 이상은 본부에서 조치하여 준비하되, 단을 설치하고 임시 건물을 짓고 청소하는 것은 부산진이 하였고, 관세위(盥洗位)의 돗자리와 헐소(歇所, 쉬는 곳)의 돗자리, 차일 장막은 지대관이 설치하였다. 제사를 지낸 후 제물은 각 배의 사공에게 나누어 주었다.

이날은 곧 승선하기로 정한 날이었다. 마침 새벽에 순풍이 불어 출발하려고 하니, 동래부사(東萊府使)와 수사(水使)가 모두 와서 전별연을 베풀고 작별하였다. 해가 뜨자 배에 올라, 상선(上船) 3척과 복선(卜船) 3척이 차례로 정돈하여 대기하였다. 삼사 이하의 원액은 모두 도의(道衣)와 당관(唐冠)을 착용하였고, 군관은 군복(軍服)과 전립(氈笠)을 착용하였다. 각각 배행하는 것에 따라 나누어 탔는데, 나는 장무관(掌務官)으로서 정사의 기선(騎船)에 탔다. 이 대감과 함께 한 방에 들었다.

모든 배가 뿔피리를 3번 불고 일시에 포를 쏘면서 닻을 올리고 돛을 달아 바다로 나아가 절영도 앞바다에 나아갔는데, 부산에서의 거리가 30여 리였다. 그때 동풍이 갑자기 변하여 남풍이 되고 거센 물결이 용솟아 오르니 배가 모두 크게 물결 속에서 들어갔다 나왔다 하였다.

---

80) 조선시대 자의 한 종류. 주(周)나라에서 만들어 썼다는 자로서 한 자의 길이는 약 20cm정도이다.

선장과 사공들이 모두 갈 수 없다 하므로, 부득이하게 포를 쏘고 기를 흔들었다. 다른 배들도 서로 호응하여 배를 돌려 돌아와 부산에 정박하였는데, 날은 아직 한낮이 되지 않았다. 제사를 지낸 일과 돛을 달았다가 돌아와 정박하였다는 뜻으로 계문을 써서 파발에 부쳤다. 나도 그 편에 집으로 편지를 부쳤다.

22일 경진

아침에 흐리다 낮에 맑음.

지난밤 큰비가 내렸다. 바람이 거세어 집이 거의 날아갈 듯하였으나, 아침이 되니 그쳤다. 삼사상이 어제 배에 타보니 배 멀미의 염려가 없지 않다는 이유로 다시 시험 삼아 배를 타보고자 하였으므로, 바다 가운데까지 나갔다가 돌아와 절영도에 정박하였다. 부산첨사가 전별연을 베풀었다. 대차왜(大差倭) 평전준인(平田隼人)이 삼중(杉重)[81]과 술통을 삼사와 삼당상께 바치자, 삼사상은 건량(乾粮)과 술·물고기 등의 물건으로 답하였다. 날이 저문 후 숙소에 돌아왔다.

23일 신사

맑음.

부산에 머물렀다.

---

81) 얇은 삼나무 판으로 3층의 덮개를 만든 것인데, 떡이나 과일 등을 담는 그릇의 일종이다. 3층의 위에는 떡을 담고, 가운데에는 과일과 채소를 담고, 아래에는 생선이나 고기를 담아서 무늬 있는 끈으로 띠를 두른다.

24일 임오

아침에는 맑았으나 낮에는 비가 내림.

부산에 머물렀다. 도선주(都船主) 평상성(平尙誠)이 삼중과 술통을 삼사께 보냈다. 오후에 비바람이 계속 몰아치다가 새벽이 되어서야 그쳤다.

25일 계미

맑음.

부산에 머물렀다.

26일 갑신

맑음.

부산에 머물렀다. 금도왜(禁徒倭)와 통사왜(通詞倭) 등이 배를 타고 우리 배가 정박해 있는 곳으로 왔다. 각각 국철(國鐵) 정종(碇綜), 종려나무 밧줄, 짚으로 만든 밧줄, 바구니 등, 대나무 장대, 긴 못, 질정(蛭釘) 등의 물건을 6척의 배에 나누어 싣고서 갔다.

27일 을유

맑음.

부산에 머물렀다. 식후에 삼사상이 개운진(開雲鎭)에 가서 대마도를 바라보고 돌아왔다. 상상관(上上官)의 논란82) 때문에 장계를 써서 파발

---

82) 원래 통신사행에는 상상관(上上官)에 속하는 당상역관이 3명 수행하는 것
　　이 관례였다. 그런데 이 신묘사행에서는 최상집이 가정(加定)됨으로써, 당

편에 부쳤다. 나도 그 편에 집으로 편지를 부쳤다.

28일 병술

맑음.

부산에 머물렀다. 파발 편에 집에서 온 편지를 볼 수 있었다.

29일 정해

맑음.

부산에 머물렀다. 호행 대차왜(護行大差倭) 평전준인, 도선주(都船主) 길천육랑좌위문(吉川六郎左衛門), 재판(裁判) 도웅팔좌위문(島雄八左衛門) 등이 배를 타고 두모진(豆毛鎭) 앞바다에서 바람을 기다렸다.

7월 큰 달

초1일 무자

지난밤부터 비바람이 크게 일어 밤새도록 불었으므로 망궐례를 행할 수 없었는데, 오후에 비로소 비가 갰다. 부산에 머물렀다. 김명중(金明仲)83)을 보내어 대차왜 등에게 문안하였다.

상역관이 모두 4명이 되었다. 일본에서는 4명을 모두 상상관으로 대접하는 데 어려움을 표하였으므로, 결국 1명은 상관(上官)의 예로 대접하도록 하였다.

83) 김시박(金時璞). 제2선의 압물통사였다.

72

초2일 기축

맑음.

부산에 머물렀다. 부사가 개운진(開雲鎭)에 옮겨 머물렀다.

초3일 경인

아침에는 맑았다가 저녁에는 흐림.

부산에 머물렀다. 사상께서 나를 시켜 대차왜 등에게 문안하고 아울러 참외와 소주 등을 보냈다.

초4일 신묘

맑음.

날이 저문 후 왜인이 사람을 보내어 말하기를, “바람이 매우 순조로우니 내일은 배가 출발할 수 있을 것입니다.” 하므로, 삼사상이 의논하여 2경쯤 배에 타고 그대로 배 위에서 묵었다.

초5일 임진

맑음.

새벽에 부산첨사 박중징(朴仲徵)이 와서 배 위에서 작별하였다. 배를 띄운다는 장계를 봉하며, 일행도 집으로 편지를 부쳐 보냈다. 진시(辰時, 오전 7시~9시)에 바람이 매우 순하여 모든 배가 일시에 닻을 올리고 돛을 달고 출발하니 매우 빨리 갔다. 오륙도를 10여 리 지나서 돌아보니 부기선(副騎船)이 돛을 떨어뜨리고 머뭇거리고 있었으나, 물살이 빠르고 급하여 배를 돌릴 방법이 없어 잠깐 사이에 있는 곳을 잃어버리고 말았다. 상선(上船)과 종선(從船), 여러 복선(卜船)들과 호행 왜선은 하나같이 모두 나는 듯 빠르게 가서, 미시(未時, 오후 1시~3시) 초에 대마도의 좌수내포(佐須奈浦, 사쓰나우라)에 이르러 정박하였다. 저들과 우리 사공들이 모두 말하기를, "이런 바람은 실로 만나기 어렵습니다." 하였다. 바다 가운데 풍랑이 용솟아 모든 배가 파도에 따라 나왔다 들어갔다 하여 배안의 사람들이 배멀미로 어려움을 겪으며 혼절하여 쓰러지고 구토하였으나 나만 홀로 면하였다. 이와 같이 바람이 아주 순한데도 이처럼 험하니, 바닷길의 어려움을 이로 인해 알 수 있겠다.

좌수내포에 가까이 이르러 10리쯤 되었을 때 예인선 100여 척이 와서 각각의 배를 예인하여 맞이하며 호위하였다. 봉행 등이 와서 문후하고, 포구에 인도하여 들어갔다. 물가에는 기와지붕의 객관(客館)이 있었는데 숙소는 자못 정결하였고, 산천도 아름다웠으며 판옥(板屋)과 초가집이 서로 섞여 민가 수십 채가 있었다. 일행이 모두 숙소에 들어가 숙공(熟供)84)을 받았다.

도주가 봉행(奉行) 삼촌뢰모(杉村賴母) [이름은 평진홍(平眞弘)이다.]를 시켜 두 사신께 문후하게 하고, 삼중과 제백(諸白)85) [맛있는 술의 칭호이다.], 수박, 산 전복 등의 물건을 바쳤다. 상상관·상판사·제술관·판사에게도 보냈는데, 각각 차등이 있었다.

---

84) 접대하는 왜인들이 음식을 장만하여 식사를 제공하는 것을 말한다. 반면 건공(乾供)은 왜인들로부터 건량(乾糧)을 받아 사행(使行) 측에서 스스로 음식을 장만하는 것이다. 사신의 등급에 따라 숙공을 대접하는 회수와 음식의 가지 수가 다르며, 정해진 법식을 따른다.

85) 이것은 백미(白米)로 누룩을 만들고 또 백미로 술밥을 하기 때문에 제백이라고 한다. 일본에서 제일의 상품으로 삼는다고 한다(임수간,『동사일기』곤(坤), 문견록).

부선(副船)의 소식은 막연하여 들을 수 없으니 그 우울함을 어찌 감당하겠는가. 즉시 이 뜻을 대차왜에게 알리고 비선(飛船)[86] 2척을 얻어 소식을 탐지하게 하였다. 그리고 두 사신의 행차는 무사히 이르러 정박하였으나 부선은 바다 가운데서 서로 잃었다는 뜻으로 계문을 갖추어서 보냈다. 나도 그 편에 집으로 편지를 써서 부쳤다. 금도왜(禁徒倭) 등이 사방에서 경비를 서며 지키는데 밤새도록 딱딱이를 쳐서 잠상(潛商)을 막고 또 도적질하는 무리들을 살폈으며, 배가 머물러 있는 곳도 모두 그렇게 하였다. 부산에서 좌수내포까지는 480리였다.

초6일 계사

맑음.

좌수내포에 머물렀다. 식후에 봉행 평전준인(平田隼人)·삼촌뢰모(杉村賴母), 재판 도웅팔좌위문(島雄八左衛門), 지대차왜 평산구좌위문(平山九左衛門) 등이 숙소에 와서 뵙겠다기에, 두 사신께서 서로 접견하였다. 차왜가 앞에 나와 두 번 절하자, 양사는 좌중(座中)에 서서 손만 들었다. 주과(酒果)를 간략하게 베풀고 또 삼다(蔘茶)를 한 순배 돌리고서 파하였다. 저녁 후 비선(飛船) 1척이 부산의 왜관에서부터 와서 도착하여, 부선(副船)이 어제 바다에서 치목(鴟木)[87]의 가운데가 부러졌는데 예비 치목을 경황 중에 바꿔 끼울 수가 없었으므로 배가 거의 위태롭게 되었다가 간신히 돌아와 부산에 정박하였다는 소식을 들었다. 우울

---

86) 작고 속력이 빠른 배로, 여기서는 대마도 및 관왜(館倭)의 서신을 전달하기 위해 왕래하던 일본의 연락선을 말한다. 1척마다 우두머리 1명에 격군(格軍) 6, 7명이 타며 항상 노인(路引)을 지니고 왕래하며 공궤(供饋)는 없다.
87) 배의 방향을 조절하는 기구. 곧 키를 말한다.

한 마음은 조금 가셨으나, 그 경황없고 위험했을 상황을 상상해 보니 간담이 서늘하다. 호행 도선주 길천육랑좌위문(吉川六郎左衛門)이 부선을 맞이하여 호위할 일로 비선을 타고 나가므로, 그 편에 집으로 편지를 써서 부쳤다.

초7일 갑오

맑음.

좌수내포에 머물렀다. 종사관이 뱃머리에 나가 앉아 일행의 공·사적인 짐들을 낱낱이 검사하였다. 두 봉행이 두 사신과 상상관 모두에게 삼중을 바쳤다.

초8일 을미

맑음.

좌수내포에 머물렀다. 대차왜가 도주의 분부에 따라 재판을 부산진에 보내어 부선을 호행하게 하고자 하였는데, 재판이 매우 괴롭게 여겼다고 한다. 사상이 수역(首譯)을 시켜 봉행에게 말하기를, "도선주가 이미 들어갔는데, 다시 재판을 보낼 필요는 없습니다." 하니, 봉행 등이 "걱정해주시는 마음이 여기에까지 미치시니, 마땅히 서로 상의해 보겠습니다." 하였다.

초6일부터 시작하여 비로소 5일 건공(乾供)을 바쳤다. 숙소에 머무를 때에는 5일을 한하여 대접하며, 길을 갈 때에는 매일 와서 대접한다. 도착하여 정박하면 일시에 숙공(熟供)을 하는데, 일기도 이후에는 숙공이 없고 모두 건공이다. 5일 지공의 물품은 좌수내포에서부터 대마도

부중(府中)에 이르기까지의 소용 물품이다.

삼사신께 각각 지급된 1일 지공 물품은 다음과 같다.

백미 [5수두(手斗)], 술 [3수두], 감장(甘醬) [1수두], 간장 [4홉], 식초 [2홉], 참기름 [4홉], 소금 [1수두], 초 [3자루], 마른 붕어 [반 개], 침청(沈菁) [3개], 산 닭 [2마리], 방어 [4홉], 산 전복 [3개], 계란 [3개], 돼지 [1각(脚)], 표고 [8홉], 마 [8홉], 미나리아재비 [5홉 5석], 겨자 [4석], 산초(山椒) [4석], 고사리 [2홉], 청밀 [6전 4분], 산 도미 [1마리], 미나리 [5홉], 파 [1단], 생채 [1단], 근청(根菁) [10개], 두부 [2모 반], 남초(南草, 담배) [2냥]

상상관 3원에게 각각 지급된 1일 지공 물품은 다음과 같다.

백미 [3수두], 술 [2수두], 감장 [1수두], 간장 [4홉], 식초 [2홉], 참기름 [4홉], 소금 [1수두], 초 [3자루], 마른 붕어 [반 개], 침청 [3개], 산 닭 [2마리], 방어 [4홉], 산 전복 [3개], 계란 [3개], 돼지 [1각], 표고 [8홉], 마 [8홉], 미나리아재비 [5홉 4석], 겨자 [4석], 산초 [4석], 고사리 [2홉], 청밀 [6전 4분], 산 도미 [1마리], 미나리 [5홉], 파 [1단], 생채 [1단], 근청 [10개], 두부 [2모 반], 남초 [1냥 6전]

상판사 3원과 제술관 1원에게 각각 지급된 1일 지공 물품은 다음과 같다.

백미 [2수두 반], 술 [2수두], 감장 [3홉], 식초 [5석], 참기름 [6석 6리], 간장 [2홉], 소금 [4홉], 초 [2자루], 침청 [8홉], 산 닭 [4홉], 방어 [1홉 3석], 산 전복 [1개 3홉], 돼지 [1홉 4석], 고사리 [1홉 4석], 미역 [7석], 산 도미 [1마리], 미나리 [3홉], 파 [반 단], 생채 [반 단], 근청 [6개], 두부 [1모], 남초 [2전

7분]

상관 35원과 차관 11인에게 각각 지급된 1일 지공 물품은 다음과
같다.

백미 [2수두], 술 [2수두], 감장 [3홉], 간장 [2홉], 식초 [5석], 참기름 [6석
6리], 소금 [4석], 침채 [8홉], 산 닭 [4석], 방어 [1홉 3석], 산 전복 [1개 3홉],
돼지 [1홉 4석], 미역 [7석], 산 도미 [1마리], 미나리 [1홉 7석], 파 [7석], 생채
[1홉 7석], 근청 [2개], 남초 [2전 7분]

중관 170명에게 각각 지급된 1일 지공 물품은 다음과 같다.

백미 [2수두], 술 [3홉], 감장 [8석 7리], 소금 [3석 3리], 방어 [1석 4리], 돼
지 [4석], 미역 [1석], 마른 모래무지 [3홉], 산 잡어(雜魚) [1마리], 생채 [7석
4리], 근청 [1개], 해채(海菜) [7석 4리], 묵회초(默會草) [1석 4리]

하관 274명에게 각각 지급된 1일 지공 물품은 다음과 같다.

백미 [1수두], 술 [2홉], 감장 [8석 7리], 소금 [3석 4리], 방어 [1석 4리], 돼
지 [4석], 고사리 [1석 4리], 미역 [1석], 마른 모래무지 [3홉], 묵회초 [1석
4리]

일기도에서 강호에 이르기까지 왕복하는 동안 삼사신께 각각 지급된
1일 지공 물품은 다음과 같다.

백미 [4수두], 술 [2수두], 감장 [1수두 5홉], 간장 [6홉], 식초 [5홉], 참기름
[5홉], 남초 [2냥을 넣은 1궤], 5냥 초 [5자루], 만차(挽茶) [1그릇], 엽차 [1대

(俗)], 3근 무게의 마른 과자 [1상자], 산 도미 [2마리], 소금에 절인 도미 [3마리], 마른 도미 [3마리], 소금에 절인 숭어 [3마리], 산 전복 [5개], 마른 붕어 [5개], 산 꿩 [1마리], 메추라기 [5마리], 산 닭 [3마리 혹은 2마리], 계란 [20개], 미나리아재비 [3홉], 겨자 [3홉], 표고 [1수두], 근청 [20개], 우방자(牛房子) [20개], 토란 [2수두], 파 [5단], 가지 [20개], 동고(冬苽) [1덩어리], 장고(醬苽) [1그릇], 홍시 [30개], 생배 [20개], 생밤 [50개], 밀감 [50개], 유자(柚子) [5개], 포도 [5송이], 생강 [2단], 숯 [1석], 땔나무 [2단]

상상관 3원에게 각각 지급된 1일 지공 물품은 다음과 같다.

백미 [3수두], 술 [1수두], 감장 [1수두], 간장 [5홉], 식초 [5홉], 참기름 [5홉], 5냥 초 [3자루], 만차 [1그릇], 엽차 [1대(俗)], 남초 [2냥을 넣은 1궤], 마른 과자 [1상자], 산 도미 [2마리], 마른 도미 [3마리], 절인 도미 [3마리], 절인 숭어 [3마리], 산 전복 [5개], 마른 붕어 [5개], 산 꿩 [1마리], 메추라기 [5마리], 산 닭 [2마리], 계란 [20개], 미나리아재비 [3홉], 겨자 [3홉], 표고 [1수두], 근청 [20개], 우방자 [20개], 토란 [2수두], 파 [5단], 가지 [20개], 동고 [1덩어리], 장고 [1그릇], 유자 [5개], 홍시 [20개], 생배 [7개], 생밤 [30개], 밀감 [30개], 포도 [3송이], 생강 [2단], 숯 [1석], 땔나무 [2단]

상판사와 제술관 4원에게 각각 지급된 1일 지공물품은 다음과 같다.

백미 [3수두], 술 [2수두], 감장 [5홉], 간장 [3홉], 식초 [2홉], 소금 [2홉], 참기름 [4홉], 4냥 초 [3자루], 남초 [1냥 5전], 만차 [4원에게 3그릇], 과자 [1상자], 산 도미 [1마리], 마른 도미 [2마리], 절인 도미 [2마리], 절인 숭어 [2마리], 산 전복 [5개], 마른 붕어 [3개], 산 꿩 [1마리], 메추라기 [2마리],

산 닭 [1마리], 계란 [20개], 겨자 [2홉], 미나리아재비 [3홉], 근청 [20개], 파 [5단], 우방자 [20개], 토란 [3수두], 가지 [20개], 동고 [1덩어리], 장고 [1그릇], 홍시 [15개], 생배 [5개], 생밤 [20개], 밀감 [20개], 유자 [3개], 생강 [2단], 숯 [1석], **땔나무** [2단]

상·차관 도합 46원에게 각각 지급된 1일 지공 물품은 다음과 같다.

백미 [2수두], 술 [1수두], 감장 [5홉], 간장 [2홉 5석], 식초 [2홉], 소금 [2홉], 참기름 [2홉], 남초 [1냥 5전], 4냥 초 [2자루], 만차 [46원에게 2그릇 혹은 1그릇], 산 도미 [1마리], 마른 도미 [1마리], 산 전복 [1개], 산 닭 [1마리], 산 꿩 [1마리 혹은 반 마리], 계란 [3개], 마른 붕어 [1개], 근청 [2개], 파 [1단], 우방자 [10개], 토란 [5홉], 생강 [1단], 과자 [1대], 겨자 [1홉], 미나리아재비 [1홉], 가지 [3개], 동고 [1덩어리], 유자 [2개], 홍시 [5개], 생밤 [20개], 밀감 [20개], 포도 [2송이]

중관 170명에게 각각 지급된 1일 지공 물품은 다음과 같다.

백미 [2수두], 술 [5홉], 감장 [4홉], 간장 [1홉 5석], 식초 [1홉], 소금 [2홉], 참기름 [1홉 5석], 남초 [1냥 5전], 산 도미 [1마리], 산 닭 [1마리 혹은 반 마리], 가지 [3개], 근청 [2개], 토란 [3홉], 산 전복 [1개], 파 [1단], 밀감 [5개]

하관 274명에게 각각 지급된 1일 지공 물품은 다음과 같다.

백미 [1수두 반], 술 [5홉], 감장 [3홉], 간장 [1홉], 식초 [5석], 남초 [1냥 5전], 소금 [5석], 절인 도미 [1마리], 작은 산 생선 [1마리], 가지 [2개], 근청 [1개], 토란 [2홉], 파 [1단]

위 항목의 쌀, 술, 소금, 장, 기름, 초 등의 물품은 5일에 1번 들어와 지공하고 그 나머지 각종 잡물은 날마다 와서 지공하되, 그 소산(所産)에 따라 간혹 노루나 사슴·산돼지를 더하거나, 메추라기·꿩·과실을 감하기도 한다. 수두(手斗)라는 것은 우리나라의 2승 반에 준한다. 당상 역관을 상상관(上上官)이라 하며, 역관·군관·의관·사자관·화원을 상관(上官)이라 한다. 반당(伴倘) 이상은 차관(次官)이라 하고, 노자(奴子) 이상을 중관(中官)이라 한다. 선군(船軍)과 격군(格軍)을 하관이라 한다.

밤이 깊은 후 재판 사전시랑병위(寺田市郞兵衛)[이름은 귤방고(橘方高)이다.]가 와서 도주의 서찰을 바치고 아울러 산 전복 10개, 소면(素麪) 1궤를 양 사신께 바치니, 즉시 감사하다는 편지를 써서 답하였다.

초9일 병신

맑음.

국분내포(國分奈浦)에 머물렀다. 대차왜 평전준인(平田隼人)과 재판 도웅팔좌위문(嶋雄八左衛門) 등이 숙소에 와서 당상(堂上)과 나에게 모이기를 청하였다. 인사한 후 한 장의 글을 꺼내어 보여주었는데, 앞으로의 절차에 관한 것이었다.

1. 사행이 선창에 도착하여 정박하고 육지에 내릴 때 선군과 격군을 가마꾼으로 차정할 일.

1. 정사와 부사, 종사관의 배가 차례로 육지에 내리는데 부사선과 종사선이 혹 먼저 도착하면 돛을 제어하여 선창 밖에서 머물러 정사의 배를 기다려 차례를 잃지 않도록 할 일.

1. 삼사신과 상상관 이하로부터 상관에 이르기까지는 나이와 과거 등제(科擧登第)와 별호(別號)를 써서 줄 일.

1. 마상재의 각종 기예 8가지를 써서 줄 일.

1. 도주가 배 위에서 공경히 맞이할 때 삼사는 전례에 따라서 편복 (便服)으로 서로 접하고, 육지에 내릴 때에는 삼사 이하가 공복을 입을 일.

1. 일행 중에 관(冠)이나 립(笠)을 쓴 인원수와 말 탄 인원을 써서 줄 일.

1. 대마도에 도착하였을 때 혹시 날이 저물었으면 우선 배 위에서 유숙하고, 다음 날 아침 육지에 내릴 일.

1. 대마도의 숙소는 좁아서 많은 격졸(格卒)들이 한곳에 머무를 수 없으므로, 배에 머무르는 무리를 대접할 때 마땅히 선창 근처에서 나누어 지공해야 하니 배에 머무르는 격졸의 수를 써서 줄 일.

이 일들을 논란하여 정한 후에 두 사상께 들어가 고하니 그 청을 허락하였으므로, 사자관을 시켜 정서하여 주었다. 건량관(乾粮官)에게 통지하여 주과를 간략하게 마련해서 대접하여 보냈다.

초10일 정유

바람이 불었음.

좌수내포에 머물렀다. 저녁 후 비선 1척이 부산의 왜관으로부터 와서 부사의 서찰을 전하였다. 그 내용에 의하면, 초5일 부산으로 돌아와 정박하여 곧 치목(鵄木)을 바꾸고 초6일에 다시 출발하였으나 바람이 순조롭지 못하여 부산진으로 돌아가 머물렀다고 한다. 평전준인이 노자(鷓子)와 조개, 수박 3종을, 재판은 빙당(氷糖)과 용안(龍眼)[88]을, 지대왜는 칡가루와 설탕을 두 사신께 바쳤다.

11일 무술

바람이 불었음.

좌수내포에 머물렀다. 지대왜가 삼중과 수박을 두 사신께 바치고, 상상관과 상관 모두에게도 수박을 차등 있게 보냈다. 재판 시랑병위(市郎兵衛)가 와서 말하기를, "부중(府中)에 돌아가려 하니, 한번 뵙기를 원합니다." 하였다. 사상이 즉시 불러서 보고 술을 대접하여 보냈다.

12일 기해

바람이 불고 비가 내림.

좌수내포에 머물렀다. 부선이 바다를 건너오는 것이 기약 없이 오래 지체되니, 변방의 포구에서 주객(主客) 모두 참으로 곤궁한 상황이 되었다. 대마도 부중에 가서 머무르며 부선을 기다리려는 계획을 봉행에게 통지하니, 이곳에서 머무르며 기다리겠다는 뜻으로 이미 강호(江戶)에 보고하였으므로, 지금 부중에 들어가기는 어렵겠다는 뜻으로 답하였다.

13일 경자

아침에는 비가 내렸으나 저물녘에는 맑음.

---

88) 무환수과(無患樹科)에 속하는 열대산의 상록 교목. 흰 꽃이 피고 핵과(核果)가 열리는데 그 살을 용안육(龍眼肉)이라 하여 약재로 쓴다.

좌수내포에 머물렀다. 새벽에 출발하여 부중으로 향하고자 하였으나, 재판 팔좌위문(八佐衛門)이 뜰에 들어와 무릎 꿇고 행차를 멈추어 주도록 소청(訴請)하였다. 사상께서 허락하시고, 자리에 오르게 하여 술을 대접하여 보냈다.

14일 신축

맑음.

좌수내포에 머물렀다. 우리나라 뱃사람들이 와서 고하기를, "바람의 형세가 조금 좋아 부선이 배를 띄울 수 있을 듯합니다." 하였다. 그러므로 식후에 두 사상께서 봉수(烽燧)하는 높은 꼭대기에 오르시니, 나와 일행 중의 몇 사람들이 모시고 갔다. 바라보니 우리나라의 여러 산들이 역력하게 눈앞에 있는 것 같았으며, 해운대와 절영도와 태종대는 모두 점 같았다. 바람이 가볍게 불고 파도는 고요하여 마치 닦아놓은 거울 같았으나, 부선은 끝내 그림자도 없었으니 매우 원망스럽다.

좌수포 안을 돌아보니 모두 협소하고 산봉우리가 겹쳐 있어 넓은 땅이 전혀 없었다. 그런데 두 산 가운데를 가르며 호수가 굽이져 들어오고, 기이한 모양의 바위와 가파른 낭떠러지가 좌우에 늘어서 있었다. 숲에는 나무들이 울창하였는데, 이는 모두 동춘백(冬春栢)·소나무·삼나무·종려나무·귤나무였다. 마을의 집은 모두 200여 호라 한다. 차왜가 수박 10과를 두 사신께 바치고, 일행에게도 20여 과를 보냈다. 저녁이 되어 파하고 돌아왔으나, 끝내 부선의 소식은 없었다.

15일 임인

맑음.

　좌수내포에 머물렀다. 새벽에 망궐례를 행하였다. 뱃사람들이 와서 고하기를, "오늘 약간 동풍이 불지만 저녁에는 반드시 남풍이 불 것이니, 부선(副船)은 결코 건너오기 어려울 것입니다." 하여, 일행이 모두 낙망하였다. 낮에 왜인이 봉수대에서 와서 고하기를, "200리 밖에 3척의 범선이 향하여 오는데, 2척은 틀림없는 왜선이며 1척은 부선인 듯합니다." 하였다. 놀랍고 기뻐서 사상께서 부복선(副卜船)을 타고 항구에서 10리 되는 곳까지 나가 종일 기다렸으나 끝내 헛되이 돌아오고 말았다. 뱃사람들을 시켜서 높은 곳에 올라 바라보게 하니, 과연 3척의 범선이 100리 밖에 있었다. 그러나 바람은 그치고 파도도 조용하여 배가 오는 것이 매우 더디므로, 밤이 깊은 후에야 도착할 수 있다 한다. 도도금도(都都禁徒) 등이 예인선을 많이 이끌고 연달아 나갔지만, 날이 이미 저물어서 머물러 기다릴 수 없으므로 곧 돌아왔다. 저녁 후 나와 당상 역관 최상집(崔尙㠫), 이석린(李碩獜), 그리고 서너 사람의 동료들이 채색된 배를 타고 또 항구를 나가 기다렸으나 부선은 끝내 그림자도 없었다. 그러므로 화포와 불화살을 많이 쏘기도 하였지만 끝내 응답이 없었다. 밤이 이미 깊어 돌아와 숙소에 도착하여 막 잠자리에 들려고 하는데, 왜인이 와서 말하기를 부선이 방금 항구에 도착하였다고 하였다. 이때는 닭이 이미 세 번 운 뒤였다. 급히 작은 배를 타고 5리 되는 곳까지 나가서 모시고 숙소로 돌아왔다. 여러 날 기다리던 끝에 모시고 서로 만날 수 있었으며, 또 서울의 편지를 얻어 비로소 일가가 안녕하다는 것을 알게 되어 기뻤다. 부사 일행이 숙공(熟供)을 받았다.

16일 계묘

맑음.

좌수내포에 머물렀다. 부선이 무사하게 바다를 건넜다는 뜻으로 계문을 갖추어 비선에 부쳐 보냈고, 나도 그 편에 집으로 편지를 부쳤다. 식후에 종사관이 또 뱃머리에 나가 부선의 짐들을 검사하였다. 봉행 두 사람과 도선주, 지대왜 등이 와서 삼사신을 뵈었는데, 지대왜가 삼중과 제백(諸白), 산 전복, 수박 등을 부사 일행에게 바쳤다.

17일 갑진

맑음.

해가 뜬 후 모든 배가 일시에 닻을 올리고 노를 저어서 갔다. 왜의 작은 배들이 많이 모여 이끌어서 악포(鰐浦, 와니우라), 풍기(豊崎) 등을 지났다. 이곳에는 바다 가운데 석맥(石脈)이 연달아 100여 리 있는데, 돌이 끊어진 곳은 간신히 배가 통과할 수 있으므로 작은 배를 좌우에 나란히 세워 지나가게 하였다. 낮에 서박포(西泊浦, 니시도마리)에 이르렀으니, 좌수내포에서부터 90리이다. 언덕 위에는 절이 하나 있는데, 곧 부악산(富岳山)의 서복사(西福寺)이다. 서박포에서 유숙해야 하지만, 서복사는 본래 좁고 작은 암자라서 일행이 모두 배 위에서 묵었고, 나도 배 위에서 묵었다. 도주가 사자(使者)를 보내어 문후하고 아울러 생선젓과 제백을 삼사신과 상상관, 상판사, 판사 모두에게 바쳤다.

18일 을사

맑음.

해가 뜬 후 배를 출발시켰다. 낮에 뇌호(瀨戶, 세토)에 이르러 상선과 부선이 모두 포구 안으로 들어갔다. 제3선(第三船)은 바람이 급하고 파도가 험하여 배를 제어할 수 없어서, 그대로 외양(外洋)에서 경지포(慶知浦)에 이르러 정박하였다고 한다.

뇌호의 포구 가에는 돌문이 있는 옛 사당이 있는데, 곧 효자 주길(住吉)의 사당이다. 옛날에 왜인 주길이라는 사람이 이곳에서 모친이 돌아가시자 매우 슬퍼하며 울어서 바닷물이 붉게 되었다. 그러므로 그 지방 사람들이 그를 불쌍히 여겨 사당을 세웠는데, 영험함이 크게 드러났다고 한다. 층층이 쌓인 암석과 절벽이 좌우에 날카롭게 서 있고, 그 위에 소나무와 대나무 및 기이한 풀이 빽빽하였다. 돌에는 색색의 그림을 새겨 마치 단청을 칠한 것 같았다. 바닷물은 산골짜기 사이를 굽이굽이 돌아가서 여울을 이루어 바다와 서로 통하였다. 몇 리를 지나면 두 산이 서로 마주하여 솟아 있고 한가운데가 갈라져 하나의 문을 이루고 있어서 간신히 배가 지나갈 수 있었다. 뇌호라는 이름도 아마 이 때문에 붙여진 듯하다. 도주가 사람을 시켜 문후하고 아울러 삼중을 바쳤다. 이날은 130리를 갔다. 배 위에서 묵었다.

19일 병오

맑음.

새벽에 배를 출발시켜 30리를 갔다. 바라보니 종사관의 배가 경지포(慶知浦)에 정박하여 있어서, 화포를 쏘아 서로 응하며 나아갔다. 사시(巳時, 오전 9시~11시) 초각에 부중(府中)에 도착하였다. 도주가 여러 차례 사자를 보내어 문후하고, 조금 있다가 도주 평의방(平義方), 이정암(以酊庵) 장로 영집(永集)이 10리 밖에 나와 맞이하였다. 도주가 탄 큰 배와 좌우에 거느리고 온 8척의 배에는 각각 붉은 비단 장막이 쳐 있었고 여러 모양의 깃발과 창이 세워져 있었다. 도주와 장로가 배 위에서 각각 삼사에게 두 번 읍례(揖禮)를 드리니, 삼사도 읍(揖)으로 답하였다. 조금 있다가 도주와 장로가 앞에서 인도하여 가니, 작은 배 수십여 척이 와서 예인하였다.

선창에 이르러 육지에 내리니, 당상이 타고 갈 견여(肩輿)[89]와 원액 이하 중방(中房), 사노자(使奴子), 소동(小童), 도훈도(都訓導), 형명(形名)·독(纛)·절월(節鉞)을 받들고 갈 사람이 타고 갈 안장 갖춘 말 90여 필이 질서 있게 해안가에 기다리고 있었다. 삼사 이하는 공복을 갖추고 용정(龍亭)을 받들고서 군의(軍儀)를 갖추어 군악을 울리며 숙소로 나아갔다. 숙소는 선창에서 약 5리쯤 되었는데, 좌우의 집들이 넓고 아름다웠으며 사람들이 매우 많았다. 길을 메우고 구경하는 남녀노소가 마치 담처럼 죽 늘어서 있었으나 조금도 시끄럽게 떠들지 않았으니, 그 나라의 법이 엄하다는 것을 여기에서 볼 수 있었다.

국분사(國分寺)에 숙소를 정하였다. 국분사는 매우 넓어 삼사행 소속의 수백여 인이 그 건물을 나누어 차지하여도 좁지 않았으니 얼마나 넓은지를 참으로 알 수 있겠고, 제작의 공교함과 아름다움은 뭐라고 형용할 수 없었다. 정원은 삼나무로 담을 둘렀는데, 매끈하고 반듯하게 다듬어 놓은 것이 마치 정밀기계로 깎아 놓은 듯하였고 높이 6·7척에, 길이는 족히 수십 보(步)는 되어 보였다. 이와 같은 곳들이 곳곳에 있으니, 이곳 사람들의 기교를 알 수 있겠다.

---

89) 두 사람이 앞뒤에서 메는 가마.

이날 저녁 숙공을 받았다. 도주가 집에 돌아간 후 즉시 차왜를 보내어 문후하였고, 아울러 삼중을 바쳤다. 장로도 사미(沙彌)를 보내어 문후하였다. 사상께서는 즉시 당상 한 사람을 보내어 멀리 마중 나온 데 대해 사례하였고, 또 김대재(金大材)90)를 보내어 장로에게 회사(回謝)하였다. 뇌호에서 부중(府中)까지는 70리였다. 저문 후 도주가 세 의원(醫員)을 청하니, 홍수경(洪水鏡)91)을 시켜 이끌고 그 집에 가게 하였다. 밤이 깊은 후 파하여 돌아왔다.

20일 정미
맑음.

국분사에 머물렀다. 식후에 봉행인 평전준인(平田隼人) [이름은 평방직(平方直)이다.] · 삼촌채녀(杉村采女) [이름은 평진장(平眞長)이다.] · 평전직우위문(平田直右衛門) [이름은 평진련(平眞連)이다.] · 대포충좌위문(大浦忠左衛門) [이름은 평륜지(平倫之)이다.] · 통구작좌위문(樋口作左衛門) [이름은 평진행(平眞幸)이다.] · 삼촌뢰모(杉村賴母) [이름은 평진홍(平眞弘)이다.], 재판 사전시랑병위(寺田市郞兵衛) [이름은 귤방고(橘方高)이다.] 등이 공복을 입고 숙소에 와서 뵈었다. 삼사상은 처음과 같이 편복 차림으로 접견하였다. 삼다(蔘茶)를 한 순배 돌린 후 술과 과일로 대접하고 파하였다. 도주와 장로가 사람을 보내어 문후하였다.

---

90) 김시량(金是樑). 제3선의 차상통사(次上通事)였다.
91) 홍순명(洪舜明). 제2선의 상통사였다.

21일 무신

맑았으나 밤에는 큰 바람이 불었음.

국분사에 머물렀다. 도주가 사람을 시켜 문후하고 아울러 수박과 가루 설탕을 바쳤는데, 삼사께는 각각 수박 15과(顆)와 가루 설탕 3근, 상상관 모두에게는 수박 15과와 가루 설탕 6근, 상관 모두에게는 수박 100과와 가루 설탕 5근이었다. 삼당상이 예조의 서계와 별폭을 도주와 만송원(萬松院), 이정암(以酊庵) 등에게 주었다.

오후에 도주가 나오겠다는 뜻을 먼저 통지하였는데, 봉행 6인과 재판 등이 미리 와서 기다렸으며 조금 있다가 5, 6명의 왜인이 뜰 안을 깨끗이 청소하였다. 사상이 도훈도를 시켜 뜰의 오른쪽에 군물(軍物)을 성대하게 베풀게 하고 군악(軍樂)을 울리면서 도주를 기다렸다. 도주가 중문 밖에 이르러 견여에서 내린 다음 차고 있던 긴 칼을 풀고 걸어 들어오니, 삼사 이하가 모두 공복을 입고 기둥 밖으로 나갔다. 도주와 장로, 서산사 주승 현규(玄圭)가 차례대로 나와 충계에 이르러 신발을 벗고 당에 오르니, 삼사가 맞아들였다. 당 가운데에 이르러서 동·서로 나누어 자리를 잡고 서로 읍한 후 자리에 나갔다. 그 후 서산사 승려가 들어와 삼사께 두 번 절하니, 삼사는 손만 들었다. 삼행의 비장이 모두 복식(服飾)을 갖추고 동개(筒箇)92)를 찬 채로 기둥 밖에 차례로 서 있었고, 원액들은 줄지어 비장의 앞에 앉았다. 문후하는 집사(執事) 왜장 40, 50명이 당의 오른편에 나열하였다가 위아래로 종종걸음으로 달려가 일을 하는데, 조용하고 떠드는 소리가 없었다. 인사 후에 삼다(蔘茶)

---

92) 화살을 넣는 화살집. 돼지가죽으로 만들었으며, 메는 띠는 사슴 가죽으로 만들었다.

를 한 순배 행한 후 파하였다. 도주의 의복은 자색 포에 일각대(一角帶)를 착용하였다. 두 승려의 옷은 장삼(長衫)에 가사(袈裟)를 매었고, 다만 머리에는 아무것도 쓰지 않았다. 당상 1원을 즉시 보내어 도주에게 회사(回謝)하였다.

22일 기유

국분사에 머물렀다. 도주가 사람을 시켜 문후하였다. 지난밤부터 큰 바람이 불어 나무뿌리가 뽑히고, 마치 쏟아 붓는 것처럼 큰비가 내려 밤새도록 그치지 않았다. 아침에 비바람이 더욱 심하니, 왜인이 말하기를, "7월 20일 전후에는 반드시 큰 바람이 불고 비가 매우 심하게 내리는데 매년 이와 같습니다. 뇌호에 머무를 때부터 이 때문에 염려하였는데, 지금 과연 그렇습니다." 하였다. 식후에 선장 등이 사람을 보내어 말하기를, "선창이 매우 좁아서 6척의 선박을 다 수용할 수 없으니, 부복선(副卜船) 1척은 선창 밖에 나가서 머무르게 하였습니다. 그런데 바람이 매우 심하고 파도가 매우 험하여 선창의 태반이 무너졌으며, 5척의 배가 서로 부딪쳐서 매우 위급하므로, 부득이 종려 닻줄로 각각 묶어서 요동하지 않게 하며 또 쇠로 만든 닻을 내려서 진정시켰습니다. 부복선은 이미 선창을 나갔는데, 풍랑에 부딪쳐 떴다 가라앉았다 하며 잠깐 사이에도 반드시 위험한 상황이 벌어질 수 있으니, 배에 탄 사람들이 두 손을 모아 하늘을 부르며 빌고 있습니다." 하였다.

사상이 즉시 삼행의 비장과 수역(首譯)을 보내어 가서 구원하게 하니, 파도가 하늘에 닿을 듯이 솟아올라 40보 밖의 인가(人家) 위에 떨어지며 형세가 매우 위급하였지만, 비가 마구 쏟아져서 사람들이 감히

접근할 수 없었다. 그런데 5척의 배는 오히려 스스로 반쯤 무너진 선창이라도 거기에 의지하여 붙어 있었다. 하지만 부복선은 물러나면 풍파에 치이고, 나오면 또 선창의 이미 무너진 석각(石角)에 부딪쳐서, 위의 장식의 반이 이미 꺾이고 배안에 물이 들어와 무릎까지 차올랐다. 큰 닻줄 13조도 모두 마디마디 잘라졌고, 2조의 닻줄만이 아직 다 끊어지지 않은 상태였다. 배 안의 사람들은 내리고자 하였으나 할 수 없어 부르짖으며 통곡할 뿐이었다. 봉행 평전준인·대포충좌위문·통구작 좌위문, 재판 사전시랑병위 등 4인이 많은 장정을 이끌고 직접 선창에 가서 힘을 다하여 보호하고자 해도 어찌할 수가 없었다. 배를 많이 내어 좌우에서 분주하게 구하였으나 왜선 2척도 기어이 부서졌으며, 왜인 사공 2명이 닻줄을 이끌고 파도 속으로 들어갔는데 끝내 나오지 못하였다. 바람이 더욱 거세지고 닻줄 2조 중 1조가 또 끊어졌다.

파도를 타고 배가 해안에 가까이 가니, 해안에 있던 사람들이 급히 부르며 말하기를, "배 안의 사람들이 지금 내릴 수 있다." 하였다. 배 안에 있던 사람들이 이에 비로소 다투어 뛰어 내렸다. 해안에 뛰어 내리는 사람도 있었고, 바다에 떨어졌다가 떠오르는 사람도 있었는데, 그중 2인이 떠올랐다가는 또 잠긴 후 나오지 못하였다. 이에 부사의 비장(裨將)인 감찰(監察) 민제장(閔濟章)이 옷을 벗고 파도가 치는 가운데로 달려 들어갔다. 한 사람은 물 속에 다리를 넣어 그것을 잡고 기어 나오게 하고, 한 사람은 어깨를 잡고 끌어내었으므로 모두 온전하게 살 수 있었다. 민 비장의 완력은 참으로 다른 사람보다 뛰어나며, 그의 의로운 기상은 더욱 가상하다 할 만하다. 이에 배에 있던 사람들이 모두 육지로 나왔는데, 배는 항구에서 물러 나가 끝내 부서져 침몰하였다. 40여 명의 격군이 온전하게 살았으니 이것은 참으로 천행이며, 이 어찌 인력으로 할 수 있는 일이겠는가. 배 안에 싣고 있던 예단과 짐들은 전에 이미 숙소에 가져다 놓았으므로 물에 가라앉는 것을 면하였으니 이것도 다행이다. 그런데 식량으로 쓸 쌀 50여 석과 건량, 약간의 받은 잡물과 본선에 타고 있던 직장(直長) 조득현(趙得賢), 봉사(奉事) 김시박(金時璞), 봉사 박동보(朴東譜), 별파진(別破陣) 엄한우(嚴漢佑) 등의 겨울옷은 모두 잃었다. 격군 등은 발가벗은 몸으로 나왔고 옷을 가지고 나온 사람들이 거의 없었는데, 부복선이 이미 침몰하였으니 지금은 어찌할 수 없다. 날이 저물고 바람이 더욱 심해져서 선창이 거의 무너졌으니, 다른 배도 보존할 수 없어 이 때문에 일행들이 근심하였다. 각 선박의 짐들을 일제히 운반하여 낸 후 선군과 격군, 왜인 등이 긴 나무를 가지고 배 주변에 줄지어 서서 서로 교대하면서 배가 서로 충돌할 것에 대비하느라 밤새워 경비하였다. 밤이 깊어지자 바람이 약간 그치고 파도가 조금 잠잠해져서, 선창이 다행히 더 무너지지는 않았으며 여러 배들도 무사하였다. 도주가 삼중, 제백을 삼사와 삼당상께 바치니 뱃사람들에게 나누어 주었다.

23일 경술

아침에는 비가 내렸으나 저물녘에는 맑음.

국분사에 머물렀다. 도주가 사람을 보내어 부복선이 침몰할 때에 잘 구호(救護)하지 못하였다는 뜻으로 누누이 사과하였다. 부복선에 실려 있던 짐들을 건져내기 시작하였는데, 조득현은 겨울옷만을 건졌고 여름옷은 아직 건지지 못하였다고 한다.

24일 신해

맑음.

국분사에 머물렀다. 침몰한 배를 건져 올려 살펴보니 배의 허리가 끊어져서 수리할 수 없으므로 부득이 왜선을 빌렸다. 본선에 타고 있던 인원과 많지 않은 짐들을 실을 만하니, 이것으로 왕래할 계획이다. 그중 격군 5명의 겨울옷과 여름옷을 모두 건져내지 못하였는데, 앞으로 추운 겨울을 지낼 일이 염려스러웠다. 그러므로 이들은 비선을 태워 돌려보내는 것으로 조치하였다. 대포충좌위문이 삭면(索麵)[93] 15묶음, 부채 5자루를 삼사와 삼당상께 바쳤다.

오후에 삼사신이 나를 시켜 사예단(私禮單)[94]을 가지고 가서 도주와 그 아들 언천대(彦千代)에게 주게 하였다. 도주의 집은 숙소에서 5, 6리쯤 되는 곳에 큰 산 아래 있었다. 높은 문을 가진 좌우의 큰 집들은 장려하여 비할 바가 없었는데, 모두 봉행과 재판의 집이라 한다. 3중의 문을 들어가 당 앞에 이르니 전날 관수(館守)로 나왔던 통구구미우위문(樋口久米右衛門)이라는 자가 나와 맞이하였다. 복옥(複屋)의 안으로 걸어가며 보니, 수십여 칸은 족히 되었다. 비로소 청(廳)에 이르니 봉행 삼촌채녀, 평전직우위문 등이 나와 기다렸다. 그 나머지 가득 앉아 있는 여러 왜인들은 모두 연전(年前)에 부산 왜관에서 서로 친하게 지냈던 자들이어서, 은근한 옛 정을 펴는 정상이 같은 나라 사람과 다를 바가

---

93) 국수인데, 가는 것은 삭면(索麵)이라 하고 아주 가는 것은 사면(絲麵)이라 한다.

94) 삼사신이 사사롭게 개인적인 자격으로 보내는 예단. 삼사신은 대마도 및 대판성, 강호에 도착하였을 때 그리고 필요에 따라 일본의 주요 인사들에게 사예단을 보냈다.

없었다. 3차례 다례(茶禮)를 행한 후 술을 돌렸다. 그 음식과 술잔, 쟁반은 매우 넉넉하고 화려하였다. 3잔을 돌린 뒤 그 자리를 가득 메우고 있던 왜인들이 모두 앞에 나아와 대작(對酌)하였으니, 그 응대하는 바를 이루 다 감당할 수 없었다. 술에 크게 취하였고 밤이 또 깊었으므로 돌아가기를 청하자, 두 봉행이 들어갔다가 도주의 뜻으로 와서 회사(回謝)를 전하였는데, 그 언사가 매우 공손하였다. 이에 봉행 등과 서로 작별하였다. 구미우위문(久米右衛門)이 또 인도하여 나와 당 앞에 이르렀는데, 2개의 등롱(燈籠)이 앞에 있었다. 또 대문 밖을 나가니, 좌우에 있는 집들의 문 앞에 모두 등롱을 매달아 놓아 대낮같이 밝았다. 이날 크게 취하여 돌아왔으므로 이정암(以酊庵)과 만송원(萬松院)의 예단은 최안국(崔安國)95)이 가지고 가서 주게 하였다. 전복된 배를 끌어 낼 때 왜인 1명이 또 익사하였다고 한다.

25일 임자

맑음.

국분사에 머물렀다. 도주가 절초(切草) 3종과 은 담뱃대 4개를 삼사께 바치고, 삼당상께는 절초 3종과 은 담뱃대 2개를 바쳤으며, 상판사와 제술관·양의(良醫)에게는 엽초(葉草) 10묶음과 은 담뱃대 2개를 바쳤다. 절초는 3층으로 된 시회궤(蒔繪櫃)96)에 그 각 품을 채웠다. 삼사가 절초만을 받고, 은 담뱃대는 물리치고 받지 않았다.

---

95) 전 첨정(僉正) 최한진(崔漢鎭). 제3선의 차상통사였다.
96) 시회는 일본의 독특한 칠공에 기술로서, 칠로 모양을 그린 다음 그것이 마르기 전에 금이나 은 등의 금속가루나 색깔이 있는 가루를 뿌려서 고착시켜서 모양을 나타내는 기법이다. 시회궤는 시회칠을 한 궤짝을 말한다.

이날 도주가 우리나라의 기예 보기를 청하니, 곧 제술관과 두 사자관, 화원(畵員) 및 마상재 두 사람을 보냈다. 최상집(崔尙㠍)과 현덕윤(玄德潤), 삼행 비장 각 1원이 거느리고 갔다가 밤이 깊어서야 파하여 돌아왔다. 저녁에 도주가 봉행인 삼촌채녀(杉村采女)를 시켜 문후하고, 이어 내일 연례(宴禮)에 참석해 주기를 청하였다. 호행하는 두 봉행이 와서 문후하였다.

26일 계축

맑음.

오후에 삼사 이하가 공복을 갖추어 입고서 군의(軍儀)를 나열하고 음악을 울리며 도주의 집에 갔다. 대문 밖에 하마비(下馬碑)가 있었는데 앞에서 길을 인도하는 하인과 원액, 비장이 모두 말에서 내려 걸어 들어갔다. 제2문의 앞에 이르러서는 상상관이 탈 것에서 내렸다. 삼중문의 앞에 이르러서 사신이 가마에서 내리고 취(吹)를 멈추었다.

봉행하는 사람들이 좌우에서 인도하여 맞이하여 들어가 당에 올랐다. 복옥(複屋)의 가운데로 걸어 들어가 비로소 대청에 이르니, 도주와 장로가 아울러 기둥 밖에 나와 읍하며 맞이하였다. 교의(交椅, 의자) 앞에 나아가 두 번 읍례를 행하고 마주 섰다. 상상관은 기둥 안에서, 상판사와 상관은 직차에 따라 3차로 나누어 기둥 밖에서, 차관과 소동·중관은 4차로 나누어 퇴헌(退軒) 조금 낮은 곳에서, 하관은 뜰아래에서 각각 두 번 절하는 예를 행하였다. 삼사와 도주, 장로는 상관이 절하는 것을 마치기를 기다렸다가 각각 교의에 나아갔는데, 교의 앞에는 미리 고족상(高足床)에 4줄로 그득하게 차려져 있었다. 상 아래는 붉은 비단 장막으로 둘러싸고, 안주와 찬과 과일은 모두 은그릇에 담겨 있었으며, 비단 꽃이 어지럽게 꽂혀 있었다. 북쪽 벽 아래에는 주벽(主壁)의 상탁(床卓)을 차려 놓았으며, 정교하게 거북이와 학을 조각한 소나무와 대나무를 꽂아 놓았다. 일행이 각 청에 나뉘어 있는데, 상상관이 1곳, 상판사·제술관·양의가 1곳, 판사·의원·사자관·화원·서기가 1곳, 군관이 1곳, 차관·중관이 각 1곳이었다. 상을 배열하고 찬을 베푼 것도 모두 풍성하고 넉넉하였으며, 비단 꽃을 어지럽게 꽂아 광채가 온 방에 비추었다. 9잔에 1잔마다 매번 1미(味)를 올렸다. 세 번 술잔을 돌리니, 삼사가 도주·장로와 함께 각각 술잔을 바꾸어 마셨다. 나이가 어리고 아름다운 용모의 왜인이 술을 돌리고 찬을 드리는데, 긴 치마를 끌며 일시에 무릎을 꿇으니 자못 예절이 있었다. 9잔을 돌린 후에 또 밥을 내왔는데, 모두 은수저를 사용하였다. 하관은 다만 뜰아래에서 밥을 받았다. 밥 먹기를 마치자 그들이 삼사에게 헐소(歇所)로 나아가서 편복으로 갈아입기를 청하였다. 봉행을 시켜 다시 들어오기를 청하므로 들어가 평좌(平坐)하고 예에 따라 술잔을 주고받았다. 그 후에 다시 꽃 상이 나왔는데 상은 5, 6각으로 되어 마치 구름을 그린 형상이며 전체를 은박으로 칠하였고, 각각 진귀한 찬을 담아 그 안에 대나무·소나무·모란·난·국화와 같은 꽃과 나무를 꽂았다. 꽃잎과 가지는 종류마다 기묘하여 자세히 보아도 그 진위를 판별할 수 없을 정도였으니, 비로소 사람의 정교한 솜씨가 끝이 없음을 알겠다. 술잔이 6번 돌고, 집승(集僧)이 율시(律詩) 한 수를 써서 바치니, 삼사가 각각 즉시 화답하여 주었다.

대마도의 문인 우삼동(雨森東)97) [속명(俗名)은 동오랑(東五郎)이며 별호는 방주(芳洲)이다.]과 송포의(松浦儀) [속명은 의우위문(儀右衛門)이며 별호는 하소(霞沼)이다.], 서산승(西山僧) 현규(玄圭)가 와서 뵙고 시를 바쳤다. 삼사가 제술관과 서기(書記)를 시켜서 화답하여 주게 하고 이에 자리를 파하고 나왔다. 도주가 장로와 함께 따라 나와 마루 끝에서 읍하고 배웅하였다. 돌아온 때는 밤이 이미 삼고(三鼓)였지만 숙소와의 거리가 5, 6리 되는 길에 등촉이 연이어 있어서 마치 한낮 같았다. 이날 보았던 장려하고 사치한 것들은 이루 다 기록할 수 없다. 도주가 즉시 사람을 보내어 문후하고 아울러 꽃상을 바쳤다.

27일 갑인

맑음.

국분사에 머물렀다. 아침에 김대재를 보내어 도주에게 문후하고 아울러 어제 연회상의 환대에 대해 사례하였다. 식후에 박신재(朴信哉)를 시켜 도주의 집에 가서 별도의 예단을 주게 하고, 봉행 등에게는 김명중(金明仲)을 시켜 주게 하였다. 이마(理馬) 안영민(安英敏), 통사 김돌금 등은 말을 영솔하고 먼저 일기도(一岐島, 이키노시마)로 가는데, 오늘

---

97) 아메노모리 호슈(1668~1755). 그는 대마도에서 조선과의 외교를 오랫동안 담당했던 유학자이다. 이름은 준량(俊良)이라고도 하고 성청(誠淸) 또는 동(東)이라고만 부르기도 하였다. 그의 자는 백양(伯陽)인데 통칭 동오랑(東五郎)이라고 했으며, 그의 호는 방주(芳洲)로 알려져 있다. 그는 근강국(近江國) 이향군(伊香郡) 우삼(雨森) 출신인데 17, 18세에 강호로 와서 당시의 대학자 목하순암(木下順庵)의 문하생이 되었으며, 그의 추천으로 1689년에 대마도에 취직하게 된다. 그는 중국어와 조선어를 공부하고 대마도와 조선과의 외교에서 자문역을 맡고 있었는데, 이번 사행에서는 대마도의 '진문역(眞文役, 외교관)'으로서 통신사 일행을 강호까지 수행하고 있다. 1748년 은퇴한 후 주로 조선어 통역 교육과 문학에 전념하였다.

배를 타고 바람을 기다렸다가 내일 떠날 것이다. 장로가 사람을 시켜 문후하고, 아울러 삼사와 삼당상 및 상관 모두에게 삼중을 바쳤다. 두 봉행이 문후하였다.

28일 을묘

맑음.

국분사에 머물렀다. 장계를 올리는 비선 편에 집으로 편지를 써서 부쳤다. 도주가 사람을 시켜 문후하였다.

29일 병진

맑음.

국분사에 머물렀다. 오후에 도주가 숙소에 와서 뵙고 연회에 와주신 노고에 감사하니, 간략하게 주과를 차려서 대접하여 보냈다. 삼사신 이하 중하관에 이르기까지 별하정(別下程)98)을 보내왔다. 오늘 비로소 찬물(饌物) 10여 종을 각각 차등 있게 와서 바쳤다.

30일 정사

맑음.

국분사에 머물렀다. 재판 도웅팔좌위문(島雄八左衛門) [평방정(平方

---

98) 본래 하정(下程)이란 전별금(餞別金)과 같은 것인데, 대일관계에서는 예하
정(禮下程)과 별하정(別下程)이 있었다. 그중 별하정은 일본에 온 조선 사
신이 조선으로 돌아갈 때 일본이 조선 사신에게 주는 예물을 뜻한다. 예하
정은 일본이 지급한 별하정에 대하여 조선 사신이 일본에 보내는 예물을
가리킨다.

正)이다.]은 호행하는 사람인데, 좌수내포에서 병을 얻어 오늘 죽었다. 통구구미우위문(樋口久未右衛門) [평방리(平方利)이다.]이 그 대신으로 와서 뵈었다. 도주가 접는 부채 10개를 삼사께 각각 바치고, 삼당상과 삼상판사, 제술관, 양의에게도 각각 차등있게 보냈다. 삼사신께 평전준인(平田隼人)은 삼중을 바쳤고, 충좌위문(忠左衛門)은 수박을 바쳤고, 집장로 또한 삼중을 바쳤다.

8월 작은 달

초1일 무오

아침에는 흐리다가 저물녘에는 맑음.

새벽에 망궐례를 행하였다. 국분사에 머물렀다. 도주가 사람을 시켜 문후하고 아울러 삼사신과 삼당상, 삼상판사, 제술관, 양의 및 군관 모두에게 삼중을 바쳤다.

초2일 기미

아침에는 비가 오다가 저녁에는 맑음.

국분사에 머물렀다. 상선(商船) 수십 척이 일기도에서부터 와서 정박하였다. 들으니 이마(理馬)가 탄 배가 도중에 바람을 만나 거의 위태로웠으나 가까스로 무사히 도착하였다고 하니 다행스러웠다.

초3일 경신

맑음.

지난밤 도주가 배를 탔다고 하므로, 사행도 새벽에 배를 탔다. 그러나 바람이 고르지 못해 출발할 수가 없었으므로 서산사에 가서 조금 쉬었다. 서산사는 높은 언덕에 있고, 두 경계가 특히 넓었다. 대마도 1군(郡)은 모두 협소하며 인가가 즐비하고 원림(園林)이 서로 이어져 있었는데, 동쪽으로 바다를 바라보면 넓게 트여 있었다. 사찰 안에는 하나의 감실(龕室)이 있어서 부처를 모셨는데 조각한 형상이 교묘하여 마치 살아있는 사람 같았다. 사찰의 오른쪽에는 하나의 각(閣)이 있는데, '무관(無關)' 두 글자가 쓰인 편액이 걸려 있었다. 이것은 임술년(壬戌年, 숙종 8, 1682) 사행 때의 이삼석(李三錫)[99]의 필적이었다. 바로 벗 이이방(李爾芳)을 만나 보여 주었는데, 그 돌아가신 아버지의 필적을 보는 마음이 매우 슬플 것이었다. 도주가 삼중과 제백을 바쳤고, 두 재판이 수박과 가루 설탕을 삼사와 삼당상에게 바쳤다. 날이 저문 후 숙소에 돌아왔는데, 도주도 배에서 내렸다.

초4일 신유

맑음.

약간 바람이 불었다. 도주가 배에 탔다고 하므로, 삼사도 배에 타서 닻을 올리고 바람의 형세를 보았다. 도주가 사람을 보내어 말하기를, "동풍이 점차 변하여 남풍이 되니 출발할 수 없겠습니다." 하였으므로

---

99) 조선 중기의 문신. 본관은 전주(全州). 호는 설월당(雪月堂). 익신(翊臣)의 아들이다. 숙종 7년(1681) 사은사 이필(李泌)의 서장관으로 청나라의 연경에 다녀오고, 이듬해 통신사 윤지완(尹趾完)의 사자관(寫字官)으로 일본에 다녀왔다. 이후 사간원 정언과 사헌부 지평을 지냈다. 글씨를 잘 쓰고 그림도 잘 그렸다.

부득이 배를 돌리고 닻을 내렸다. 사상께서 박신재를 시켜 도주에게 말하기를, "숙소가 조금 멀어, 우선 서산사에 머물면서 바람을 살피겠습니다." 하였다. 삼사상과 일행 중의 임관(任官)은 배에서 내리고, 그 나머지는 모두 배 위에 머물렀다. 도주가 사람을 시켜 문후하였고 아울러 수박과 가루 설탕을 삼사께 바쳤다.

초5일 임술

조금 비가 내리다가 즉시 그침.

바람이 크게 일어나 파도가 하늘에 닿을 듯하였다. 서산사에 머물렀다. 도주가 사람을 시켜 문후하니, 사상이 즉시 나를 보내어 회문(回問)하였다. 재판 시랑병위가 사상께 한 송이 모란을 바쳤는데, 꽃잎이 선명하고 농염하였다.

초6일 계해

흐림.

서산사에 머물렀다. 이번 초1일은 곧 정사상의 초도일(初度日, 생신)이었다. 그런데 사상의 식가(式暇)[100]로 인하여 헛되이 보내었으므로, 오늘 건량관이 주과를 간략하게 차려서 올렸다. 도주와 서산승 현규(玄圭)가 사람을 시켜 문후하였다.

초7일 갑자

흐림.

---

100) 관원에 대하여 규정되어 있는 휴가를 주는 것.

서산사에 머물렀다.

초8일 을축

맑음.

서산사에 머물렀다. 들으니 좌수내포에서 비선(飛船)이 떠난다고 하므로, 일행이 집으로 편지를 써서 부쳤다. 도주와 현규가 사람을 시켜 문후하였다.

초9일 병인

흐림.

아침에 최안국(崔安國)을 보내어 도주에게 문안하였다. 동북풍이 약간 불기에, 도주와 함께 의논을 주고받은 후 진시(辰時, 오전 7시~9시)에 배를 탔다. 도주가 북을 3차례 치고 배를 출발시켜 앞에서 이끌었는데, 크고 작은 호행 왜선이 거의 100여 척이었다. 구름이 끼어 개지 않고 바람도 점차 약해져, 노젓기를 독려하고 힘썼지만 배가 나아가는 것이 매우 느려서 뱃사람들이 모두 괴로워하였다.

오후에 비가 조금 내리다가 금방 그쳤다. 북풍이 매우 좋아 배가 갑자기 빨리 나아가서 유시(酉時, 오후 5시~7시)에 일기도의 풍본포(風本浦)에 이르러 정박하였다. 아직 항구에 도착하려면 수십 리가 남았는데, 맞이하는 배가 거의 100척에 이르렀다. 일시에 가지런히 나와 닻줄을 묶어 들어가는데, 선창이 얕고 작아 작은 배 수십 척을 사용하여 부교(浮橋)를 만들었다. 위에는 판자를 덮고 쇠못을 박아서 마치 평지 같았으며, 양쪽 옆에는 거의 10여 칸의 난간을 만들었다. 일행이 모두 숙소에 들어가니, 숙소는 새로 만든 초가집으로 거의 백여 칸이 되며 굽거나 반듯한 복실(複室)은 매우 깨끗하였다. 차려 놓은 그릇도 매우 선명하고 아름다웠다.

태수 송포(松浦) 일기수(壹岐守)는 이곳에서 170리 되는 평호도(平戶島)에 살고 있는데, 지행(知行)101)이 6만 3000석(石)이라 한다. 봉행을 시켜 와서 접대를 관할하게 하였는데, 각각 창중(槍重)102) 1조(組)와 간선(干鮮, 생선 말린 것)·곤포(昆布)103)와 도미 각 1상자, 술 1하(荷)[곧 2통이다.]를 삼사께 바쳤고 삼당상과 상판사, 상·중·하관에게 각각 차등 있게 보냈다. 도주가 사람을 시켜 문후하니, 즉시 홍수경(洪水鏡)을 보내어 회사(回謝)하였다. 이날은 480리를 갔다.

초10일 정묘

맑음.

일기도에 머물렀다. 재판 등이 와서 고하기를, "바람은 순조로우나 파도가 매우 심하여 출발할 수 없습니다." 하였다. 사상이 즉시 선장 등을 시켜 항구에 나가서 살펴보게 하니 과연 재판의 말과 같았으므로,

---

101) 영지(領地)로서 지배하는 토지. 그 토지의 조세를 수입으로 얻는다.

102) 창중은 삼중(杉重)과 같은 종류의 것으로 크기가 삼중에 비해 좀 크다. 회중(檜重)도 마찬가지이다.

103) 곤포는 윤포(綸布), 청태(靑苔), 자채배(紫菜輩) 등 다양한 해조류와 혼동되어 쓰여 왔지만 현재는 갈조류의 다시마로 인정되고 있다. 바다 밑에서 건져내어 깨끗이 씻어 햇볕에 말려 약으로 쓰는데 실모양이나 넓은 조각으로 썰어 생것으로 쓴다. 편평한 띠 모양으로서 바깥 면은 남갈색이나 흑갈색을 띠고 중앙부는 두껍고, 가장자리는 얇고 파상을 이루며 질기다. 바깥 면은 흰 가루가 덮여 있다. 냄새가 조금 비리고, 짜며 달다. 다른 이름으로는 해곤포(海昆布), 윤포(綸布), 해대(海帶) 등이 있다.

배를 출발시키지 못하였다. 도주와 장로가 사람을 시켜 문후하였다. 현도이(玄道以)104)를 시켜 회사하였다.

11일 무진

맑음.

악풍(惡風)이 크게 불었다. 일기도에 머물렀다. 도주가 사람을 시켜 문후하고, 아울러 수박과 가루 설탕을 바쳤다. 충좌위문(忠左衛門)이 삼사신과 삼당상께 과자를 바쳤다. 부선(副船)의 격군인 진주 사람 김의선(金儀先)이라는 자가 길에서 왜녀(倭女)를 만나 희롱한 일이 있었다. 이 일 때문에 왜인이 와서 고하니, 사상께서 즉시 병비(兵裨)를 시켜 뱃머리에 나가 앉아 1차 형벌을 가하여 심문하도록 해서 다른 군졸들을 징계하였다.

12일 기사

맑음.

일기도에 머물렀다. 이날은 곧 부사의 초도일(初度日)이다. 건량관이 주과를 간단히 차려서 올렸다.

13일 경오

맑음.

일기도에 머물렀다. 도주가 사람을 시켜 문후하고, 또 면과 술을 바쳤으며 고래회105)를 차려 놓았다. 저녁 후 또 삼중을 삼사신께 바치기

---

104) 역관 현덕윤(玄德潤). 도이(道以)는 현덕윤의 자(字)이다.

에, 최안국을 보내 회사하였다. 도주가 봉행 등을 시켜 상상관 이하와
여러 임무를 맡은 관원들에게 나오기를 청하여 진무(振舞)를 베풀어
주었다가 밤이 깊어 취한 뒤에 파하였다. [진무는 연회를 베풀어 술을 마시
는 것을 말한다.]

14일 신미
맑음.
일기도에 머물렀다.

15일 임신
맑음.
일기도에 머물렀다. 오늘은 곧 대전(大殿, 국왕 곧 숙종)의 탄일(誕
日)이다. 뱃머리에서 망궐례를 행하고 멀리서 천세(千歲)의 축원을 올
렸다. 일기수가 송평 사인(松平舍人)을 보내어 문후하고, 아울러 사슴
2마리를 바쳤다. 도주가 사람을 시켜 문후하고, 또 삭면 1가(架)를 삼사
께 바쳤다.

16일 계유
맑음.
일기도에 머물렀다. 도주가 사람을 시켜 문후하였다. 일기수가 또
돼지 1마리와 사슴 5마리를 삼사께 바치니, 사슴 2마리를 도주에게
나누어 보내는데, 김대재를 시켜 가서 주게 하였다. 밤에 비선 1척이

---

105) 고래회는 화려한 음식으로, 깔끔하고 부드러우며 맛이 담백하다.

대마도에서 나와서 각처의 편지를 전하여 주었다. 나의 집만 홀로 서신이 없으니 한스럽고 서운한 마음을 어찌 능히 다 쓸 수 있겠는가. 옛사람이, '편지는 곧 만금(萬金)의 가치가 있다.'고 한 말은 바로 이것을 말한 것이다.

17일 갑술

맑음.

새벽에 배를 탔다. 서풍(西風)이 비록 좋지만, 먹구름이 어지럽고 조수(潮水)의 형세가 또 거슬렸으므로 노를 저어 50, 60리를 가니, 이미 한낮이 되었다. 풍세가 바뀌어 남풍(南風)이 되니 배의 속도가 매우 늦어졌다. 오후에 많은 비가 쏟아지면서, 구름과 안개로 인하여 어두워져서 지척도 분간할 수 없게 되었고, 사나운 바람이 또 일어나 궁죽(弓竹, 활대)이 꺾여 급히 돛을 내리게 하였다. 뱃사람은 나침반만을 보고 간신히 앞길을 구별할 따름이었다. 이와 같이 창황할 즈음에 배를 덮지 못하여 판방(板房)이 물에 잠겨 옷과 이불들이 다 젖었다. 제3선은 뒤떨어져 가장 멀리 있었는데, 전복될 위험이 매우 심하여 격졸들 중에는 울며 부르짖는 자까지 있었다고 한다. 저녁 무렵이 되자 먹구름이 일순 걷히고 햇빛이 비치니, 비로소 수십 리 앞에 남도(藍島, 아이노시마)가 있는 것이 보였다. 노 젓는 것을 독려하여 나아가 항구에 이르렀다. 역풍(逆風)이 크게 일어났으나 예인선 수백 척이 깃발 표시로 대오를 이루며 힘껏 끌고 들어가서 간신히 선창에 정박하였다. 그런데 물이 얕아 육지에 가까이 갈 수가 없어 할 수 없이 작은 배에 옮겨 타고서 육지에 내렸다. 제2, 제3복선과 도주 이하 여러 봉행들의 배도 바다에서 표류하여 실종되어 간 곳을 알 수 없었고, 대마도와 일기도 두 곳의 호행선 수백 척도 간 곳을 알 수 없었다.

이 섬은 축전주(筑前州)의 땅이다. 태수 송평(松平) 비전수(肥前守) 원선정(源宣政)의 지행은 52만 석이라 한다. 이 섬은 매우 작고 둘레도 몇 리 되지 않으며 민호(民戶)는 겨우 삼십여 호로, 곧 행상(行商)들이 배를 대는 곳이라고 한다. 사행이 머무는 숙소를 포구 근처에 새로이 크게 짓고 각양으로 대접하였다. 건물은 수백여 칸인데 모두 삼나무 판(板)으로 덮었으며, 정치(精緻)함은 비교할 곳이 없었다. 병풍과 장막, 요와 이부자리, 붓과 연적 등은 화려하고 사치하여 눈을 어지럽게 하였으며, 그 외의 물품 지급은 일기도에 비교하여 배 이상 더하였다. 태수가 사람을 보내어 문후하고, 각각 과자 1절(折), 노자(鷺子) 1광주리, 곤포(昆布)와 마른 도미 각각 1상자, 술 1하(荷)를 삼사께 바쳤다. 삼당상 이하 하관에 이르기까지도 역시 각각 차등 있게 보내었다. 이날은 350리를 갔다. 고향에 돌아가는 꿈을 꾸었다.

18일 을해

맑음.

남도에 머물렀다. 식후에 삼사상이 숙소의 뒷산 꼭대기에 있는 봉수대에 올랐다. 나도 모시고 가서 바라보았는데, 푸른 파도가 하늘에 가득하여 섬들이 들어갔다 나왔다 하였다. 동남쪽으로 산 하나가 둘러쳐져 있고, 흰 모래가 포구에 펼쳐져 있었다. 이는 박다주(博多州)인데, 일명 패가대(覇家臺)라 한다. 축전주부(筑前州府)의 동북쪽으로 10리 쯤 되는 거리에 있으나, 이곳에서는 거의 백여 리가 된다. 이 섬은 곧 신라 충신 박제상(朴堤上)106)이 순절한 곳이며, 정포은(鄭圃隱)107)도 일찍이 사명(使命)을 받들어 이곳에 왔다고 한다. 밤에 충좌위문(忠左衛門), 구미우위문(久未右衛門)이 와서 도주의 뜻으로 삼사께 문후하였다. 비로소 도주와 제2, 제3복선이 어제 바다에서 바람을 만나 표류하다가 금진포(今津浦)에 정박하였다는 소식을 들었는데, 이곳과는 70리 거리라고 한다. 밤에 고향으로 돌아가는 꿈을 꾸었다.

19일 병자

맑음.

남도에 머물렀다. 도주의 배와 두 복선과 호행하던 배들이 차례로 와서 정박하였다. 나는 서너 명의 동료들과 함께 나가서 어제 표류하였던 동료 원역(員役)들과 악수하고 서로 축하하였다. 바람을 만나 전복될 위험에 처했던 정상을 자세히 들으니, 알지 못하는 사이에 몸이 떨렸다. 이틀간 서로 잃었던 끝에 모두 무사할 수 있었으니 그 기쁨을 헤아릴 수 없었다.

사상이 즉시 당상(堂上)을 보내어 도주에게 문안하니, 도주도 사람을 시켜 문후하였다. 축전수(筑前守)가 각각 박다(博多)의 면과 술 각 1통과 산 전복 50개를 삼사께 드리고, 삼당상과 삼상판사, 상관들에게도

---

106) 신라 눌지왕(訥祗王) 때의 충신. 일본에 볼모로 잡혀가 있는 신라 왕자 미사흔(未斯欣)을 빼돌려 신라로 탈출하게 하고, 자기는 체포되어 목도(木島)에 유배되었다가 살해되었다.

107) 정몽주(鄭夢周). 포은은 정몽주의 호이다. 고려 우왕(禑王) 3년(1377) 일본 구주(九州)에 가서 그 지방 장관인 금천요준(今川了俊)에게 왜구의 단속을 청하여 응낙을 받고 왜구에게 잡혀간 고려 백성 수백 명을 귀국시킨 일이 있다.

각각 보냈다. 저녁에 도주와 장로가 숙소에 와서 뵈었다. 삼사는 편복(便服)을 입고 접견하였으며, 제호탕(醍醐湯)[108]을 한 순배 행하였다.

20일 정축

맑음.

남도에 머물렀다. 현도이를 보내어 도주와 장로에게 문안하였다. 축전수가 사람을 시켜 문후하였고, 아울러 자이(滋飴) 1상자와 절인 기러기 3마리를 삼사와 삼당상께 바쳤다.

21일 무인

맑음.

남도에 머물렀다. 서풍이 조금 불기에 배를 출발시키겠다는 뜻으로 도주에게 통지하였다. 도주가 비록 조금 서풍이 불고 있으나 저녁에는 반드시 변할 것이기 때문에 갈 수 없다고 하므로 멈추게 되었으니 울적하였다. 축전수가 삼사 이하로부터 상관에 이르기까지 수박을 차등 있게 바쳤다.

22일 기묘

종일 비가 내림.

남도에 머물렀다.

---

108) 오매육(烏梅肉)·사인(沙仁)·백단향(白檀香)·초과(草果) 등에 물을 붓고 달여 즙을 낸 후 그 즙에 꿀을 넣고 다시 달여서 식힌 뒤 찬물에 타서 먹는 음료. 맛이 달고 시다.

23일 경진

흐림.

남도에 머물렀다. 도주와 장로가 사람을 시켜 문후하였으므로, 최안국을 보내 회문(回問)하였다. 식후에 도주가 재판을 보내어 문후하고, 아울러 향낭(香囊, 향주머니) 각 5개를 삼사께 바쳤다. 삼당상께는 각각 3개를 보냈고, 상판사·제술관·양의에게는 각각 2개를 보냈다. 축전수는 각각 조포(糟飽) 1통과 인동주(忍冬酒)109) 1병을 삼사와 삼당상께 바쳤다.

24일 신사

맑음.

남도에 머물렀다. 축전수가 각각 수박 5개를 삼사와 삼당상께 바쳤다. 평전준인(平田隼人)이 각각 삼사에게 삼자(杉煮)110)를 바쳤고, 삼당상에게도 1그릇을 보냈다. 현도이를 보내어 도주에게 문안하였다. [삼자(杉煮)는 물고기와 채소의 잡탕이니, 별미이다.]

25일 임오

맑음.

남도에 머물렀다. 동풍이 연일 크게 불어서 출발하지 못하였다. 앞으

---

109) 인동(忍冬)과 인삼(人蔘)을 합쳐 빚어서 만든 술로, 맛이 달고도 몹시 독했다.

110) 옛날에 여러 왜인들이 삼나무 아래에서 비를 피하고 있다가 각자 가지고 있는 음식을 그릇 하나에 모아서 삼나무로 끓이자 맛있는 음식이 된 데에서 유래하였다고 한다.

로 나아가는데 이와 같이 지체되어 머무르니, 이곳에서 일공(日供)을 대접하는 어려움만 있는 것이 아니라, 집을 떠난 지 4개월인데 아직도 노정(路程)의 반도 가지 못하였고 가을바람이 점점 차가워지니 나그네의 수심을 견디기 어렵다.

26일 계미

아침에는 맑았으나 저물녘에는 흐림.

닭이 세 번 운 새벽에 봉행 등이 도주의 뜻으로 와서 말하기를, "방금 순풍(順風)이 일고 있으니 즉시 배에 타는 것이 좋겠습니다." 하였다. 축시(丑時, 오전 1시~3시) 말에 배를 타니, 바람의 세기가 매우 미약하여 돛을 걸 수가 없어서 밀물을 타고 노를 저어 갔다. 하늘이 밝아진 후에도 역풍이 급히 불어 앞으로 나아갈 수가 없었다. 왜선이 힘을 다하여 끌고 갔으나 진시(辰時, 오전 7시~9시)에도 대도(大島)를 지나지 못하였다. 지도(地島)의 선창에 정박하여 머무르며 쉬고자 하였으나, 도주가 배를 재촉하여 나아가며 봉행을 보내어 그대로 가기를 강력하게 요청하므로 부득이 따라갔다. 몇 리를 겨우 갔는데 바람과 물결이 모두 거슬러서 노 젓기를 독려하며 재촉하였으나, 조금 앞으로 나아가다가는 뒤로 크게 물러나곤 하였다. 날이 이미 저물고 구름도 일어나니 어찌할 방도가 없으므로, 배를 돌려 지도에 돌아와 정박하였다. 조금 있다가 도주와 봉행의 배들도 차례로 와서 정박하였다. 삼사상이 내려서 포구에 있는 민가에 머물렀다. 베개에 의지하여 밤을 지내는데, 나는 방이 좁아서 배 위에서 묵었다. 이 섬은 길이가 몇 리에 불과하며 인가도 겨우 30여 호이다. 이곳도 축전주 지방이라 한다. 이날은 90리를 갔다.

27일 갑신

흐림.

지도에 머물렀다. 축전주 사람이 와서 일찬(日饌)을 지공하였다.

28일 을유

흐림.

지도에 머물렀다. 오후에 도주가 사람을 시켜 문후하였고, 칡가루 9근과 설탕 6근을 삼사께 바치니, 즉시 김대재를 보내어 회사하면서 약과(藥果) 30립(立)과 소주(燒酒), 제호(醍醐) 각 1병을 보냈고, 평전준인(平田隼人)에게도 30과(果)를 주었다. 축전수가 봉행을 시켜 문후하였으며, 아울러 수박과 설탕을 삼사께 바쳤는데, 삼당상과 상판사에게도 보냈다.

29일 병술

맑음.

바람과 조수(潮水)가 모두 순하였다. 아침에 일찍 지도를 출발하여 십수 리를 갔다. 바람에 돛이 마치 나는 듯하였고, 배가 가는 것이 심히 편안하여 조금도 요동이 없었으니, 마치 평지에 앉아 있는 것 같았다. 신시(申時, 오후 3시~5시)에 적간관(赤間關, 시모노세키)에서 10리쯤 되는 곳에 이르렀는데, 호위하는 배 수백 척이 와서 예인하여 선창에 들어갔다. 도주가 재판을 시켜 말하기를, "오늘 정박한 후 첫 번째 연향(宴享)을 행할 수 있습니다. 저희가 먼저 연청(宴廳)에 들어가 그 절차를 강구한 후 들어가시기를 청하겠습니다." 하였으므로, 닻을 내리고 기다렸다. 날이 저물 무렵 봉행 등이 와서 육지에 내리기를 청하여, 내려서 아미타사(阿彌陀寺)에 머물렀다. 새로 숙소를 지었는데 몇 백 칸이 되는지 모를 정도이며, 그 장막도 매우 화려하고 넉넉하였다. 이곳에서 연향을 베푸는 것은 강호에서 분부한 때문이었다.

장문주 태수(長門州太守) 송평(松平) 민부대보(民部大輔)111) 길원(吉元)의 지행은 35만 석이다. 연회를 베풀어, 초경(初更, 오후 7시~9시)에 삼사를 청하였다. 복도를 따라 연청(宴廳)에 이르는 수십 보의 거리에는 모두 붉은 모전(毛氈, 털로 짠 깔개)을 깔았다. 도주와 집장로가 밖으로 나와 맞이하여 들어갔다. 연회상의 찬품은 괴상하여 뭐라고 형언할 수 없고, 옻칠을 하지 않았으며 또 흙잔을 사용하였고, 계속하여 꽃상을 내어 놓았다. 세 번 술잔을 주고 받은 후 도주와 장로가 인사를 하고 나갔다. 장문수가 들어와 뵙고 두 번 읍하며 예에 따라 술잔을 주고 받고 차를 마신 후 파하였다. 숙소에 돌아오니 또 숙공(熟供), 화기(畵器), 칠한 쟁반을 바쳤는데, 극히 사치하고 화려하였다. 아부(阿部) 비중수(備中守)가 각각 삭면 10권(捲)을 삼사께 바쳤다. 이들은 모두 앞으로 갈 노정(路程)의 참관(站官)인데 먼저 보내어 살펴보는 것이라 한다.

적간관(赤間關)에서 십수 리를 채 못 미친 곳에 소창현(小窓縣)이 있었다. 바라보니 층층의 누각이 아름답게 홍교(虹橋) 위에 아득하며, 푸른 소나무가 둘러싸고 흰 모래밭이 평평하게 깔려 있어서 경치가 매우 절경이었다. 옆에는 문자성(文字城)이 있었으나 지금은 황폐해졌다고

---

111) 일본의 관제에는 식부(式部), 치부(治部), 민부(民部), 병부(兵部), 형부(刑部), 궁내성(宮內省)의 6부가 있는데, 여기에는 각각 경(卿), 대보(大輔), 소보(小輔), 대승(大丞), 소승(小丞), 대록(大錄), 소록(小錄)이 있었다(임수간, 『동사일기』 곤, 문견록).

한다. 적간관은 일명 하관(下關)이라고도 하니, 곧 장문주(長門州) 지방이다. 평평한 호수가 띠같이 둘러 있고 많은 돛대가 떼지어 서 있으며, 물가의 마을은 담을 잇닿아 수십 리를 이어져 있다. 숙소의 오른쪽에는 안덕천황(安德天皇)[112]의 사당이 있다. 옛날에 원뢰조(源賴朝)의 변이 일어났을 때 평청성(平淸盛)의 군대가 패한 후 백하황후(白河皇后)가 손자 안덕천황을 안고 바다로 달려가 죽었다. 그때 안덕의 나이가 8세였으므로 나라 사람들이 슬퍼하며 사당을 세웠다고 한다. 이날은 150리를 갔다.

9월 작은 달

초1일 정해

맑음.

새벽에 망궐례를 행하였다. 장문수(長門守)가 각각 회중(檜重)[113] 1조와 신선한 안주 1종, 인동주(忍冬酒) 1병, 배 1상자, 꼬치에 낀 해삼 1상자를 삼사께 바쳤다. 삼당상 이하 하관에 이르기까지는 각각 차등 있게 보냈다. 집장로가 사람을 시켜 문후하였고, 이어 과자 1상자를 드렸다.

---

112) 일본의 천황으로 1181년에서 1183년까지 재위(在位)했다. 당시 일본에서는 평(平)·원(源) 두 성씨 사이의 세력 다툼이 치열했는데, 원뢰조가 안덕천황과 평청성(平淸盛)을 축출하는 과정에서 안덕천황이 희생되었다. 원뢰조는 이때부터 권력을 전횡하기 시작하여 1192년에 정이대장군[관백]이 되고, 일본 최초의 무인정치 기구인 겸창막부(鎌倉幕府)를 설치하였다.
113) 삼중과 같은 것으로, 회나무 판자로 만들었다.

사시(巳時, 오전 9시~11시)에 도주가 사람을 보내어 가기를 청하여 즉시 배에 올라 출발하니, 뒤를 따르는 크고 작은 왜선들이 거의 4, 5백 척이었다. 날이 이미 한낮을 지났는데, 바람과 조수가 모두 순하여 배가 나는 듯이 가므로 짧은 시간에 원산(元山) [적간에서 70리이다.]을 지났다. 활 모양의 고래가 물결을 치고 분무하며 배 앞을 지나가니, 또한 하나의 장관이었다. 저녁 무렵이 되면서 조수의 형세가 다시 거슬렸으나 순풍이어서 돛을 달았다.

초경 무렵 향포(向浦) [원산에서 110리이다.]에 들어가 닻을 내리니, 도주의 배는 뒤에 처졌고, 부선이 뒤따라 이르렀다. 봉행 등이 사람을 보내어 맞이하였지만, 밤이 이미 깊어 앞으로 나아갈 수 없어 그대로 배 위에 머물렀다. 장문수가 봉행을 시켜 6척의 배에 각각 물고기와 채소, 땔감을 바쳤다. 이날은 180리를 갔다. 적간관에 있을 때 계문을 써서 비선으로 부쳐 보냈는데, 일행들도 그 편에 집으로 편지를 써서 부쳐 보냈다.

초2일 무자

맑음.

새벽에 돛을 달고 출발하였다. 잠시 동안 십수 리를 갔는데, 풍세가 역풍으로 바뀌어 돛을 제어하고 노젓기를 재촉하여 궁예(宮세), 덕산(德山), 입호(쑝戶) 등의 지역을 지났다. 장문 봉행이 와서 물고기와 채소를 각 배에 바쳤다. 미시(未時, 오후 1시~3시) 말에 궁주(宮洲) [향포에서 90리이다.]에 도착하였다. 도주의 배가 먼저 와서 기다리고 있다가 함께 동행하였다. 날이 저문 후 실우(室隅) [궁주에서 30리이다.]를 지났는데, 저녁이 되어 많은 등불이 바다를 가득 메우고 오는 것을 보았으니 또한 하나의 장관이다. 우리나라의 배들이 불화살을 쏘며 호응하였다.

삼경(三更, 밤 11시~1시)쯤 상관(上關, 가미노세키) [실우에서 50리이다.]에 도착하니, 예람선이 와서 맞이하는데 그 수가 많았다. 내려서 숙소에 머물렀는데 건물이 크고 아름다웠으니, 바로 장문수의 다옥(茶屋)이라고 한다. 지공(支供)은 여러 가지였으나, 적간관에서 극히 넉넉하게 해주던 것에는 미치지 못하였다. 관내의 인가는 거의 수삼백 호이며, 긴 대나무와 푸른 소나무들이 산 주위에 울창하였다. 관(關)의 왼쪽에는 하나의 작은 비루(飛樓)가 있는데, 멀리 구름 끝에 나와 있어 마치 한 폭의 그림을 보는 것 같은 참으로 뛰어난 경치를 지닌 땅이었다. 상관은 장문주 소속이며, 주방(周防) 지역이다. 장문수가 자기 식읍 3만 5000석을 나누어 그 동생 모리우사랑원조(毛利又四郎元朝)에게 주어서 주방을 관할하게 하였는데, 지금 이 지대하는 일은 주방이 맡아하고, 문후와 예인의 일은 장문(長門)이 그대로 호행(護行)한다고 한다. 적간관 이후부터는 바닷길이 혹은 넓고 혹은 좁으며, 양쪽 해안에는 산들이 연달아 있고 물의 형세도 사납고 급하며 조수가 순하지 않아 배가 가는데 불편하다. 이날은 170리를 갔다.

초3일 기축

흐리고 계속 역풍이 불었음.

상관에 머물렀다. 장문수가 사람을 시켜 문후하며 각각 회중 1조와 산 도미 1절(折), 술 1하(荷), 큰 감 1광주리, 간회자(干鱐子, 생선 말린 것의 일종) 1상자를 삼사께 바치고, 삼당상 이하 하관에 이르기까지 각각 차등 있게 보냈다. 장문의 휘하인 길천승지조광규(吉川勝之助廣逵)가 참관으로서 와서 문후하며, 각각 삼중 1조와 꼬치에 꿴 해삼 1상자, 반국주(磐國酒) 1단지를 삼사와 삼당상께 바쳤다.

초4일 경인

비가 내림.

상관에 머물렀다. 도주가 사람을 시켜 문후하며 각각 삼중과 연초(烟草)를 삼사께 바치고, 삼당상과 상판사·상관에게도 각각 보냈다. 마도의 비선 편에 종사관 댁의 평안하다는 편지가 도착하였다.

초5일 신묘

아침에는 비가 오다가 낮에는 맑음.

상관에 머물렀다. 최안국을 보내어 도주에게 문안하였다. 장문수가 각각 한쇄분(寒洒粉) 1상자, 운단(雲丹)114) 1병을 삼사와 삼당상께 바쳤다. 나는 식후에 누(樓)에 올라 봉행 충좌위문(忠左衛門), 재판 시랑병위(市郎兵衛)와 함께 대작하며 즐겁게 마시다가 파하였다.

초6일 임진

맑음.

---

114) 바다에서 나는 밤송이 같이 생긴 물건 속에 들어 있는 붉은 진액으로 젓을 담근 것인데, 맛은 별로 좋지 않다고 한다(임수간, 『동사일기』 건, 9월 5일).

식후에 도주가 사람을 보내어 가기를 청하니 즉시 배에 올랐는데, 바람이 순조롭고 좋았다. 계속 노를 저어서 신시(申時, 오후 3시~5시)에 하실(賀室) [상관에서부터 70리이다.]에 도착하여 닻을 내렸다. 길천승지조가 또 배·밤·감을 삼사께 바쳤고, 삼당상 이하 하관에 이르기까지도 각각 보냈다. 삼경(三更) 쯤에 빗줄기가 폭포같이 쏟아지니 도주가 사람을 보내어 말하기를, "이곳 선창은 좋지 않은데, 만약 남풍이 불게 되면 더욱 우려할 만합니다. 이곳에서 3, 4리쯤 되는 곳으로 옮겨 정박하십시오." 하므로, 소하실(小賀室)에 옮겨 정박하고 그대로 배 위에서 묵었다. 이날은 70리를 갔다.

초7일 계사

구름이 끼어 흐리고 개지 않아 배를 출발시키지 못하였다.

식후에 구름이 잠깐 개이며 바람이 매우 좋으니, 도주가 가기를 청하였다. 미시(未時, 오후 1시~3시)에 닻을 올려 진화(津和) [하실에서 50리이다.], 가로도(加老渡) [진화에서 30리이다.]를 지났다. 해가 질 때에 겸예(鎌刈, 가마카리) [가로에서 50리이다.]에 도착하여 정박하였다. 이곳은 곧 안예주(安藝州) 소속의 땅이다. 태수 송평(松平) 안예수(安藝守) 길장(吉長)의 지행은 37만 6000석이다. 그런데 100리 밖에 있어서, 봉행을 보내어 지대한다고 한다. 항구 가에 숙소가 있는데, 배에서부터 정당(正堂)에 이르기까지 연달아 행각(行閣)을 세웠고, 땅에는 무늬 있는 자리를 깔았고 계단에는 붉은 모전(毛氈)을 깔았으니, 그 외에 대접의 넉넉하고 풍성함을 여기에서 알 만하다.

이날은 130리를 갔다. 밤이 깊어지자 우삼동(雨森東)과 송포의(松浦

儀)가 술과 안주를 가지고 와서 나와 함께 밤이 다하도록 담화하였으니, 끝내 크게 취하였다. 사상께서 나를 시켜 도주에게 가서 문안하게 하고, 김대재는 장로에게 문안하게 하였다.

초8일 갑오

맑음.

겸예에서 머물렀다. 안예수가 사람을 시켜 문후하며 각각 마른 도미 1상자, 꼬치에 낀 해삼 1상자, 삼원주(三原酒) 1하, 홍시 1상자, 고등어 1상자를 삼사께 바쳤고, 삼당상 이하 하관에 이르기까지도 각각 차등 있게 보냈다. 어제 도주가 사람을 보내어 말하기를, "연일 배를 타고 가니 몸이 매우 평안하지 못합니다. 내일 비록 바람이 좋다 해도 갈 수가 없겠습니다." 하였다. 그러므로 오늘 바람이 조금 순조로운데도 갈 수가 없었으니 울적하다.

초9일 을미

맑음.

안예수가 각각 미소 된장에 절인 도미 1통, 복분주(覆盆酒) 1도(陶)를 삼사와 삼당상께 바쳤다. 아침밥을 먹은 후 도주가 가기를 청하였다. 바람이 매우 순조로워서 배가 평온하고도 빠르게 가서 고도(高島) [겸예에서 90리이다.], 충해(忠海) [고도에서 20리이다.]를 지났다. 또 30리를 갔는데, 북쪽으로 바라보니 번성한 촌락과 성곽이 있었으며 인가도 매우 번성하였다. 이곳은 삼원(三原) 땅이다. 삼원은 안예에 속하며 맛 좋은 술로 유명하다. 횡도(橫島)와 전도(田島) [고도에서 80리이다.]를 지나는데 민가가 역시 매우 많았고, 여러 섬들의 남녀 거주민들로 작은 배를 타고 와서 구경하는 사람들이 매우 많았다. 전도를 지난 후 밤에 달이 막 떠오르는데, 파도도 일지 않고 높이 타루(舵樓)에 의지하니 풍로(風露)가 차고 맑아, 사람으로 하여금 훨훨 신선이 되어 날아오르는 상상을 하게 한다.

압도(押渡) [전도에서 10여 리이다.]에 이르니, 돌 봉우리가 해안에 깎아지른 듯이 서있으며, 뒤에는 층층이 바위가 있는데 주위에는 전혀 인적이 없었다. 봉우리의 정상에는 뾰족하고 작게 돌을 쌓아 돋우고 그 위에 작은 사찰 하나가 지어져 있었으니, 이름이 해조산(海潮山) 반대사(盤臺寺)이며, 일명 관음사(觀音寺)라고도 한다. 여러 명의 승려들이 지키고 있는데, 등불 그림자와 종소리가 은은하여 마치 허공에 떠 있는 것 같고, 그것을 바라보면 아득하여 마치 신선 세계 같았다. 왕래하는 배들이 모두 절 앞을 경유하는데, 배들이 지날 때마다 종을 울리면 쌀과 돈을 던져 주니, 이것을 모아 승려들이 생계를 유지한다고 한다. 여러 배들이 각각 쌀을 주었더니 승려들이 작은 배를 타고 와서 받으며 감사하고 갔다. 앞에는 작은 산이 있어서 이름을 원산(猿山)이라 하는데, 원숭이가 매우 많아 거주민들이 포획한다고 한다.

2경쯤에 도포(韜浦, 도모노우라)의 포구에 이르렀다. [전도에서 30리이다.] 영접하는 배 수백여 척이 배마다 등촉을 밝히고 늘어서 있는 것이 마치 불야성 같아 참으로 장관이었다. 숙소는 해안의 산에 있는 복선사(福禪寺)이다. 선창에서의 거리가 약 2마장(馬場) 쯤이며, 가는 길에는 모두 보석(步席)을 깔았다. 좌우에는 인가가 즐비한데 모두 매우 아름답고 화려하였다. 집집마다 등을 달고 호호(戶戶)마다 발을 달았는데,

구경하는 여인들은 모두 얼굴을 드러내지 않았다. 시전(市廛) 가게들은 모두 문표를 매달아, 한눈에 무엇을 파는 가게인지 알 수 있었다. 숙소는 수중에 솟은 절벽의 위에 있어서 푸른 바다를 내려다보면 층층의 바위 절벽이 나열해 있는 것이 마치 비단 병풍을 친 것 같아, 바다와 산이 어우러진 절경으로 지나온 곳 중에서 제일이다.

도포는 비후주(備後州) 땅인데 비중수(備中守)가 아울러 관할한다고 한다. 태수 아부(阿部) 비중수(備中守) 정방(正邦)의 지행은 12만 석이다. 봉행을 보내어서 접대와 지공과 문후를 관할하게 하였는데, 성심으로 근실하게 하는 것이 상관(上關)에 비해 훨씬 더 잘하였다. 비중수가 간조(干鯛, 말린 도미)와 곤포(昆布) 각각 1상자와 술 1하(荷)를 삼사와 삼당상께 각각 바쳤고, 상관 이하 하관에 이르기까지는 차등 있게 보냈다. 도주가 사람을 시켜 문후하고 아울러 삭면과 고등어, 술통을 바쳤다. 비중수가 또 떡과 과일 1대합(大榼)을 바쳤으니, 중양절(重陽節)이기 때문이었다. 이날은 200리를 갔다.

초10일 병신

맑음.

비중수(備中守)가 봉행을 시켜 문후하고 각각 삼중, 간조(干鯛) 1상자, 술 1하(荷)를 삼사와 삼당상께 바쳤다. 식후에 도주가 가기를 청하여, 즉시 배를 타고 포구를 나가 수십 리를 갔다. 북쪽으로 바라보니 성곽과 여염집들이 매우 많았는데, 이곳은 비중수 정방(正邦)이 거처하는 부(府)라고 한다. 백석(白石) [도포에서 30리이다.]을 지났다. 바다 속에 돌이 하나 높이 솟아 있어 그 위에는 수십 인이 앉을 만하였는데, 색이 매우 하얗기 때문에 백석이라 한다. 수도(水島) [백석에서 50리이다.]를 지나 해질 무렵에는 하진(下津) [수도에서 20리이다.]에 도착하여, 닻을 내리고 그대로 배 위에서 묵었다. 하진에 도착하기 전 약 5리쯤 되는 거리에서 비전수(備前守)와 종사위(從四位) 좌소장(左小將) 원강정(源綱政)이 사람을 보내어 문후하였고, 각각 간조전(干鯛煎)과 해삼 각각 1광주리와 술 1하(荷)를 삼사께 바쳤다. 삼당상 이하 하관에 이르기까지는 각각 차등 있게 보냈다. 이날은 100리를 갔다.

11일 정유
맑음.

해가 뜨니 도주가 가기를 청하였다. 배를 출발시켜 앞으로 나아가니 미시(未時, 오후 1시~3시) 말에 우창(牛窓, 우시마도)에 도착하였다. 우창에 도착하기 전 10리쯤에서 비전수가 사람을 시켜 문후하고 각각 삼중과 산 농어 5후(喉), 연다(碾茶) 2갑, 미소 된장에 절인 석수어(石秀魚, 조기) 1통, 인동주 1단지를 삼사와 삼당상께 바쳤다. 이곳은 비전(備前)의 소속인데 태수 송평(松平) 이예수(伊豫守)의 지행은 31만 5000석이라 한다. 포구 위의 인가는 거의 1000여 호인데 기와집에 잘 꾸민 담장이 차례로 서로 이어져 있어서, 모두 자색 비단 장막을 두른 것 같았다. 배에서 약 50, 60보쯤 되는 곳에 새로 지은 숙소 건물은 자못 장려하였다. 물가에 돌을 차곡차곡 쌓아 두르고 나무판으로 담장을 하여 장막을 치니 여러 가지로 겸예에 비하여 더욱 나았다. 금박 병풍, 비단 이불이 하관(下官)에게까지 이르렀으니, 비록 자랑하려는 뜻에서 나온 것이라고 해도 풍부한 재력과 사치한 습속을 알 만하다. 산 밑에는 본련사(本蓮寺)가 있었으니, 일찍이 전의 사행은 모두 이곳에 숙소를 정했다고 한다. 이날은 100리를 갔다.

12일 무술

맑음.

이른 아침을 먹고 도주가 가기를 청하여 즉시 배에 탔다. 돛을 올리기도 하고 노를 젓기도 하여서 60, 70리쯤 갔다. 멀리 북쪽 해변을 바라보니 적수성(赤穗城)이 있었고 여염집이 매우 많았는데, 파마주(播摩州) 봉행이 거처하는 곳이라 한다.

신시(申時, 오후 3시~5시)에 실진(室津, 무로노츠)에 도착하였다. 항구가 자못 깊어서 배를 정박시키기가 가장 좋았다. 숙소는 포구 가의 정사(精舍)였는데, 곧 태수가 왕래할 때의 다옥이다. 이곳은 파마주의 소속이며, 태수 신원(榊原) 식부대보(式部大輔) 정방(政邦)의 지행은 15만 석이다. 사신을 보내어 문후하고 각각 찐떡 1그릇과 박지방(粕漬鲂) 1그릇, 마른 물고기 15파(把), 박주(薄酒) 2단지를 삼사께 바쳤으며, 삼당상 이하 하관에게까지 각각 보냈으나, 지공과 문후가 우창에 미치지 못하는 듯했다. 이날은 100리를 갔다.

13일 기해

맑음.

역풍이 크게 불었다. 실진에 머물렀다. 아침에 도주가 사람을 시켜 문후하였다. 사상께서 답례로 나를 시켜 도주와 양 장로에게 문안하게 하였다. 파마수가 문후하였고, 각각 고등어 1그릇과 오리 10마리를 삼사와 삼당상께 바치니, 사상께서 배행하는 왜인들에게 나누어 주었다.

14일 경자

맑음.

지난밤 도주가 사람을 보내어 미리 배를 타고 조수를 기다렸다가 갈 것을 청하였다. 그러므로 삼경(三更, 밤 11시~1시)에 배를 타고 날이 밝기 전에 출발하여, 해가 떴을 때에는 50여 리를 갔다. 바라보니 북쪽 해안으로 회칠한 성가퀴가 구불구불하고 5층 초루(醮樓)115)가 숲 사이 에 높이 솟아 있었는데, 이곳에 파마수가 산다고 한다. 여기부터는 흰 모래와 푸른 소나무 사이로 인가가 끊이지 않았다.

오후에 명석포(明石浦) [실진에서 130리다.]를 지났는데, 이 포는 파마 수(播摩守)의 소속이다. 송평(松平) 좌위문조(佐衛門助)의 지행은 6만 석인데, 해구(海口)를 지킨다고 한다. 삼경쯤 병고(兵庫, 효고) [명석에서 50리이다.]에 다다랐는데, 포구 가에 있는 정사(精舍)가 숙소였다. 삼사 와 상판사 이하는 각각 다른 숙소에 머물렀는데, 건물이 넓고 사치하며 화려하였다. 물어보니 모두 상인의 집이라 한다.

병고는 섭진주(攝津州) 소속이다. 수길(秀吉, 풍신수길)의 때에 그 아들 수뢰(秀賴)를 시켜 관할하게 하였는데, 지금은 관백의 장입(藏 入)116) 땅이다. 그러므로 강호에서 대관(代官)을 정하여 보내어 대접한 다고 한다. 송평(松平) 원강수(遠江守) 충교(忠喬)가 각각 연초 1상자, 신선한 물고기 1절(折), 술 2단지를 삼사와 삼당상께 바쳤다. 도주가

---

115) 멀리 바라보기 위하여 세운 문 위의 높은 누각.
116) 그 땅에서 나오는 세금이 관백에게 들어가는 곳으로, 우리나라의 내수사 (內需司)의 둔전(屯田)과 같다.

사람을 시켜 문후하였다. 이날은 180리를 갔다.

15일 신축
맑음.

새벽에 뱃머리에서 망궐례를 행하였다. 원강수(遠江守)가 각각 삼사와 삼당상께 삼중을 바쳤다. 도주가 사람을 보내어 말하기를, "앞으로의 길은 여울이 얕은데 배가 무거우면 가기 어렵습니다. 각 배의 짐들을 작은 배에 나누십시오." 하였다. 그러므로 즉시 선장들을 시켜 6선의 짐들을 왜의 작은 배에 나누어 싣게 하고 먼저 보냈다. 사시(巳時, 오전 9시~11시)에 도주가 가기를 청하므로, 즉시 배에 올랐다. 조수가 순조로운데 노를 저어 가서 마침내 항구를 나오니, 역풍이 갑자기 변하여 순풍이 되었다. 날이 저물 무렵 하구(河口, 가와구치)의 바깥에 다다르니 여울물이 매우 얕아 배들이 모두 나아갈 수가 없었으므로 잠시 밀물이 들어오기를 기다렸다가 나아갔다. 초저녁에 하구에 정박하였다. 정주(汀洲)의 양쪽 해안에는 수초가 무성하고 바깥에 길 하나가 있었는데, 소나무와 삼나무 담이 100여 리 늘어서 있었다. 인가는 멀어 볼 수가 없었지만 등촉이 매우 휘황하였다.

까마득하게 누선(樓船) 15척과 작은 배 100여 척이 차례로 물가에 정박해 있었다. 그 중 4척은 관백(關白)이 타는 배이니, 국서(國書)를 봉안하고 삼사가 각각 탈 배이다. 그 나머지 8척은 태수가 타는 배인데 삼당상과 삼상판사, 두 사신의 비장이 탈 배이다. 또 3척은 도주와 두 장로가 탈 배였다. 누선이라는 것은 위에 2층 누각을 지어서 삼나무 판으로 덮었고, 전체 배의 안과 바깥은 검은 칠 혹은 붉은 칠을 하였는데, 모두 회향(茴香)으로 그렸다. 처마 기둥, 난간, 창살, 뱃머리, 뱃꼬리는 모두 황금으로 꾸몄으며 처마에는 색색의 비단 장막을 치고 사방의 벽에는 금종이를 발랐는데 사이사이 인물과 화초, 새와 동물 등을 그려 넣었다. 붉고 푸른빛이 영롱하며 금빛 채색이 햇빛을 받아 그 빛이 수면에 흔들리고 그 잔영이 물속까지 투영되어, 사람의 마음을 산란하게 만들고 눈을 어지럽게 하여 제대로 쳐다볼 수 없었다. 관백의 배에는 지붕 모서리에 금빛 잉어의 등지느러미와 비늘이 움직이는 형상을 마주 대하여 조각하고, 견수(蠲首) 키의 꼬리에는 금으로 용과 봉황의 형상을 그려서 자색 비단 장막으로 늘어뜨렸으며, 그 나머지 배들은 붉은 비단 장막을 늘어뜨렸다. 전후좌우에는 붉은색 융 밧줄에 금방울을 매어서, 뱃머리의 왜인이 때때로 방울을 흔들어서 격부(格夫)들을 독려하였다.

전에는 각 주 태수의 배들에 사행이 탔으나, 이번에는 관백이 특별히 영을 내려 자신이 타는 배로 접대하라고 하였으므로, 화려하고 사치함이 배나 더하였다고 한다. 이날은 100리를 갔다. 배 위에서 묵었다. 도주가 재판을 보내어 해로(海路)는 이미 다 지나왔으므로 축하한다고 하자, 사상이 즉시 나를 보내어 회사(回謝)하였다.

16일 임인

맑음.

아침에 사상이 여러 차례 수역(首譯)을 도주에게 보내어 말하기를, "이번 이 누선은 화려하고 사치할 뿐만 아니라 모두 관백이 타는 배이니 타고 가기 어렵습니다." 하였다. 도주가 답하기를, "말씀은 매우 곡진(曲盡)하오나, 관백이 이미 행하도록 분부하셨으니 지금 바꿀 수는 없습니다. 안심하고 배에 오르시면 다행이겠습니다. 마땅히 말씀하신 바는 강호에 보고하여 알리겠습니다." 하였다.

사시(巳時, 오전 9시~11시)에 도주가 앞에서 인도하며 가기를 청하였다. 세 번 취각(吹角)을 불고 나서 국서를 옮겨 받들었다. 사상 이하는 백방(白舫)에 옮겨 타서 차례로 누선으로 올라갔다. 백방이라는 것은 모습이 누선과 비슷하지만 전혀 붉은색이 없고 비단 장막만을 둘렀다. 나는 수역(首譯) 당상(堂上) 최동지(崔同知)가 탄 배에 탔다. 관백의 명이 있어서 삼중과 술이 이르렀기에, 왜인 격군들에게 나누어 보냈다. 배 안에서 또 술과 안주를 내어 주니, 배를 주관하는 자가 크게 고무되어 매우 공손하였다. 탕과 과일 등이 종일 바뀌어 나오니, 그 수를 다 기록할 수 없을 정도였다.

탁부(擢夫) 10여 인이 각각 같은 색 무늬의 난의(襴衣)117)를 입고 배꼬리의 좌우에 나누어 섰는데, 우두머리 되는 자가 채색 노를 저으며 노래를 부르면 일제히 화답하고 좌우에서 번갈아가며 박자를 맞추어 노래를 불렀다. 비록 그 노래가 무슨 노래인지는 알지 못하겠지만, 처량한 성조는 들을 만하였다.

군의(軍儀)와 군악(軍樂)을 각각 작은 배에 싣고 쌍쌍으로 배열하여 국서 실은 배를 인도하고, 선도(先導) 비장이 탄 배도 앞에 있었다. 삼사 이하로부터 상판사가 탄 배도 각각 차례로 배열하여 가는데 조금도 차례를 잃지 않았다. 강의 너비는 수십 보 남짓 되었고, 양쪽 절벽의 높이는 몇 척(尺)이었다. 처음에는 좁아서 나무 판으로 목책을 만들었

---

117) 저고리에다 횡폭(橫幅)으로 된 치마를 이어서 통옷으로 만들어 입는 옷.

으나, 10리를 지난 후에는 모두 돌로 쌓았는데, 이런 곳이 수십 곳이 있었다. 그리고 판교(板橋)가 호수를 가로 질러 설치되어 있었는데, 기둥은 견고하며 다리 난간은 모두 구리로 되어 있었고, 바라보면 마치 날아가는 무지개 같았다. 그 위에는 수레들이 줄지어 다닐 수 있었으며, 아래에는 배들이 통행할 수 있었는데, 지금 이 누선도 그 아래로 지나가니 높이를 알 만하다. 서로 교차하여 바다로 흘러 들어가는 큰 하천이 여러 개인데, 곳곳마다 모두 이와 같은 다리가 있다 한다.

하구에서부터 대판성(大坂城, 오사카성)까지는 30여 리였는데, 좌우에 인가가 즐비하고 층각(層閣)은 기와를 잇닿았으니 모두 부상(富商)의 집이라 한다. 간간이 각 주 태수의 다옥(茶屋)이 있는데, 다옥의 옆에는 번번이 목책(木柵)을 쳐서 자기가 타는 채선(彩船)을 보관하였으며, 모두 극히 아름답고 화려하였다. 서북쪽에는 5층의 누각이 구름 사이에 아득하다. 강 입구 이후로는 구경하는 남녀들이 구름처럼 모여 있어 그 수가 몇 천, 몇 만인지 알 수 없었다. 모두 푸른 언덕에 대나무 난간을 만들어서 앉아 있는데, 각각의 간가(間架)가 있어서 서로 뛰어 넘지 못했으며 조금도 떠드는 소리가 없었고, 비록 매우 좁은 곳이라도 모두 임대세가 있다 한다. 일곱 번째 다리를 지나니 비로소 선창에 도달하였다. 신시(申時, 오후 3시~5시)에 배에서 내려 삼사가 지붕이 있고 옻칠이 되어 있는 가마에 탔다. 가마는 비단 창에 비단 깔개가 있고 매우 정교하게 제작되어 있었으며, 10여 인이 어깨에 마주 메고 갔다. 당상과 제술관, 양의는 견여(肩輿)를 타고, 상판사 이하로부터 중관에 이르기까지는 모두 금안장을 한 준마를 탔는데, 모두 쌍 고삐를 갖추었다.

6, 7리를 가서 비로소 숙소에 도착하였다. 도로의 좌우에는 긴 회랑

이 서로 이어져 있고, 큰 길거리는 모두 십자(十字)로서 60간이 1정(町)이 되며, 36정으로써 1리(里)를 삼는다. 1정마다 하나의 이문(里門)을 설치하여 밤이면 닫아 자물쇠로 채워 지킨다고 한다. 성지(城池)의 견고함과 배의 정교함, 누각의 장려함, 인물의 번성함은 사람의 마음과 눈을 놀라게 한다. 소주(蘇州)와 항주(杭州)의 전경을 아직 보지 못하였으나, 이곳이 제일인 듯하다.

숙소의 바깥에 이르러, 삼사가 가마에서 내려 장막에 들어가 승상(繩床)에 앉았다. 관반(館伴)[118] 강부(岡部) 미농수(美濃守) 장태(長泰)가 공복을 갖추어 입고 대문 밖에 나와 국서와 삼사를 맞이하였다. 삼사가 읍으로 답하고 계단을 나누어 들어가 마루 위로 올라가니 그가 다시 읍하고 갔는데, 칼을 풀고 발을 벗었으며 예의가 매우 공손하였다. 이곳은 옛날에는 관반이 없었는데, 이번에는 관백이 특별히 명하여 임명해 보냈다고 한다.

숙소는 바로 본원사(本願寺)였다. 숙소가 매우 넓어서 일행의 상하가 나누어 써도 오히려 남음이 있었다. 대청에 이르니 100여 칸인데 동량(棟樑)을 모두 회나무로 만들고 금칠을 하였다. 기둥 위에는 또 황금으로 모란, 용과 봉황이 날아 움직이는 형상을 조각하였다.

자사(紫賜) 장로 조연(祖緣)이 하구에서부터 호행하여 왔다. 곧 새롭게 강호에서 임명하여 보낸 자이니, 호행 장로는 으레 강호에서 마도에 임명하여 보내기 때문이다. 이번 동장로(棟長老)라고 이름하는 자가 사행이 건너오기 전 마도에 있을 때 죽었으므로 조연이 장로를 대신하여 임명된 것으로, 지금 비로소 하구에서 뒤따라 왔다고 한다.

---

118) 통신사행의 접대에 관한 일을 맡은 관원.

도주와 두 장로가 숙소에 와서 뵈었다. 토기(土岐) 이예수(伊豫守) 뇌은(賴殷)이 문후하고, 각각 마른 도미 1절(折), 곤포(昆布) 1상자, 청주 1하(荷)를 삼사와 삼당상께 바쳤다. 상판사 이하 하관에 이르기까지는 각각 차등 있게 보냈다. 이 땅은 섭진주(攝津州)에 속하는데, 그 땅을 3분하여 둘은 관백의 장입으로 하고 나머지 하나는 이예수가 주관한다 한다. 이날은 30리를 갔다. [장입은 우리나라 내수사(內需司)의 둔전(屯田)과 같다.]

17일 계묘
맑음.

대판성에 머물렀다. 아침에 도주와 관반, 두 장로가 사람을 보내어 문후하였다. 사상이 즉시 도주와 장로들에게 회문하였다.

18일 갑진
맑음.

대판성에 머물렀다. 강호의 각남주마(角南主馬)라고 칭하는 자가 일행의 공궤(供饋)를 검칙하는 일로 와서 머무르며 삼사에게 문후하였다. 대판정(大坂町)에 있는 봉행 북조(北條) 안방수(安房守)도 와서 문후하였다.

미시(未時, 오후 1시~3시)에 지진이 크게 일어나 1000칸의 큰 집이 크게 움직이며 무너지려 하는데, 마치 풍랑이 휘몰아치는 중에 배가 흔들리는 형상이니, 이는 실로 평생에 겪어 보지 못한 것이었다. 들으니 이 나라에는 이러한 변괴가 자주 있으며, 10년 전 무장(武藏)의 상총(上

總)·하총(下總) 등의 지역에서는 땅이 꺼져 수만 채의 집이 매몰되었다고 한다. 봉행, 재판 이하가 친히 받드는 자리에서 황황하게 달려와서 삼사에게 나와서 피하라고 급히 청하여, 삼사는 그 말에 따라 잠시 나와 피하였다. 도주가 사람을 보내어 문후하고, 두 장로와 관반 등이 친히 와서 문후하였다.

삼사와 삼당상께 집장로가 각각 소종(篠粽)을, 연장로는 만두를, 봉행 직우위문(直右衛門)은 작은 감을, 준인은 국화를 각각 바쳤다. 죽종(竹粽)이라는 것은 떡을 만들어서 대나무 잎으로 싼 것을 말하는데, 죽종은 혹 소종(篠粽)이라고도 한다. 저녁에 봉행 등이 문후하였다.

19일 을사

맑음.

지난밤 또 지진이 있었으나 대단하지는 않았다. 토기 이예수가 과자 1합을 삼사와 삼당상께 바쳤다. 관반이 사람을 보내어 문후하였고, 봉행 뇌모(賴母)가 각각 작은 감 1광주리를 삼사와 삼당상께 바쳤다. 기이(紀伊) 중납언(中納言)[119] 원길종(源吉宗)이 절인 사슴고기, 절인 고래고기를 삼사께 바치니, 왜인들에게 나누어 주었다. 관반이 서화인(書畵人) 보기를 요청하므로, 허락하여 보냈다.

20일 병오

맑음.

---

119) 납언은 관제(官制) 중의 하나로, 집정(執政)의 다음이다. 대납언, 중납언, 소납언이 있다.

대판성에 머물렀다. 관반이 문후하였다. 봉행, 재판 등도 와서 문후하였다.

21일 정미

맑음.

대판성에 머물렀다. 오후에 도주와 관반, 두 장로가 숙소에 와서 뵈니 삼다(蔘茶)를 한 순배 행하고 파하였다.

22일 무신

맑음.

대판성에 머물렀다.

23일 기유

맑음.

대판성에 머물렀다. 나는 도주와 언천대(彦千代), 여러 봉행과 재판, 장로, 여러 일을 맡은 왜인 등 수십 곳에 사예단(私禮單)을 선물로 주었다. 관반과 장로가 문후하였고, 뇌모(賴母)가 금감목(金柑木) 1화분을 삼사께 각각 바쳤다.

오후에 비선이 마도로부터 들어왔는데, 8월 18일 평안도에서 보내신 편지를 전해 주어 비로소 온 집안이 안녕하다는 것을 알았다. 부친의 행차가 일을 마치신 후 무사히 서울에 돌아왔고, 또 들으니 부인이 순산하여 아들을 얻었다 한다. 멀리 떨어진 곳에서 소식 듣기가 어려웠던 즈음에 이 기쁜 소식을 들으니, 뛸 듯이 기쁜 정상을 무슨 말로 형언할 수 있겠는가.

24일 경술

맑음.

대판성에 머물렀다. 아침에 김대재를 시켜 삼사신이 으레 증여하는 사예단을 도주와 양 봉행, 재판 등에게 가서 주게 하였다.

25일 신해

맑음.

사시(巳時, 오전 9시~11시)에 관백이 토기(土岐) 이예수(伊豫守) 뇌은(賴殷)을 시켜 위문하였다. 사자(使者)는 대문 밖에서 가마를 내려 걸어 들어오고, 삼사는 마루 아래 내려가 맞이하였다. 서로 읍하고 길을 나누어서 들어오는데, 도주와 두 장로가 선도(先導)하여 연청(宴廳)에 이르렀다. 삼사는 사자와 두 번 읍하고 각각 동서(東西)로 나누어 좌정하였다. 사자가 관백의 말을 도주에게 전하면 도주는 수역(首譯)에게 전하고, 수역이 삼사께 고하면 삼사가 자리를 옮겨 엎드려서 들었다. 회답 후 삼다(蔘茶)를 한 순배 행하고서 파한 다음 이어 연례를 행하였다. 김명중(金明仲)을 시켜 예조의 서계와 별폭을 연장로에게 전하여 주게 하였다.

장계를 써서 비선에 부치면서 나도 그 편에 집으로 편지를 부쳤다. 오후에 국왕 이하 각처의 예단과 건량과 잡물을 숫자에 따라 싸서 왜인에게 주어서, 그로 하여금 강호에 전하여 운송하게 하였다. 일행의 개인 짐은 다시 싸서 작은 배에 나누어 싣고 정포참(淀浦站)에 운송하게 하였다. 밤에 도주가 작은 감 1광주리를 삼사신과 삼당상께 각각 바쳤다.

26일 임자

아침에는 흐리다가 저녁에는 맑음.

이예수와 관반 등이 삼사신께 문후하였다. 선장 이하 125인은 배에 머물러 있게 하고 식후에 출발하였는데, 관반이 대문 밖에서 공손히 전송하였다. 선창에 이르니 구경하는 남녀가 올 때와 같이 매우 많았다. 배에 올라타 물길을 거슬러서 가는데 포구 길의 굴곡이 어떤 곳은 깊고 어떤 곳은 얕기 때문에, 본성(本城)에서부터 예인하는 선군(船軍) 수백 명이 나와 그 깃발이 대열을 이루었다. 양쪽 언덕을 끼고 지형(地形)을 따라 나아갔으나, 바람이 역풍이었으므로 노 젓기를 독촉하여 겨우 30리를 갔다. 밤이 깊은데 비는 내리고, 모래 여울이 곳곳에 있어서 지체되어 조금씩 나아가다 보니 밤이 다하도록 많이 갈 수 없었다. 그런데 지공선(支供船)이 먼저 평방(平方)으로 가서 일행이 모두 저녁을 굶게 되었으나, 내가 탄 배에서는 저녁밥과 찬품을 매우 풍성하게 내주었다. 배 위에서 묵었다.

27일 계축

맑음.

해가 뜰 때에 지공하는 배가 밥을 지어 와서 대접하였다. 중관과 하관은 평방(平方) [대판(大坂)에서부터 50리이다.]에 이르러 비로소 진무(振舞, 연회)를 받았다. 평방은 언덕에 의지하여 마을을 이루었는데 인가가 매우 많지는 않았으나, 숙소는 자못 넓었다. 여기에서부터는 양쪽 언덕에 촌락이 연달아 있어서 끊이지 않았다. 청산(靑山) 하야수(下野守) 충중(忠重)이 삼사신과 삼당상께 삼중을 각각 바쳤다.

날이 저물 무렵 정포(淀浦, 요도우라) [평방에서 35리이다.]에 도착하니, 성첩이 수풀 나무 사이로 아득하였다. 성 바깥에는 수차(水車)를 2곳에 설치하였는데, 그 모양이 마치 수레바퀴 같고 크기가 매우 컸으며, 물결이 부딪쳐 바퀴를 움직여 스스로 돌아가게 하였다. 본체 바퀴에는 십여 개의 통을 달았는데, 모두 물을 떠서 돌리되 위에서는 통의 물이 속을 파낸 나무 사이로 저절로 쏟아져서, 성혈(城穴)을 따라 동남쪽으로 흘러간다. 몇 리쯤 가면 대총산(大塚山)이 있는데 절이 많고 그 위에는 왜황(倭皇)의 묘가 많다고 하며, 아래에는 대관(代官)이라 칭하는 자의 집에 잇닿아 있다. 상관 이하가 각각 머무는 곳이 있는데, 수로(水路)는 이곳에 이르러 끝난다. 송평(松平) 단파수(丹波守) 광통(光通)이 회중을 삼사신과 삼당상께 바쳤다. 이곳은 산성주(山城州)에 속하고 단파는 그 속군(屬郡)이라 한다. 도주가 사람을 보내어 문후하였다. 이날은 50리를 갔다.

28일 갑인

맑음.

이곳에서 육지에 오르고 나서부터 상, 중, 하 삼등(三等)의 마필 수가 무려 7, 8백 필이다. 상마(上馬)는 상관 이하에서부터 소동(小童)에 이르기까지 타는 말로, 따르는 왜장(倭將)이 10여 인에 이른다. 중마(中馬)는 중관 이하 취·기수(吹旗手)가 타는 말로, 수종하는 왜인이 또한 8, 9인을 넘고 모두 준마에 금 안장을 갖추고 말안장 끈도 매우 화려하다. 모두 장관(將官) 1인이 있는데 약당(若黨)이라 하며, 쌍검을 차고 걸어가며 그 수종들을 거느리고 간다. 하마(下馬)는 짐 싣는 안장을 하고 따르는 사람이 없으며 견부(牽夫) 1인만이 있으니, 하관과 짐들을 싣고 가는 말이다.

공, 사의 짐들을 먼저 보낸 후 진시(辰時, 오전 7시~9시)에 도주가 먼저 떠났는데, 따르는 무리가 매우 많아서 거의 10리에 이르렀다. 삼사신의 행차는 조금 후에 출발하였다. 여염집들이 매우 많고, 평원과 넓은 들에는 도랑이 서로 지나가는데 모두 작은 배가 통하였다. 벼 곡식을 새로 수확하며 토란은 매우 무성하였다. 마을 집에는 곳곳마다 대나무를 심어 울타리를 삼고, 점포의 사이에는 귤과 유자가 한 무더기를 이루었다. 행차가 10여 리쯤 가다 동쪽으로 바라보자 복견성(伏見城, 후시미죠오)이 산하(山河)와 수풀 사이로 은은하게 비추었으니, 곧 평수길(平秀吉)이 옛날에 은거하던 곳이다.

정각산(正覺山) 실상사(實相寺) [정포에서 15리이다.]에 이르러 삼사 이하가 모두 공복을 입고 가는데, 모두 황도(皇都)에 들어가며 공경하는 뜻이고 또한 전례가 있다고 한다. 정포에서부터 이후로 인가가 연달아 조밀하였고, 혹시 끊어진 곳에는 좌우에 담을 쌓았다. 담의 높이는 거의 한 자에 이르는데, 그 위에 풀을 심고 대나무 조각을 굽혀서 꽂았으니 마치 성첩의 모습과 같았다. 또 평원과 들이 길게 뻗어 있는데 연달아 소나무와 삼나무를 심어서 그늘을 드리워 시원하였다. 촌리(寸里)마다 흙 돈대를 마주 쌓고 그 위에 느릅나무와 홰나무 등의 고목을 심어서 정후(亭堠)의 표시를 삼았다. 이름하여 이총(里塚)[120]이라 하는데, 이

---

120) 매양 10리마다 좌우로 돈대(墩臺)를 쌓고 그 위에 나무를 심은 것. 돈대를

는 모든 길에 그러하였다.

또 15리를 가서 왜경(倭京, 교토)에 들어갔다. 길을 끼고 구경하는 남녀의 수를 알지 못하겠으나, 모두 무릎 꿇고 앉아서 시끄럽게 떠드는 소리가 없으며 손을 모아 축원하는 자가 많았고, 그 번화함과 풍요하고 아름다움이 대판(大坂)에 비해 배 이상이었다. 오후에 본국사(本國寺)에 들어갔는데, 숙소가 넓고 매우 화려하였다. 이곳은 이 나라의 큰 사찰이니, 사찰의 좌우에 모두 원찰(院刹)이 있다고 한다. 관반 본다(本多) 은기수(隱岐守) 등원강경(藤原康慶)의 지행은 7만 석이다. 문밖에 나와서 맞이하였는데, 하나같이 대판의 예에 따랐다. 송평 기이수(紀伊守) 원신용(源信庸)이 각각 마른 도미 1광주리와 고사리 술 1하를 삼사와 삼당상께 바쳤다. 도주와 두 장로가 숙소에 와서 뵈었다. 이 땅은 산성주(山城州)에 속하는데 강호정(江戶町)의 봉행 2인이 와서 대접을 관할한다고 한다. 이날은 30리를 갔다.

29일 을묘

그믐. 맑음.

왜경에 머물렀다. 강호의 문위사(問慰使)인 송평 기이수 원신용이 와서 노고를 위로하고 갔다. 이어 연례(宴禮)를 행하였는데, 한결같이 대판의 예에 따랐다. 관반이 소종(篠粽) 500파를 삼사와 삼당상께 바쳤다. 집장로가 홍시를, 연장로가 죽종(竹粽)을 삼사께 바쳤다.

세어 가면 몇 십리가 되는지 알 수 있다.

10월 큰 달

초1일 병진

밤에는 비가 왔고 낮에는 맑음.

새벽에 망궐례를 행하였다. 왜경에 머물렀다. 도주가 사람을 보내어 문후하고 아울러 삼사에게 만두 1갑을 바쳤다. 기이수(紀伊守)가 향버섯 5홉을, 충좌위문(忠左衛門)이 담배그릇 1구와 다엽분(多葉粉, 담배의 일종) 1상자를, 직우위문(直右衛門)이 과일 1그릇을 각각 삼사께 바쳤다.

초2일 정사

아침에는 흐렸다가 저녁에는 비가 내림.

날이 밝기 전 출발하려고 할 즈음에 관반이 사람을 보내어 말하기를, "지금 나아가서 공경히 배웅하려 하니 날이 밝기까지 조금만 기다려 주십시오." 하였으나, 해가 뜬 후에야 비로소 와서 배웅하였다. 나중에 들으니 도주가 왜경인의 구경을 위하여 늦추게 한 것이라 한다. 시가(市街)를 관통하여 지나가는데, 길이 반듯하고 바르며 여염집들이 사치하고 화려하며 인물이 매우 번성한 것은 이루 다 기록할 수가 없다.

사시(巳時, 오전 9시~11시)에 대진(大津)의 본장사(本長寺) [왜경에서 30리이다.]에 이르러 점심을 먹었다. 이곳도 관백의 장입처지만, 최근에는 강주(江州)에 소속되었다. 송평(松平) 화천수(和泉守) 원승읍(源乘邑)이 삼중을 바쳤다. 가운데에 큰 호수가 있는데 비파호(琵琶湖)라 하고, 일명 근강호(近江湖)라고도 한다. 길이가 400여 리이며 넓이가 180

리인데, 호수 옆의 3, 4백리가 모두 관개(灌漑)의 이익을 얻으며, 이곳에 서 나는 은어(銀魚)는 그 크기와 맛에서 비할 데가 없다 한다. 호숫가에 는 초루(樵樓)와 회칠한 성가퀴가 있으니, 은기수(隱岐守)가 거처하는 곳이라 한다.

왜경에서부터 여염집들이 매우 많았으며, 신궁(神宮)과 사찰이 계속 되는데 길옆의 도로는 평평하고 곧았고, 좌우의 소나무와 삼나무들은 우뚝 솟아 하늘을 가렸다. 3, 4칸마다 물통을 두었는데, 또 1인이 청소 를 맡아 무릎 꿇고 엎드렸다가 그 옆에 작은 티끌도 일어나지 않게 하였다. 또 10리마다 다옥을 설치하고 설은(雪隱) [측간이다.] 3곳을 두었 으니, 이는 육지에 오른 후에 모두 그러하였다. 초진(草津)의 큰 다리 두 개를 건너 길옆의 다옥에서 잠깐 쉬었다. 저녁에 삼산(森山, 모리야 마) [대진에서 50리이다.] 수산사(守山寺)에 이르러 유숙하였는데, 이곳도 근래에 강주(江州)에 소속되었다. 시교(市橋) 하총수(下總守) 신직(信 直)이 각각 삼사와 삼당상께 삼중을 바쳤다. 이날은 80리를 갔다.

어제 봉행들이 와서 나에게 말하기를, "중관과 하관을 선도하는 무리 들이 상마(上馬)를 빼앗아 달아났으니, 숫자를 정하여 대기하는 마필 (馬匹)에 매번 원활하지 못한 폐단이 있을까 염려됩니다. 또 혹 달리는 순서를 잃거나 왜인을 때리고 욕하는 경우가 종종 있으니, 폐단이 적지 않을 뿐만 아니라 또 해이한 것입니다. 그러므로 전의 사행에서도 이러 한 폐단이 있어서 상·중의 마패(馬牌)를 2개씩 만들어, 하나는 마부(馬 夫)에게 주고 하나는 타는 사람에게 주어, 탈 때 서로 맞추게 하였습니 다. 이번에도 이렇게 하소서." 하였다. 그러므로 들어가 삼사께 고하여, 삼행 도훈도(都訓導)로 하여금 일행 중의 상관과 중관에게 나누어 주게

140

하였다. 또 병비를 시켜 중관과 하관에게 엄하고도 분명하게 분부하여 전과 같이 난잡하고 두서없이 행동하는 폐단이 없도록 하였다.

초3일 무오

맑음.

새벽에 떠났다. 낮에 팔번산(八幡山) [삼산에서 35리이다.]에 도착하여 금대사(金臺寺)에서 점심을 먹었다. 연못과 대나무, 돌들로 이루어진 경치는 뭐라 형언할 수가 없었으며 서리가 내린 후에 진달래와 철쭉이 활짝 피었으니 또한 괴이하였다. 곡(谷) 파마수(播摩守)가 삼중을 바쳤다. 오후에 떠나 두 곳의 다옥에서 쉬었다.

밤에 10리 정도를 더 가서, 비로소 좌화산(佐和山) [일명 언근(彦根)이라 한다. 팔번에서 70리이다.]에 도착하였다. 많은 등불이 전후좌우에 나열되어 있어서 마치 대낮같이 밝았으며, 성호(城壕)와 사람들의 수가 많아 마치 큰 도회지와 같았다. 이곳은 곧 미농주(美濃州)의 지역이다. 태수 정이(井伊) 소부두(掃部頭)121) 원직해(源直該)의 지행은 30만 석인데, 우두머리 집정(執政)122)으로서 지금은 강호에 있고, 대관(代官)을 시켜 이곳을 지키게 한다고 한다. 숙소는 종안사(宗安寺)였다. 정이 소부두가 삼사와 삼당상께 삼중을 바치기에, 가마 메는 사람들에게 나누어 주었다. 대접의 성대함은 비할 곳이 없어서, 금 화로에 가람향(伽藍香)을 피우고 담배와 차의 도구들도 모두 금은을 사용하였으며, 중관과 하관의 숙공에 이르기까지 모두 은수저를 내어 대접하였다. 이날은 105

---

121) 소부(掃部)는 시설을 맡은 직책으로 6부 중 궁내성 소속이다.(임수간, 『동사일기』 곤, 문견록)
122) 집정은 각 주 태수 중에서 어진 자를 택해서 임명하는데, 모두 6인이다.

리를 갔다.

초4일 기미

맑음.

새벽에 출발하여 삼중령(三重嶺)을 넘었다. 제1령은 소접침현(小摺針峴)이고 제2령은 대접침현이며, 제3령은 절통령(切通嶺)이다. 봉행 등이 청하여 대접침현 다옥에서 잠깐 쉬어 갔다. 산의 바깥을 바라보니 물이 가득 찬 큰 호수가 있었으니, 바로 비파호의 상류인데 그 끝이 보이지 않았다. 고갯길은 자못 험준하고 길이도 거의 20여 리에 이르렀다.

낮에 금차(今次) [좌화에서 60리이다.]에 이르러 점심을 먹었다. 또 큰 고개가 있었고, 판교(板橋)를 여러 번 지났다. 저녁에는 대원(大垣, 오가키) [금차에서 40리이다.]에 이르렀는데, 회칠한 담장을 쌓아 성을 만들고 사면으로 깊은 해자를 파서 둘렀다. 전창사(全昌寺)에 숙소를 정하여 유숙하였다. 이곳도 미농주의 땅이다.

태수 호전(戶田) 채녀(采女) 정씨(正氏)가 사람을 보내어 문안하고, 또 술과 안주를 삼사와 삼당상께 보냈다. 그런데 태수의 문안과 참관이 내어 놓은 술과 안주는 참(站)에 비하여 모두 그만그만하였다. 대접의 화려하고 넉넉함은 서울에 가까울수록 더욱 성하여서 모두 거론하기 어려울 정도였다. 이날은 100리를 갔다.

초5일 경신

종일 큰비가 내림.

새벽에 비를 무릅쓰고 떠나자 왜인들이 일행에게 우구(雨具)를 지급하였는데, 모두 매우 화려하고 아름다웠다. 20리를 가니, 큰 하천이 하나 있었는데 이름이 좌도천(佐渡川)이었다. 작은 배 80여 척을 배열해 다리를 만들어서 배 위에는 넓은 나무 판을 깔았으며, 이쪽과 저쪽의 언덕 위에 큰 기둥을 세워 쇠줄로 단단히 매어 옆으로 좌우를 고정시키고, 또 새끼줄로 매니 마치 쇠줄로 고정시킨 것과 같았다. 그 쇠줄은 마치 팔뚝처럼 굵고 새끼줄은 다리 굵기만 하였으며, 그 만든 것이 매우 웅장하고 요동할 염려가 전혀 없었다. 또 배꼬리에는 무릎 꿇은 인부가 늘어서서 호송하였다.

또 묵우천(墨候川)을 지날 때에도 주교(舟橋, 배로 만든 다리)를 설치하였는데, 배의 수가 좌도에서보다 배나 되었다. 또 기천(起川)을 지났는데, 이것은 가장 큰 하천이었다. 다리를 만든 배는 거의 300척에 이르며, 그 물력(物力)을 물으니 하천을 파고 배를 늘어세우고 쇠줄과 나무 판을 운송한 비용이 거의 만여 금(金)에 이른다고 한다. 이 모습과 제도를 보니 그 말이 거짓은 아닌 듯하였다.

낮에 주고(洲股) [대원에서 40리이다.]에 이르러 전창사(全昌寺)에 들어갔다. 중납언(中納言) 미장수(尾張守) 원길통(源吉通)이 삼사께 과자를 바쳤다. 점심을 먹은 후 비를 무릅쓰고 떠나 도엽촌(稻葉村)에 도착하였는데, 봉행들이 다옥에서 잠시 쉬어가기를 청하였다. 미장수가 술과 안주, 떡과 과일을 보내어 일행을 대접하였다.

2경쯤에 시가지를 가로질러 20여 리를 가서 미장주의 명호옥(名護屋, 나고야) [주고에서 70리이다.]에 이르렀다. 10리 못 미쳐서 비파도(枇杷島)에 있던 2개의 큰 다리는, 그 규모의 웅장함이 대판의 부교 같았고 길이는 더 길었다. 본주에서는 등촉 수백 개를 30 리 밖의 좁은 길 전후 좌우에 늘어세워 행렬을 호위하였다. 징고원(徵高院)에 숙소를 정하여 유숙하였으니, 이곳은 곧 미장수가 거처하는 곳이다. 성곽과 인물의 번성함이 대판과 비교하면 거의 비슷하였다. 이날 구경하는 사람이 매우 많아서 들을 메우고 길에 가득하였으니, 어떤 사람은 임시로 집을 짓고, 어떤 사람은 배를 타고서 비를 무릅쓴 채로 늘어서서 보았다.

태수 중납언 원길통의 지행은 61만 9,000석이다. 사람을 보내어 문안하고 아울러 삼사와 삼당상께 삼중을 바쳤다. 이날은 110리를 갔다. 밤이 깊었는데 도주와 두 승려가 와서 연례(宴禮)를 행하였다.

초6일 신유

맑음.

새벽에 출발하여 천백천(天白川)의 부교를 지나 명해(鳴海) [명호옥에서 35리이다.]에 도착하여 점심을 먹었다. 삼하주(三河州)의 지리부(知鯉鮒)를 지나고 또 명시적(名矢荻)의 큰 부교를 지나서, 2경쯤 강기(岡崎, 오카자키) [명해에서 40리이다.]에 도착하여 유숙하였다. 이곳도 삼하주(三河州)의 땅이다. 수야감물(水野監物) 충지(忠之)가 그곳을 지키는데, 친히 숙소에 와서 문후하고 또 삼사와 삼당상께 삼중을 바쳤다. 이날은 75리를 갔다.

초7일 임술

맑음.

해가 뜬 후 출발하였다. 대평천(大平川)의 부교를 지나 낮에 적판(赤

坂) [강기에서 40리이다.]에 이르러 점심을 먹었다. 목야 태학 성앙(牧野太學成央)123)이 삼사와 삼당상께 회중(檜重)을 바쳤다. 저녁에 길전(吉田, 요시다) [적판에서 30리이다.]의 큰 부교에 도착하였다. 오진사(悟眞寺)에 숙소를 정하였는데, 사찰이 매우 넓고 화려하였으며 연못과 꽃과 나무가 아름다웠다. 성은 포구의 물가에 있었으며, 3층의 초루(譙樓)를 많이 설치하였고 민가도 매우 많았다. 이곳도 삼하(三河)의 땅이며, 태학 성앙이 그곳을 다스린다. 태학은 그의 관직 이름으로, 지금은 강호에 있다고 한다. 또 삼사와 삼당상께 회중을 바쳤다. 이날은 70리를 갔다. 밤에 도주가 사람을 보내어 문후하고 또 구비당(求肥餳)과 양명당(養命糖) 2소합(小盒)을 삼사께 바쳤다. 두 승려가 사람을 보내어 문후하였다.

초8일 계해

흐림.

새벽에 길을 떠났다. 백수하촌(白須賀村) 근처에 이르러 멀리 바라보니 부사산(富士山) 봉우리가 구름 밖으로 솟아 있었다. 옆에는 푸른 바다가 내려다보이는데, 흰 파도가 마치 산더미 같았다. 동해에는 본래 밀물과 썰물이 없기 때문에, 바람이 없는 날에도 성난 파도가 일어난다고 한다. 10리를 가서 낮에 황정(荒井) [길전에서 50리이다.]에 이르니, 토정(土井) 산성수(山城守) 이의(利意)가 사람을 보내어 문후하고 또 삼중을 바쳤다.

점심을 먹은 후 10여 걸음 밖으로 가니 강물이 있었는데, 이름이 금절(今切)이라 한다. [일명 기송(紀松)이라고도 한다.] 옛날에 우리 사신이

---

123) 태학은 문학을 관장하는 직책을 말한다.

돌아올 때 저들로부터 받은 금을 모두 이 강에 던지니, 그 후부터는 속칭 투금포(投金浦)라고도 한다.[124] 누선 6척과 작은 배 수십 척이 와서 기다리고 있었다.

강을 건너 20여 리를 가서, 길옆의 다옥에서 잠시 쉬었다. 밤에 빈송(濱松, 하마마츠) [황정에서 40리이다.]에 이르러 유숙하였다. 이곳은 곧 원강주(遠江州)의 소속이며 관백의 장입처이다. 송평(松平) 백기수(伯耆守) 종준(宗俊)이 지키고 있는데, 숙소에 와서 문후하고 삼중을 바쳤다. 사상이 사람을 보내어 문안하였다. 도주와 두 장로가 사람을 보내어 문후하였다. 이날은 90리를 갔다.

초9일 갑자

큰비가 내림.

비가 지난밤부터 쏟아져서 오늘 밤에 이르러서야 그쳤다. 새벽에 비를 무릅쓰고 길을 떠나, 크고 작은 천류하(天流河) [일명 천룡천(天龍川)이라고 한다.]를 건넜는데, 큰 천류는 부교가 자못 커서 배를 연달아 50여 척을 잇고, 작은 천류에는 작은 다리가 있었다. 낮에 견부(見付) [빈송에서 40리이다.]에 머물렀는데, 이곳도 원강주(遠江州)의 땅으로 백기수(伯耆守)가 또 회중을 바쳤다.

점심을 먹고 삼야현(三野峴) 언덕을 넘었다. 초경에 현천(懸川, 가케가와) [견부에서 40리이다.]에 이르러 유숙하였다. 이곳도 원강주의 땅이

---

124) 병자년(丙子年, 1636, 인조 14)에 통신사(通信使)가 돌아올 때에 왜인들이 사신 일행에게 매일 제공하고 남은 쌀 수백 석(石)을 황금(黃金)으로 바꾸어서 주었으나, 사신이 이것을 강에 던지고 왔으므로 그 곳의 이름을 '투금포(投金浦)'라고 일컫게 되었다.

다. 소립원(小笠原) 산성수(山城守) 장관(長寬)이 지키고 있는데, 직접 와서 문후하였고 또 회중을 바쳤다. 오후에 빗줄기가 더욱 거세져서 일행이 모두 젖었다. 이날은 80리를 갔다.

초10일 을축

아침에는 흐리다가 저녁에는 맑음.

새벽에 출발하여 수십 리를 가서 세 개의 큰 고개를 넘었으니 하나는 석령(石嶺)이요, 하나는 난령(蘭嶺)이요, 하나는 금곡령(金谷嶺)이다. 이것은 모두 부사산의 줄기로서, 남쪽으로 가서 남도(南道)의 여러 산이 된다고 한다. 고갯길은 높고 험하였는데, 고개 위에서 북쪽으로 바라보니 부사산의 눈덮인 봉우리가 구름 사이에 반쯤 드러나 있었다. 길옆의 다옥에서 잠시 쉬었다.

낮에 금곡참(金谷站) [현천에서 40리이다.]에 머물렀는데, 산성수(山城守)가 또 회중을 바쳤다. 도주가 사람을 보내어 문후하고 또 감귤과 홍시를 바쳤다. 앞에 큰 하천이 있는데 비가 온 뒤로 물이 크게 불고 또 주교(舟橋)가 없어 건너갈 수 없다 하므로 부득이 유숙하였다. 이곳도 원강주의 땅이다. 송평(松平) 상모수(相模守)가 와서 대접한다고 한다. 이날은 40리를 갔다.

11일 병인

맑음.

일기가 매우 차다. 앞에 있는 하천의 물이 더욱 넘쳐서 그대로 머물렀다. 두 장로가 사람을 보내어 문후하였다.

12일 정묘

맑음.

이날도 자못 춥다. 아침에 삼사가 도주에게 사람을 보내어 문안하였다. 아침을 먹은 후 출발하여, 대정천(大井川) [일명 대원천(大垣川), 대림천(大林川)이라고 한다.]을 건너는데 물이 세 갈래로 나뉘고 물살이 매우 사나워서 주교를 설치할 수 없었다. 이에 수천 명의 인부들이 물속에 좌우로 나열하여 서서 위아래를 나누어 끊어서 물살의 세기를 완화시켰다. 그리고 새롭게 가자(架子)를 만들어 좌우에 난간을 두르고, 삼사가 탄 가마 및 당상 이하가 탄 현교(懸橋)를 각각 그 위에 놓고 가로 세로 네 다리를 수십 인이 메고 좌우에서 붙들어 보호하며 건넜다. 상관 이하가 탄 마필은 십수 인이 좌우에서 잡아 붙들어서 건넜다.

낮에 등지(藤枝, 후지에다) [금곡에서 30리이다.]에 이르니 동운사(洞雲寺)의 땅이다. 등(藤) 기이수(紀伊守) 일신(一信)이 와서 문후하며 각각 회중을 바쳤다. 이곳은 본래 묵어가는 참이므로, 아직 이르지만 그대로 묵었다. 이 지방은 준하주(駿河州)에 속하지만, 기이수가 지킨다. 이날은 30리를 갔다. 밤에 도주가 감귤 1쟁반을 바쳤다.

13일 무진

맑음.

날이 아직 밝지 않았을 때에 출발하여, 내곡령(內谷嶺) [일명 우도령(宇都嶺), 혹은 일명 우진곡령(宇津谷嶺)이라 한다.]을 넘었다. 아부천(阿部川)을 건넜는데, 이곳도 부사산의 하류이다. 물살이 매우 급하여 대정천에서 한 것처럼 군사를 내어 호송하였다. 길옆의 다옥에서 잠깐 쉬었다.

삼사 이하는 모두 공복을 갖추고 준하주(駿河州) [등지에서 50리이다.] 보태사(寶泰寺)에 들어갔다. 이곳은 곧 가강(家康)이 처음 도읍한 곳이다. 산이 옷깃처럼 물이 띠처럼 둘러쳐져 요새가 될 만한 험준함이 있는 데다가, 성(城)이 견고하고 물산이 풍부하여 관방(關防)의 형세가 있었다. 강호로 도읍을 옮긴 후에도 그대로 관백의 장입처로 삼았다고 한다. 관반인 원등(遠藤) 하야수(下野守) 윤친(胤親), 제등(齊藤) 비탄수(飛驒守) 삼정(三政), 호전인부(戶田靭負) 광휘(光輝) 등 3인이 대문 밖에 나와서 공손히 맞이하였고, 각각 과자 1합(榼)을 바쳤다. 강호의 문위사 장택(長澤) 일기수(壹岐守) 자친(資親)도 와서 위문하였다. 삼다(蔘茶)를 한 순배 행하고 파한 후, 그대로 연례를 행하였다.

저물 무렵 떠나 2경쯤에 강고(江尻, 에지리) [준하에서 30리이다.]에 도착하여 유숙하였다. 강호정(江戶町)의 봉행 수야소좌위문(水野小左衛門)과 위원수(尉源守) 미(美)가 와서 지대를 관할한다고 한다. 과도(鍋島) 기이수 원무(元武)가 회중을 바쳤다. 이곳도 준하주(駿河州)의 소속이라 한다. 이날은 80리를 갔다.

14일 기사

맑음.

날이 밝기 전 출발하였다. 20리를 가서 청견사(淸見寺)에 도착하자, 정사상께서 잠시 절 안에 들어가서 올라가 바라보고 내려왔다. 험준한 고개 하나를 넘으며 옆으로 바다를 끼고 갔다. 부사천(富士川) [일명 등천(藤川)이라 한다.]의 부교를 건넜다.

낮에 길원(吉原) [강고에서 70리이다.]에 머물렀는데 목야(牧野) 찬기수

(讚岐守) 영성(英成)이 와서 문후하였고, 또 삼중을 바쳤다. 이곳도 준하주 소속이다. 북쪽으로 수십 리 되는 곳에 부사산이 우뚝하게 하늘에 솟아 있었다. 정상에는 흰 눈이 성같이 쌓여 있어서 여름에도 다 녹지 않는다. 위에는 큰 연못이 있는데, 길이와 넓이가 20리이며 깊이는 측량할 수 없다. 산 아래로부터 봉우리의 정상에 이르기까지는 90리이며, 비록 수백 리 밖에서도 바라볼 수 있으니 그 높음을 알 만하다.

또 들으니 나라의 풍속에 6월 초1일에 얼음을 삼키면 1년 동안 더위를 물리칠 수 있는 방책이 된다 한다. 서울에는 얼음이 없고 이 산에만 있기 때문에, 매년 얼음을 채취하여 왜황(倭皇)과 관백(關白)에게만 드린다. 그 나머지 얼음을 얻을 수 없는 사람들은 매년 정월 초하루에 얼음 모양으로 떡을 만들어서 저장해 두었다가 6월이 되면 그것을 삼켜서 얼음 대신으로 한다고 한다.

옛날에는 이 산에 다른 봉우리가 없었다. 그런데 정해년(丁亥年)에 자연히 불이 나서 산을 불태워, 연기와 화염이 하늘을 찌르는 듯하고 모래와 돌이 비 오듯 하여 해와 달을 10여 일 동안 보지 못하였다. 이때 갑자기 한 봉우리가 큰 봉우리 옆에서 돌출하여 마치 사람의 어깨가 솟아오른 형상 같았는데, 그 봉우리가 나온 것이 보영(寶永)125) 연간이었으므로 보영봉(寶永峰)이라고 이름하였다. 눈 덮인 뾰족한 봉우리 아래 흰 구름이 한 길로 점을 찍은 것처럼 띄엄띄엄 있으니, 또한 기이한 광경이었다.

점심을 먹은 후 출발하여 또 큰 판교(板橋)를 건넜고, 2경쯤 삼도(三

---

125) 일본 동산(東山)의 연호. 1704~1710년이다. 부사산이 분화한 것은 보영 4
년(1707)이었다.

島, 미시마) [길원에서 50리이다.]에 이르러 유숙하였다. 이곳은 곧 이두주(伊豆州)의 임지이다. 협판 담로수(淡路守) 안청(安請)이 와서 접대하며 밖에서 문후하고 또 회중을 바쳤다. 이날은 120리를 갔다.

15일 경오

맑음.

새벽에 망궐례를 행하고, 날이 밝을 때 출발하였다. 상근령(箱根嶺)을 오르는 고갯길은 높고 가파르며 험난하였는데, 상하 모두 40리였다. 고개 위는 이두주(伊豆州)와 상모주(相模州), 두 주의 경계이다. 큰 호수가 있는데 이름이 상근택(箱根澤)이라 하며, 둘레가 40여 리이고 깊이는 측량할 수 없다. 전해오는 이야기로는 머리 아홉 달린 용이 물속에 있어서 배가 들어가면 번번이 빠져 돌아오지 못한다고 한다.

상근택 주변의 숙소 [삼도에서 40리이다.]에서 점심을 먹었다. 인가는 거의 수백 호이다. 대구보(大久保) 가하수(加賀守) 충증(忠增)이 집정(執政)으로서 강호에 있어 사자를 보내어 지대하였고 또 과자 1궤를 바쳤다. 고개를 내려갈 때에는 험난하기가 더욱 심하였다.

밤이 깊은 후에야 소전원(小田原, 오다와라)[고개 위에서 40리이다.]에 도착하여 유숙하였는데, 새로 지은 숙소는 매우 넓고 넉넉하였다. 토옥(土屋) 상모수(相模守)도 집정으로서 이때에 강호에 있었으므로 봉행을 시켜 와서 접대를 관할하게 하였고, 또 삼중을 바쳤다. 상판사 이하는 각각 다른 숙소에 묵었는데, 그 접대하고 공역(供億)하는 비용을 별도로 두고 술과 안주도 풍요하고 넉넉하여 전의 참들에 비해 배 이상이었다. 이날은 80리를 갔다.

16일 신미

종일 큰비가 내림.

새벽에 비를 무릅쓰고 출발하였다. 두 개의 큰 다리를 지나, 낮에 대의(大礒)[소전원에서 40리이다.]에 이르러 점심을 먹었다. 이 땅은 상모주(相模州)에 속하며, 인가가 매우 많았다. 송평(松平) 좌병위(左兵衛) 독직상(督直常)이 와서 지대를 관할하고, 삼중을 바쳤다. 저녁에 부사택(富士澤)[일명 등택(藤澤, 후지사와)이라 한다.]을 지났는데, 그 근원이 부사산에서 나와서 그대로 연못이 된 것이다. 둘레가 수십 리이며, 그곳에서 나는 은어는 곧 나라 안에서 제일이라고 한다.

밤이 깊어 호총(戶塚)[대의에서 60리이다.]에 도착하여 유숙하였다. 도엽(稻葉) 이예수(伊豫守) 항통(恒通)이 회중을 바쳤다. 이날은 100리를 갔다. 정사상이 지난밤부터 셀 수 없을 만큼 자주 설사를 하여, 배꼽에 6, 7회 뜸을 뜬 뒤에 회복되었다.

17일 임신

흐림.

진시(辰時, 오전 7시~9시)에 도주가 먼저 가니, 삼사행의 행차가 뒤따라 출발하였다. 수십 리를 간 후 보토곡(保土谷)의 다옥에서 잠시 쉬었다. 또 신내천(神奈川)을 지났는데, 해변에 있어서 경치가 자못 아름다웠다. 이곳은 기전(畿甸)의 땅이다. 좌우에 회랑이 연이어 있고, 구경하는 남녀 중 어떤 사람은 발을 치고 어떤 사람은 얼굴을 드러내었는데, 금색 병풍을 두르고 화려한 자리를 깔았으니 그 장려함을 일일이 열거하기 어렵다. 저녁에 하기(河崎, 가와사키)[호총에서 60리이다.]에 도

152

착하여 유숙하였다. 이 땅은 무장주(武藏州)에 속한다. 봉수하(蜂須賀) 비탄수(飛驒守) 융장(隆長)이 지대하고, 삼중을 바쳤다.

밤이 깊은 후에 우삼동(雨森東)이 들어와 삼사를 뵙고 말하기를, “강호의 이번 접대는 전에 비하여 더 후하니 마도 사람들도 다행으로 여깁니다.” 하였다. 삼사가 도주와 두 장로에게 사람을 보내어 문안하였다. 이날은 60리를 갔다.

18일 계유

종일 큰비가 내림.

새벽에 도주가 먼저 출발하였고, 뒤를 따라 떠나 육향강(六鄕江)을 건넜다. 3척의 채선은 금과 옥으로 장식하였는데, 배 한 척의 비용이 4천여 금에 이른다고 한다. 낮에 품천(品川, 시나가와) [하기에서 35리이다.]에 도착하였다. 길옆에 큰 절들이 많이 있는데 묘국사(妙國寺)가 더욱 컸으며, 또 길 왼쪽에 돌로 단을 높이 쌓고 금부처를 노출시켜 봉안하였는데, 그 형상이 매우 높고 컸다.

숙소는 본광사(本光寺)이다. 가등(加藤) 원강수(遠江守)가 관반으로서 와서 회중을 바쳤다. 강호의 문안사 출우장내좌위문위(出羽庄內左衛門尉)가 나와서 위문하고 돌아갔다. 사자(使者)가 크게 북치는 소리를 듣고 놀라서 겁을 먹고 떨며 오랫동안 안정하지 못하니, 매우 우스웠다.

점심을 먹고 나서 삼사 이하가 공복을 갖추고 출발하였다. 이곳에서부터 강호(江戶, 에도)에 이르기까지의 거리는 30리인데, 그 사이 10여 리에는 오른쪽에 큰 바다가 있어서 소전원에서부터는 동남쪽으로 바다를 끼고 갔다. 멀리 바다를 바라보니, 수를 알 수 없는 크고 작은 배들이 모두 순풍에 돛을 펴고 곧바로 나아가고 있었다. 물어보니, 바다 밖 여러 섬들의 태수들이 이번 행차에 맞추어 내조(來朝)하는 것이었다. 그중 작은 배는 사행의 대접을 위해 바다와 육지의 찬물(饌物)을 무역하는 배라고 한다. 좌우에 여염집들이 즐비하고 가지런한데, 모두 층각(層閣)으로서 얇은 판자를 덮고 옥상에는 모두 큰 통을 설치하여 물을 담아 두었으며, 또 지붕에 오르는 사다리를 설치하여 화재에 대비하였다. 참호를 뚫고 바닷물을 끌어온 것이 무수한데, 모두 판교를 설치하여 그 아래에는 배가 다닐 수 있었다.

이문(里門) 100여 곳을 들어가서 다시 성문을 지났는데, 돌로 쌓은 것이 매우 견고하였다. 길옆에는 모두 대나무 난간을 설치하고 구경하는 사람들이 매우 많이 모여 있었는데, 얼굴을 천으로 가리고 비단옷을 입은 사람들의 모습이 이목(耳目)을 사로잡았다. 심지어 물 위에 누각을 지어 놓고 바라보는 자도 있었고, 또 옥상에 발을 치고서 보는 자도 있었으나 조용하여 떠드는 소리가 없었다. 백성과 물산이 풍부하고, 성시(城市)가 번화한 것은 참으로 대판·왜경 두 도시의 비할 바가 아니다.

2경쯤 비로소 강호 본원사(本願寺)에 이르렀다. 일찍이 전 사행의 숙소는 본서사(本誓寺)였는데, 이번에는 이곳으로 바꾸었다. 칠하여 지은 큰 건물은 수백 칸이며, 근처의 원찰(院刹)이 대략 350여 곳이라고 한다. 관반인 진전(眞田) 이두수(伊豆守) 자야신방(滋野信房)과 주정(酒井) 수리대부(修理大夫) 원충음(源忠音) 등 두 사람이 대문 밖에서 공손히 맞이하였다. 사상 이하가 숙소에 도착한 후 관반 두 사람과 지대관인 본다(本多) 탄정소필(彈正小弼)126) 등원충청(藤原忠晴), 적원(荻原) 근강수(近江守) 원충수(源忠守), 횡전(橫田) 비중수(備中守) 원유송(源由松) 등 5인이 와서 뵙고 문안하였다. 마도의 봉행 삼촌삼랑좌위문(衫村三郞左衛門) [이름이 평윤구(平倫久)이다.]도 와서 뵈었으니, 그는 곧 강호에 와 있는 사람이다. 관백이 즉시 사위소장(四位小將) 품천(品川) 풍전수(豊前守) 원이씨(源伊氏)를 보내어 위문하였다.

이마(理馬) 안영민(安英敏), 통사(通詞) 김돌금 등이 이미 지난달 27일 이곳에 왔는데, 일기도에서 바람을 만나 표류한 일을 상세히 말하다가, 여러 날 동안 외로이 객관에서 우울했던 상황을 말하는 데 이르러서는 기어이 눈물을 흘렸다. 이날은 65리를 갔다.

19일 갑술

비가 오다 맑았다 함.

강호에 머물렀다. 숙소의 뜰 앞에는 가산(假山)과 곡지(曲池)가 있었는데, 거기에 섬과 다리가 설치되어 있었고 또한 아름다운 화초도 있었다. 두 관반이 문후하였고, 도주 및 두 승려가 사람을 보내어 문후하였다.

20일 을해

흐림.

강호에 머물렀다. 마도에 나가는 편이 있어 일행이 무사하게 강호에

---

126) 탄정은 규정(糾正)을 관장하며, 윤(尹), 대필(大弼), 소필(小弼), 대충(大忠), 소충(小忠) 등의 직책이 있다.

도착하였다는 일로 장계를 봉하여 보냈다. 나도 그 편에 집으로 편지를 써서 부쳤다. 호를 백석(白石)이라고 하는 신정(新井) 축후수(筑後守) 원여(源璵)가127) 와서 삼사를 뵈었다.

21일 병자

맑음.

오후에 도주와 두 승려가 와서 연향을 베풀었는데, 하나같이 전례대로 하였다. 붉은 공복을 입고 마루 아래에 나란히 앉아있는 사람들 십수 인은 모두 관반·지대(支待)·횡목(橫目) 등으로, 여러 사람들이 상관과 중관의 연회 장소에도 왔다 갔다 하며 살폈다. 이것은 곧 하마연(下馬宴)128)이라서 강호에 들어온 날 마땅히 행해야 하는 것이었지만, 정사상의 집안 기일(忌日)이라서 오늘로 물려 행하였다. 연회가 끝난 후 숙공을 바쳤고, 집장로가 포도 1광주리를 바쳤다.

22일 정축

맑음.

강호에 머물렀다. 마도의 봉행 등이 와서 뵙고, 국왕이 대마도주에게 교유(敎諭)하는 글을 내어 보여주었다. 그 대략의 내용은, "조선은 매우 가까이 영토를 접하여 긴밀하게 통하는데, 태조대왕이 개국(開國)하여 처음으로 전대(前代)의 공헌왕(恭獻王)에게 통문(通問)하였으니, 모두

---

127) 일본 강호시대 중기의 주자학자이며 정치인. 호는 백석이다. 보통 신정백석(新井白石)으로 불린다. 유신(儒臣)으로서 막부(幕府) 장군의 막신(幕臣)이 되어 많은 사적을 남겼다.
128) 사신이 도착했을 때 베푸는 잔치.

고려조의 옛날 우호관계를 닦고자 한 것이다. 두 나라가 서로 교제할 때에는 각각 예가 있어 서로 돈독하고 화목하게 거의 200년을 지냈다. 그런데 전대(前代) 임진년(壬辰年)의 변란으로 인해 병흔(兵釁)이 한번 열리면서 양국의 우호가 깨지게 되었다. 그러나 하늘이 어지러움을 싫어하고 도를 지닌 사람을 사랑하고 돌아보시어, 우리 신조(神祖)께서 천명을 받아 사방의 나라를 소유하신 뒤에 우리의 옛 우호를 닦으시고 백성들을 쉬게 하면서, 때마다 빙문하는 일이 서로 끊이지 않고 이어졌다. 비록 그러하나 우리가 처음에는 어리석어서 간단하고 편리하게 하는 데에 힘썼기 때문에, 빈주(賓主)의 예에 대체적으로 빠진 것이 있었다. 이후로는 전통적인 기본 예식에다 그때그때 시의적절하게 가감(加減)만 하고 일정한 제도를 두지 않았다. 지금 덕을 이은 지 100년이니, 예악(禮樂)이 이로 말미암아 일어나서 나라를 다스리는 규범이 되는 것을 밝게 닦았다고 할 만하다. 이에 유사(有司)에게 명하여 빈례(儐禮)를 의논하여 정하게 하였다. 지금 사자(使者)는 혹 전의 의례와 다른 것을 이상하게 여길 수도 있으니, 그들에게 이러한 뜻을 밝게 효시하도록 하라. 예에 이르기를, '예는 시의(時宜)를 따르고 사신은 풍속에 따른다.'고 하였으니, 다 잘 알기를 바란다." 하였다.

봉행들이 또 말하기를, "전에는 연향을 1번만 행하였는데, 이번에는 더하여 3번 베풀 것입니다." 하였다. 삼사신이 답하기를, "이러한 넉넉한 예우는 참으로 감사하지만, 또한 미안한 일입니다. 돌아가 이 뜻을 도주에게 고하여 즉시 국왕에게 전달되게 하여 그 횟수를 줄여주신다면 참으로 다행이겠습니다." 하였다. 봉행 등이 알겠다고 하면서 돌아갔다.

강호의 봉행 단우(丹羽) 원강수(遠江守)가 밖에서 문안하였다. 마도의 봉행 삼랑좌위문(三郞左衛門)이 종화(種花) 1화분과 천지이(淺地飴) 3갑을 바쳤다. 지대인이 국왕의 명이라 하며 떡과 과일 1합, 각종 술 3호(壺)를 삼사신과 삼당상께 바치고, 상판사 모두에게도 보냈다. 연장로가 사람을 보내어 문후하고 아울러 과자 1상자를 바쳤다.

23일 무인

흐리다가 비가 오다 함.

관반 두 사람이 문후하였다. 도주가 관백의 명이라 하여 화사(畵師)를 보냈는데, 군물과 악기를 내어 갔다.

24일 기묘

흐리다가 비가 내림.

강호에 머물렀다. 두 관반이 문후하였다.

25일 경진

맑음.

강호에 머물렀다. 관반인 주정(酒井) 수리대부(修理大夫) 원충음(源忠音)이 문후하였다. 각각 회중 1조(組), 술 2단지를 삼사와 삼당상께 바쳤다. 도주가 사람을 보내어 문후하고 아울러 작은 귤 1광주리를 바쳤다.

26일 신사

밤에 비가 내림. 낮에는 맑았는데 오시에 다시 비가 내림.

강호에 머물렀다. 두 관반이 문후하였다. 백석(白石) 원여(源璵)가 야풍향(野風香) 1소합을 바치고 또 와서 문후하였으므로, 삼사가 맞이하여 보고 술을 대접하였다. 스스로 말하기를, "저는 국왕이 잠저(潛邸)에 있을 때 강연(講筵)에 들어가 자문하는 역할을 하였습니다. 가지고 있는 관직은 본래 무관(武官)으로 축후수(筑後守)를 겸하여 1년간 병사 1천인을 길러 냈습니다." 하였다. 외청(外廳)에 나아가 활과 화살을 보고 싶어 하므로, 군관이 천자궁(天字弓)과 육량전(六兩箭)을 보여주었는데 시위를 당기지도 못하였다. 군관이 쉽게 당겨 쏘는 것을 보고는 크게 놀라워하고 탄복하였다.

27일 임오

맑음.

강호에 머물렀다. 두 관반과 두 장로가 와서 문후하였다. 진전(眞田) 이두수(伊豆守) 자야신방(茲野信房)이 각각 회중 1조와 술 2단지를 삼사와 삼당상께 바쳤고, 상판사 모두에게도 보냈다. 평전준인이 와서 말하기를, "지금 대판에서 온 편지를 보니, 부복선의 격군인 다대포(多大浦) 역보(驛保) 박준응(朴俊應)이 병으로 이달 14일에 사망하였습니다."고 하니, 놀라움과 참담함을 이루 말할 수 없다. 준인이 또 도주의 말이라고 하며 와서 말하기를, "전명일(傳命日)을 이번 29일 진시(辰時, 오전 7시~9시)로 정하였습니다." 하였다.

예단과 잡물(雜物)을 삼사상이 살펴본 후 재판에게 내어 주었다. 그런데 목궤(木櫃)와 목대(木臺)는 모두 새로 만들어서 담았는데, 우리나라의 청밀(淸蜜)을 담은 흰 항아리는 크고 작기가 고르지 않을 뿐만 아니라 색도 매우 조잡하여 도기(陶器)와 다름이 없으니, 재판 등이 보고 비루하게 여겼다. 즉시 같은 크기의 색이 깨끗한 것으로 바꾸어 담아서 갔으나, 마음에 매우 부끄러웠다.

밤이 깊은 후 봉행들이 또 와서 29일에 전명하고 내달 초 2일 연례를 행하고, 초4일 마상재를 보고, 초6일 사현례(辭見禮)[129]를 행하겠다는 뜻으로 문서를 가지고 와서 보여주었다. 돌아갈 기일이 머지않은 듯하니 일행이 기뻐하고 다행으로 여겼다.

28일 계미

흐림.

강호에 머물렀다. 원여(源璵)가 와서 문후하였다. 우삼동(雨森東)이 내일 있을 연례의 절차를 가지고 와서 강(講)하였다. 저녁에 당상 이하가 대청에 나와 강례(講禮)하였다.

29일 갑신

비가 내림.

강호에 머물렀다. 이날은 전명하기로 정한 날이다. 그런데 지난밤부터 큰비가 쏟아져서 아침까지 그치지 않으므로, 도주가 사람을 보내어 말하기를, "빗줄기가 이와 같으니 다음달 초1일로 물려서 행하려 합니다." 하였으니, 답답함과 한탄스러움을 이루 말할 수가 없었다. 오후에

---

129) 사행이 일을 끝내고 나서 돌아오기 전에 하는 예.

비로소 개었다.

　도주가 서화인(書畵人)과 마재인(馬才人) 보기를 청하기에, 모두 보내 주었다. 밤이 깊은 후에 파하고 돌아왔는데, 서화원은 각주 태수들이 종이를 많이 보내어 오늘 필사(筆寫)를 마치지 못하였으므로 내일 또 만나러 간다고 하였다. 저녁에 바람이 크게 불었다.

30일 을유
맑음.

　사시(巳時, 오전 9시~11시)에 지진(地震)이 있었는데, 마치 천둥치는 것 같았다. 집이 흔들렸으나, 9월 대판에서의 지진 같지는 않았다. 도주와 두 승려 및 두 관반이 문후하였고, 원여가 황감(黃柑) 1광주리를 바쳤다.

11월 작은 달

초1일 병술
맑음.

　새벽에 망궐례를 행하였다. 해가 뜬 후에 봉행 4인 등이 와서 청하여, 삼사 이하가 공복을 갖추고 국서를 배행하여 국왕의 궁에 나아갔는데 거의 15리였다. 성은 3중으로 되어 있으며, 각각 해자(垓字)와 참호(塹壕)가 있었다. 성에는 각각 옹성(甕城)과 중문(重門)이 있으며, 해자에는 각각 판교가 있어서 배들이 그 아래로 다녔다.

　제2성의 높은 문과 으리으리한 집은 모두 대관(大官)의 집이다. 높게 배열되어 있는 판으로 된 담의 회칠한 벽이 빛나는데, 그 사이에는 창문을 만들어 발을 내리고 구경하는 사람들이 매우 많았으니, 아마도 고관(高官)의 집 식구들인 듯하다.

제5문에 이르러 상관 이하가 말에서 내려 취(吹)를 멈추고 기치(旗幟)를 내리고 절월(節鉞)만 가지고 갔다. 제6문에 이르러 상상관이 탈 것에서 내렸다. 제7문에 이르러 삼사가 가마에서 내렸다. 두 관반과 도주, 두 장로가 맞이하며 읍하고 인도하여 제8문으로 들어갔다. 국서를 용정(龍亭)에서 받들어 내어 수역(首譯)이 두 손으로 공손히 받들고 먼저 전(殿)에 올랐다. 외헐청(外歇廳)에 이르러 상당(上堂)에 봉안하고서 삼사상과 도주, 두 장로가 마주 앉았다. 조금 있다가 대목부(大目付)[우리나라의 대사헌(大司憲) 같은 것이다.]가 국왕의 명을 전하여 도주가 사신을 청하니, 인례(引禮) 두 사람이 뒤따라 와서 삼사를 인도하였다. 수역이 국서를 받들어 먼저 가고 삼사가 뒤따랐다. 상관 이하는 뒤에 남고, 장로 등도 그곳에 남았다. 헌상(軒上)을 지나 10여 걸음 가서 내헐청(內歇廳)으로 들어가서, 북쪽 벽에 국서를 봉안하고 삼사는 북향하여 나란히 앉았다.

조금 있다가 국왕이 나와 정당(正堂)에 앉았다. 인례가 인도하여 들어가 국왕전(國王殿)에 이르니, 국왕전의 왼쪽에는 벽으로 막은 대청이 있어서 백관이 모두 모여 있었다. 국왕이 앉은 뒤에는 장사(將士) 수십 인이 전(殿)을 등지고서 모두 승상(繩床)에 걸터앉아 있는데, 활과 화살을 메고 창과 칼을 가지고 있었다. 두 귀밑머리 위에는 검은 털을 엮어서 마치 새 날개처럼 펼쳐서 귀 앞에 늘어뜨렸으니, 이른바 삽초(揷貂)라 하는데 모양이 매우 이상하였다. 전(殿)의 기둥 안은 3층인데, 층의 높이가 2치쯤 되었다. 국왕은 제1층에 깔개를 겹쳐 깔고 그 위에 앉았다. 옷은 엷은 자색 도포에 검은 모자를 썼다. 제2층에는 국서상을 설치하였고, 제3층에는 예폐를 진설하였다. 집정 이하 4품 이상은 그 좌우에 열을 지어 앉았으며, 예단과 안장 갖춘 말은 뜰아래에 진설하였다. 수역(首譯)이 국서를 가지고 서향(西向)하여 무릎 꿇고 정사에게 전하니, 정사가 무릎 꿇고 받아서 폐상(幣床) 앞에 나아가 수서관(受書官)에게 전하였다. 수출관(受出官)이 무릎 꿇고 수집정(首執政)에게 전하고, 수집정이 받들어 상 위에 놓았다.

삼사가 드디어 공적인 예를 행하는데 예폐를 진열해 놓은 앞에서 네 번 절하였다. 인례가 인도하여 헐청(歇廳) [동쪽 협청(挾廳) 위다.]으로 나가서 주벽(主壁)하여 앉았다. 두 인례와 그 외의 품계가 높은 자들이 좌우에 나란히 앉았다. 수서관은 강호에 처음 이르렀을 때의 문위사였던 품천(品川) 풍천수(豊川守) 원이씨(源伊氏)이다. 전(殿) 위에 앉은 자는 검은 옷과 붉은 옷을 입은 자들이 서로 섞여 있었는데, 검은 옷을 입은 자는 모두 품계(品階)가 높은 사람들이며, 자색 갓끈을 한 자들은 대대로 녹(祿)을 받는 자들이라고 한다. 수서관과 인례는 모두 검은 옷을 입고 자색 갓끈을 하였다. 국왕이 친히 국서를 받아 근시(近侍)로 하여금 펼쳐 읽게 하니 그 소리가 밖에서도 들렸다. 읽기를 마치자 폐물(幣物)을 철거하여 들여왔다. 도주가 와서 국왕이 술을 주겠다는 뜻을 전하므로, 인례가 삼사를 인도하여 들어가 제2층 서벽에 집정과 같이 마주 대하여 앉았다. 검은 포를 입은 사람이 소목반(素木盤)을 국왕 앞에 올린 것이 3차이며, 붉은 포를 입은 사람이 목반(木盤)을 삼사신에게 올린 것이 각각 3차였다. 붉은 포를 입은 자도 각 주의 태수인데,

태수들이 술을 드리는 것도 전에 행하지 않던 넉넉한 예우라 한다.

금그릇을 가진 자가 국왕 앞에 나아가서 토배(土盃) [이 나라 풍속에 경사가 있으면 토배를 쓴다고 한다.]로 술을 따르니, 국왕이 1잔 마셨다. 그릇을 가진 자가 다음으로 제2층에 나와 서니, 도주가 정사에게 눈짓을 하였다. 정사가 나아가 엎드려 잔을 받아 마시고, 잔을 가지고 자리로 돌아가 반상에 두었다. 국왕이 두 번째 잔을 전하니 부사가 전의 의식과 같이 마셨으며, 종사관도 그와 같이 하였다. 집사자가 상을 물리니, 삼사는 네 번 절하고 나와 다시 내헐청 자리에 앉았다.

도주가 나와 기쁜 얼굴로 재삼 치하하며 말하기를, "오늘 삼사의 예용(禮容)은 대범하고도 노련하여, 전 위에 있던 사람들이 감탄하며 칭찬하지 않는 자가 없었으니, 우리들도 크게 빛이 났습니다." 하며 서로 칭찬하여 마지않았다. 집정이 또 삼사의 사폐(私幣)를 전 위에 진설하였다. 인례가 또 삼사를 인도하여 들어가 사례(私禮)를 행하였고, 사폐를 놓은 상 앞에서 네 번 절하고 자리에 나아가 나란히 앉았다. 집사가 사폐를 철거하여 들여오니, 인례가 상상관 3원을 인도하여 기둥 안에서 절하고 물러나 동쪽 기둥 밖에 섰다. 인례가 또 상판사 이하를 인도하니, 상관이 2차로 나누어 기둥 밖에서 예를 행하였다. 수역(首譯)의 지휘 아래 차관과 소동은 2차로 나누어 퇴헌(退軒)의 조금 낮은 곳에서 예를 행하였다. 그 외에 중하관은 뜰아래에서 예를 행하였다.

마치고 나서 집정이 국왕 앞에 나아가 명을 듣고 와서 삼사에게 북향하여 나란히 앉게 하였다. 집정이 도주를 불러 수역(首譯)에게 말을 전하게 하고 이르기를, "국왕의 기체는 어떠하신가?" 하여, 삼사가 엎드려 대답하기를, "평안하십니다." 하였다. 또 말하기를, "삼사가 수륙

만리에 무사히 도착하였으니, 기쁘고 다행이다." 하여, 삼사가 예에 따라 감사의 답을 하였다. 집정이 국왕 앞에 나아가 고하고 나와 자리로 돌아갔다. 삼사도 드디어 네 번 절하고서 인례가 인도하여 나왔다. 집정 등이 동협(東挾)의 밖에서 읍하며 전송하자, 관반과 도주·장로 등이 인도하여 나와서 가마 타는 곳에 이르러 서로 읍하고 갔다. 도주와 장로는 더욱 기뻐하며 감사하였으며, 마도의 봉행 이하도 서로 돌아보며 칭하하였다. 삼사가 가마를 타고 각각 군물과 고취(鼓吹)를 진설하여 차례로 숙소로 돌아왔다. 도주와 장로는 사잇길로 먼저 돌아와 다시 감사의 뜻을 말하고 갔다.

초2일 정해

맑음.

강호에 머물렀다. 관반 등이 문후하였다. 당상 3원을 집정, 집사(執事),130) 봉행 등에게 보내어 사신 사예단을 주었다. 도주가 마상재 보기를 청하여 사상께서 나, 박신재, 정사의 비장 유 주부, 부사의 비장 민 감찰을 시켜 인솔해 가게 하였는데, 집정 이하 여러 태수들이 모여 보면서 잘한다고 칭찬하였다. 밤이 깊어 돌아왔다.

저녁 후 지대관이 와서 말하기를, "내일 연례의 시각은 진시(辰時, 오전 7시~9시) 정각으로 정하였습니다." 하였다. 봉행 등이 와서 말하기를, "연례시 전에는 3명의 납언(納言)이 나와 대접하였는데, 이번에는 도주와 장로를 시켜 대접하게 하니, 사신께서는 편한 대로 연향을 받으시고 또 편복 차림으로 자리에 나오십시오." 하였다. 사상은 관백

---

130) 태수 중에서 택하며, 집사로부터 집정으로 승진한다. 모두 7명이다.

의 뜻이 비록 간편함을 따르는 데에서 나왔으나, 전의 규례와 달라 자못 편치 않으니 반드시 바꾸고 싶다는 뜻으로 도주에게 통지하였다. 봉행들이 모두 말하기를, "이것은 십분 우대하겠다는 뜻에서 나온 것입니다. 연회의 기일도 급박하니 실로 변통하기 어렵습니다." 하였다. 사상이 만약 변통하지 않는다면 결코 연회에 나아갈 수 없다는 뜻으로 답하니, 봉행 등이 걱정스럽게 배회하며 밤이 깊었는데도 가지 않았다.

초3일 무자

아침에는 흐리다가 저물녘에 비가 옴.

새벽에 삼사가 한 곳에 모여 의논하기를, "가지 않으려고 해도, 관백이 연회를 베풀어 대접하는데 봉행의 말만 듣고 무단으로 가지 않는 것도 미안한 듯하니, 우선 헐청(歇廳)에 나아가 서로 논쟁하는 것이 마땅하다." 하였다. 그러므로 삼사 이하가 공복을 갖추고 군의를 베풀어 숙소의 문을 나가 동쪽 큰 길을 따라 갔다. 길옆에는 원찰(院刹)이 많았고, 이문(里門)을 설치하지 않았다. 5리 이상 가니 금문(金門)이 있는 큰 사찰이 있었는데, 원림(園林)이 넓었으며 누대(樓臺)가 광대하였고, 금글씨로 '동예산(東叡山)'이란 세 글자가 걸려 있었다. 또 긴 거리를 지났는데 마치 우리나라 육조(六曹)의 앞길 같았다. 이곳을 지난 후에는 모두 붉은 문의 으리으리한 집들로서 담 밖에 물을 이끌어서 해자를 만들고 문 앞에는 모두 깃대와 창을 세워 놓았으니, 이는 태수와 장관의 집이라 한다.

관백의 궁에 이르자, 관반과 도주·두 승려가 전의 의식과 같이 맞이하여 들어갔다. 원여가 또 와서 삼사를 뵈니, 수역(首譯)을 시켜 말을 전하기를, "이번 빈례(儐禮)는 변경하는 바가 많은데, 모두 예의에 어긋나지 않았으므로 힘써 따르고 있습니다. 그런데 연례시에는 사리상 당연히 세 납언이 접대해야 하는데, 지금 도주와 장로만을 시켜 대접한다고 하니 편치 않습니다. 이 뜻으로 국왕께 전달하여 즉시 변경하는 것이 좋을 것입니다." 하니, 원여가 말하기를, "오늘 내전(內殿)에 음악을 베풀었으니 전에 없던 일입니다. 여러 공께서 한번 들어가서 보시면 우리나라의 접대가 융성한 것을 짐작하실 수 있을 것입니다. 도주를 시켜 접대하는 것도 사신께서 편한 대로 연향을 받으시라는 것이지, 실로 다른 뜻은 없습니다. 그런데 사신께서 편치 않게 여기시므로, 아침에 이미 변경하여 여러 집정들로 하여금 모두 나와 접대하고 그대로 연례를 베풀게 하였습니다. 이것도 국왕의 지극한 뜻에서 나온 것입니다." 하였다. 사상께서 또 말씀하시기를, "듣자하니 연회를 베풀 때에 우리들에게 편복 차림으로 자리에 나오라고 하였는데, 전내(殿內)에서 편복을 입는 것은 매우 미안한 일입니다. 아울러 이 뜻을 고하여 전달하는 것이 어떠합니까?" 하였다. 원여가 말하기를, "사신의 말씀이 옳습니다. 뜻대로 하십시오."라고 하였다. @@

조금 있다가 인례 두 사람이 도주와 삼사신을 인도하여 국왕전에 들어가 뵙고 네 번 절하는 예를 행하고 나란히 앉았다. 집정이 도주를 시켜 관백의 명을 전하여 말하기를, "오늘 음악을 진설하여 연회를 베푸니, 부디 마음 편히 받으라." 하였다. 삼사가 의례에 따라 감사의 말로 답하였다. 절을 다하고 나와 헐청(歇廳, 쉬는 곳)에서 조금 쉬었다. 조금 있다가 인례가 인도하여 내전으로 들어갔는데, 건물은 깊숙하고 구리로 덮었다. 도주·장로와 함께 마주 앉고 관백은 벽을 사이에 두고 발을 걷고 앉았는데, 집정 등 십수 인이 나란히 모시고 앉았고, 백관과 태수 이하로 나란히 동쪽 전 위에 앉아 있는 자들이 매우 많았다.

뜰에는 무대를 설치하였는데, 사방 거의 3칸 정도였다. 붉은색 난간과 금빛 장식에 높이는 2·3척이었고, 남북으로는 사다리 다리를 설치하였다. 아래에는 녹색 비단 장막을 둘러서 술을 쭉 드리웠고, 위에는 옻칠한 판을 깔고 비단 자리를 설치하였다. 옆에는 두 개의 큰 북이 있었는데 지름이 거의 6·7척이었으며, 나무에 매달았다. 몸통이 둥글고 위는 뾰족하여 그 모양이 마치 불꽃같았으며, 사면에는 용과 봉황과 구름을 조각하여 금은 단청을 칠하였다. 위로 높이 솟은 기둥에는 금 거울을 하나 매달고 둘러가며 금 화살 10여 개를 꽂았으며, 또 은거울을 하나 매달고 은 화살을 꽂았으니, 그 형상은 해와 달의 모습 같았다. 사이에 작은 북과 금 깃발을 두었는데, 그 모양은 대략 같지만 작았다. 뒤쪽에는 두 군데에 판옥(板屋)을 만들어 아름답고 화려한 채색 장막을 둘렀다. 그 안에 영인(伶人, 악공이나 광대)들이 앉아 있었는데, 복식이 화려하여 마치 고운 노을같이 빛났으며, 뒤의 옷깃은 매우 길어 땅에 끌리는 것이 여러 척을 넘었다.

비로소 진모(振鉾)[131] 3절을 보여주었는데, 악기는 생황과 피리·필률(觱篥, 가로부는 피리)·요고(腰鼓, 장구)였다. 그중에 생황 소리가 가장 맑았다. 수놓은 붉은 옷을 입고 봉시관(鳳翅冠)을 쓴 자 6인이 각각 금 창을 갖고 나와서 빠르게 춤추는데, 음악의 곡조는 자못 온화하

---

131) 일본 부가쿠의 하나. 부가쿠는 아악(雅樂) 음악에 춤이 첨가된 것으로 702년 일본에서 처음 연주되었다는 기록이 있다. 진모는 일본어로 '엔부'라고 하며 부가쿠가 시작될 때 연주되는 곡이다(가와타케 시게토시 저, 이응수 역, 『일본연극사』 상, 2001, 5장 부가쿠 참조).

여 볼만하였다. 3번 교대하여 나오는데, 복색이 각각 달랐다. 원여가 옆에 있으면서 글로 여러 악보의 뜻을 써서 보여주었는데, 이는 천황이 개벽(開闢)한 공덕을 형용한 음악으로 일명 언무악(偃武樂)이라 하며, 모든 곡에 반드시 이 춤을 먼저 춘다고 한다.

다음으로 삼대염(三臺鹽)을 연주하는데, 봉황관과 붉은 옷을 입은 사람 6인이 줄을 나누어서 춤을 추었다. 춤의 절조가 3번 변하는데, 돌거나 숙이고 우러르는 것이 모두 그 절조에 맞았다. 이는 소륵국염곡(疏勒國鹽曲)의 하나로, 옛 악부에 이른바 석석염(昔昔鹽) 같은 것이라고 한다. 수나라와 당나라가 연악(燕樂)으로 쓰던 것이다.

다음으로는 장보악(長保樂)을 연주하였는데, 봉황관에 녹색 옷을 입은 사람 6인이 와서 춤을 추었다. 춤의 절조가 삼대염에 비하여 차이가 있었으니, 이것은 고려 악부라고 한다. 다음으로는 앙궁악(央宮樂)을 연주하였다. 권각모(卷角帽)를 쓰고 그 위에는 꽃을 꽂고 귀밑머리 쪽에는 삽초하고 자색 옷을 입은 4인이 춤을 추는데, 절조에 조금 온화함이 모자라며 음악도 빠르고 낮은 듯하다. 바로 본국의 음악이라고 한다.

다음으로는 인화악(仁和樂)을 연주하였다. 푸른 옷을 입은 사람 4인이 권각모를 쓰고 꽃을 꽂으며 삽초하고 춤을 추는데, 절조가 느리며 음조가 화평하여 우리나라 문무(文武)[132]와 조금 비슷한 듯하였다. 이것도 고려의 음악이라 한다. 다음으로는 태평악(太平樂)[133]을 연주하

---

132) 문무무(文武舞)를 말하는 듯하다. 문무무는 종묘나 문묘(文廟) 등의 제향(祭享)에서 추는 춤으로 문무(文舞)는 무생(舞生)이 문관을 상징하는 적(翟)을 오른손에, 약(籥)을 왼손에 들고, 무무(武舞)는 무생이 무관을 상징하는 척(戚)을 오른손에, 간(干)을 왼손에 들고 추는 일무(佾舞)이다.

133) '다이헤라쿠'라고 하며 당악(唐樂)의 대표적인 곡으로, 난세를 평정한 후의 평화로움을 축복, 기원하는 경사스러운 곡이다(가와타케 시게토시 저, 이응

는데 일명 소파진악(小破陣樂)이라 하며, 당 명황(唐明皇)이 만든 곡이라 한다. 그런데 춤추는 사람 4인은 아름다운 자태에 눈과 눈썹은 그린 것 같았고, 얼굴은 분을 바른 것 같았다. 금 투구와 금 갑옷을 입고, 허리에는 동물 얼굴 모양의 띠를 띠고, 등에는 은어 모양의 활자루와 금 화살 병을 지고, 긴 칼을 차고 금 창을 가지고서 줄을 나누어서 춤을 추었다. 창을 가진 사람은 두 번 추고, 검을 가진 사람은 한 번 추는데 검의 자세가 자못 정밀하였고, 창을 쓰는 것도 모두 법도가 있었으니, 여러 춤 중에 이것이 가장 볼만하였다.

다음으로는 고오(古烏)를 연주하였다. 소화관(蘇花冠)에 여러 무늬의 수놓은 옷을 입고 녹색 옷자락을 끌며 칼을 차고 등 뒤에는 홀(笏)을 꽂은 사람 4인이 와서 춤을 추었다. 두 사람이 먼저 물러나 파리채 모양의 먼지떨이개를 가지고 오면, 두 사람이 받아서 춤을 추었다. 위 아래로 올렸다 내렸다 하는 것이 자못 법도가 있었는데, 모두 먼지를 떠는 뜻을 취한 것이며, 고려 악부라 한다.

다음으로는 감주(甘州)[134]를 연주하였다. 붉은 옷 입은 사람 4인이 오른쪽 어깨를 벗고, 안에는 흰색 비단의 수놓은 옷을 입고 권각모에 삽초하고 춤을 추는데, 악곡은 당(唐) 절감주(絶甘州)의 노래이다. 이것도 천보악(天寶樂)이라 한다. 다음으로는 임가(林歌)를 연주하였는데, 엷은 녹색 옷에 황백서(黃白鼠)를 수놓은 옷을 입고 꽃 옷자락을 끌고 봉황관을 쓴 4인이 춤을 추었다. 이것도 고려 악부라고 한다.

─────────────────────

수 역, 『일본연극사』 상, 5장 부가쿠 참조).
134) 당 현종(玄宗)이 만든 곡으로 '엔다시', 또는 '간슈엔'이라고도 한다. 감주는 감숙성(甘肅省)에 있는 지명이다(가와타케 시게토시 저, 이응수 역, 『일본연극사』 상, 5장 부가쿠 참조).

170

다음으로는 능왕(陵王)을 연주하였으니, 북제(北齊)의 난릉왕(蘭陵王) 소(蕭) 장공(長恭)의 파진악(破陣樂)이다. 장공의 용모는 매우 아름다워 위엄으로 적을 대할 수 없었으므로, 구리 가면을 쓰고 진중을 함락시키자 만여 명의 사람들이 피하였다. 금용(金墉)의 승전으로 그 위명(威名)이 크게 떨치게 되니, 제나라 사람들이 난릉왕 파진곡을 만들었고, 수나라 때에 연악(燕樂)을 지어 지금까지 전해왔다. 구리 가면은 매우 괴이하며 두 뿔과 흰 귀밑머리로 되어 있는데, 5·6백 년 전의 물건이라 한다. 춤추는 자는 단지 1인인데, 수를 놓은 붉은 갑옷을 입고 붉은 면사(綿絲)를 흩어 드리워 꾸몄고, 한 자 되는 길이의 비수(匕首)를 들고 뛰어 오르며 나아갔다 물러났다 하면서 날카롭게 찌르며 공격하는 형세를 취하므로, 가장 씩씩한 춤이라고 할 만하다. 북소리는 당당하고 피리소리는 엄격하니 모두 잘하는 악공이 아니면 할 수 없는 것이라고 한다.

다음으로는 납소리(納蘇利)135)를 연주하였는데, 춤추는 사람은 둘이었다. 푸른 나무 가면을 썼는데 두 어금니가 매우 길었고 눈동자가 튀어나왔으며 입을 크게 벌렸다. 채색 수를 놓은 푸른 갑옷에 푸른 금사(錦絲)로 장식하고 피리를 잡고 춤을 추는데 퉁소도 매우 힘이 있었다. 이것도 고려의 음악이다. 대개 고려악을 하는 사람 중에는 고려인 자손도 있다고 한다. 춤추는 절조는 대체로 온화하여, 옛날 아무(雅舞)에

---

135) '나소리'라고 하는데, 곡명이 한반도 지명에서 유래했다고 한다. 혼자 추는 것을 가쿠손, 둘이 추는 것을 소류노마이라 부른다. 가면은 긴 이빨이 있는 무서운 짐승 가면이다. 매우 활발한 춤으로, 용이 춤추는 모습을 무용으로 만든 것이다(가와타케 시게토시 저, 이응수 역, 『일본연극사』 상, 5장 부가쿠 참조).

가까웠다. 춤추며 뛰고 도는 것이 서로 어긋남이 없으니 대개 일반에서 사용하는 음악이 아니며, 교사(郊祀)136)에서 사용하는 것이다. 본래 왜경(倭京)에 있었으나, 사행을 위하여 옮겨 와 연습한 것이 이미 오래되었다. 악기나 복색도 새로운 것은 아니었지만 매우 화려하고 사치스러웠다. 춤이 파하고 나서 장경자곡(長慶子曲)을 연주하며 끝내니, 이는 춤이 없이 곡으로 끝나는 것이다.

인례가 삼사를 인도하여 헐청(歇廳)에 이르렀다. 조금 있다가 대목부(大目付)가 와서 뵈었다. 도주가 삼사에게 연청에 들어가기를 청하니, 곧 인례를 따라서 들어갔다. 관백이 있는 전의 제2층에는 발을 치고, 제3층에 삼사와 도주가 마주하여 앉았다. 집정 정이(井伊) 소부두(掃部頭) 직해(直該), 토옥(土屋) 상모수(相模守) 정직(政直), 추원(秋元) 단마수(但馬守) 교지(喬知), 대구보(大久保) 가하수(加賀守) 충증(忠增), 정상(井上) 하내수(河內守) 정잠(正岑), 아부(阿部) 풍후수(豊後守) 정교(正喬), 간부(間部) 월전수(越前守) 전방(詮房), 본다(本多) 중무태보(中務太輔) 충륭(忠隆) 등 8인이 들어와서 서로 읍하고 앉았다. 도주를 시켜 말을 전하여 이르기를, "국왕이 사신을 위하여 음악을 베풀었으니, 과연 볼만한 것이 있었습니까? 바야흐로 연례를 베풀었으니 마음 편히 받아 즐기십시오." 하였다. 삼사가 예에 따라 감사의 말로 답하고 일어나 읍하고 나갔다. 장로 2인이 들어와 앉았는데, 검은 옷을 입은 사람은 벼슬이 높은 자였다. 잔을 드리고 세 번 주고받은 후에 계속하여 밥을 내오기에 받들고서 파하였다. 꽃상과 찬품은 전에 비하여 자못 나았다.

---

136) 천자(天子)가 교외에서 하늘과 땅의 신에게 제사하는 것. 동지(冬至) 때 천자가 남교(南郊) 밖에 가서 하늘에 제사지내고 하지(夏至) 때 북교(北郊) 밖에 가서 땅에 제사지낸다.

자색 옷을 입고 자색 끈을 한 사람 여러 명이 나란히 기둥 밖에 앉아 있다가 상을 물린 후, 집정 2인이 또 들어와 도주와 함께 술잔을 주고받았다. 삼사가 감사한다는 뜻으로 도주가 말을 하니, 집정이 가서 국왕에게 품(稟)하였다. 상상관이 내헐청 위에 앉고 다음으로 중관과 하관이 각각 그 자리에 앉으니 잔치를 베풀었는데, 각각 연회를 주관하는 관원이 있었다. 연회를 끝내고 파하여 나오자, 도주 이하가 무사히 연회를 끝내어 감사함을 이기지 못하였다. 돌아올 때 비바람이 크게 일어나서 왜인이 일행에게 우구(雨具)를 주었다. 초경쯤 숙소에 도착하니, 도주와 두 승려가 사람을 보내어 문후하였고, 두 관반도 와서 문후하였다.

초4일 기축

아침에 흐리다가 저녁 늦게 맑음.

관백이 마상재를 보고자 하여, 나와 삼당상과 병비(兵裨) 3명이 인솔하고 갔는데, 삼행 중방(三行中房)·이마(理馬)·소통사(小通事) 4명도 따라 갔다. 관백의 후원 왼쪽 편에 돌단을 쌓았는데, 높이는 여러 장(丈)이고 넓이는 수백 칸에 이를 만하였다. 위에는 판옥을 만들어서 자색의 비단 장막과 금 병풍을 쳤다. 관백이 나와 앉으니 좌우에 모시는 자가 무려 수천이었다. 깃과 창을 열지어 세우고 흰색 장막을 친 것이 앞뒤 몇 리(里)에 걸쳐 있었는데, 말 달리는 길은 넓고 평탄하여 마치 자리를 깔아놓은 것 같았다. 국왕이 술과 안주를 많이 보내어서 권하니, 마재 두 사람이 각양의 기예를 다 펼쳤다. 오후에 파하여 돌아왔다.

초5일 경인

비와 눈이 종일 번갈아 내림.

강호에 머물렀다. 삼당상이 삼사신의 사예단을 가지고 가서 3종실(宗室)인 수호(水戶)·기이(紀伊)·미장(尾張) 등의 중납언(中納言)에게 주었더니, 중납언 등이 즉시 회사하였다. 주정(酒井) 수리대부(修理大夫)가 기러기 두 마리와 밀감 1광주리를 바쳤다. 원여가 술을 가지고 와서 삼사신을 뵙고 종일 필담(筆談)을 나누다가, 밤이 깊은 뒤에야 파하여 돌아갔다. 그 문재(文才)가 매우 볼만하였다.

초6일 신묘

비가 내림.

식후에 삼사 이하가 비를 무릅쓰고 도주집에 나아가니 7, 8리쯤 되었다. 담 밖에 바닷물을 끌어들여 해자를 만들었고 집은 넓고 사치하였으며, 제도가 관백궁전의 사치함과 같았으나 넉넉함은 없었다. 어제 마재를 보았을 때 담 안에서 말을 달렸으니, 그 넓고 긴 것을 알 만하다. 도주와 장로가 인도하여 정당에 들어갔는데, 일행이 절하는 예나 연회를 베푸는 등의 일을 마도에서의 예와 같이 하였다. 연회가 파한 후 삼사에게 헐청(歇廳)으로 들어가기를 청하여 조금 쉬었다. 또 술 쟁반을 내오는데, 모두 금은 그릇을 사용하였다. 봉행 등이 와서 고하기를, "도주의 친족 등당(藤堂) 화천수(和泉守) 등원고민(藤原高敏), 송평(松平) 비전수(備前守) 원정구(源正久), 영정(永井) 비후수(備後守) 장전직영(長田直永), 귀정(龜井) 능등수(能登守) 원자장(源滋長) 등 4인이 왔으니, 이는 삼사신 뵙기를 청하고자 하는 것입니다." 하기에, 다시 내당(內

堂)에 들어와 서로 읍하고 앉았다. 예에 따라서 수작하고 다례(茶禮)를 행한 후 파하였다.

　이어 정당(正堂)을 나와 놀이를 보았다. 잡희(雜戲)는 연소(年少)하고 아름다운 자 2인이 채색 옷을 입고 정재(呈才)하는데, 마치 원숭이 같이 재빠르고 민첩하였다. 그러나 번갈아 연주하는 노래와 관악기는 듣기에 매우 해괴하였다. 인형을 많이 만들어서 번갈아 나와 춤을 보이며 훈련받은 원숭이를 끌고 나오는데, 그 크기가 2세 된 아이 같았다. 4, 5마리가 모두 채색 옷을 입고 날뛰며 빙 돌면서 춤을 추는 모양이 매우 기괴하였다. 모두 파하자 다시 내당에 들어왔다. 도주가 삼사에게 잔을 돌리기를 청하고 이어 찬을 내어 오도록 명하니, 찬품이 심히 아름답고 꽃상도 매우 화려하며 사치하였다. 도주와 두 승려가 각각 술잔을 돌려 마시기를 청하였다. 9잔을 돌린 후 파할 무렵 또 1배를 행하였다. 밤이 깊은 후에야 파하여 돌아왔다.

　관반 등이 문후하였다. 도주가 사람을 보내어 문후하고 아울러 꽃상을 보냈다. 국왕 사신 지대관이 또 일행이 쓸 이불과 요를 보냈는데, 대판에 머무르고 있는 선군과 격졸에게까지 모두 주어 막 짐을 실어 보냈다고 하니, 이것도 전에 없었던 일이라고 한다. 화천수(和泉守)가 삼중을 바쳤다.

초7일 임진
흐림.
강호에 머물렀다. 관반 등이 문후하였다. 사시(巳時, 오전 9시~11시)에 국왕이 사자 경극(京極) 대선대부(大膳大夫) 원고무(源高茂)를 보내어 술과 찬 및 차를 하관에 이르기까지 전해 주었으니 이는 전에 없던 일이다. 관반이 도주를 인도하여 들어오니, 삼사가 맞이하여 들어와 전의 의례대로 예를 행하였다. 보낸 물건들은 정청(正廳)에 나열하여 두었는데, 사상이 엎드려 받았다. 상상관 이하 차관에 이르기까지는 모두 물건이 나열되어 있는 곳 앞에서 두 번 절하였다. 사자가 국왕의 명으로 위문하니, 삼사는 예에 따라 감사하다는 답을 하였다. 삼다(蔘茶)를 한 순배 행하고서 파하였다.

오후에 도주가 자기의 친족들이 모두 자기 집에 모였다고 하면서 마상재 보기를 청하여, 요청에 따라 보내주었다. 관반 이두수(伊豆守)가 밀감 1광주리와 기러기 2마리를 삼사와 삼당상께 바쳤다. 선석(仙石) 단파수(丹波守)가 문후하였으니, 이는 곧 수리대부(修理大夫)의 아비이다. 처음에 관반으로 정해졌으나 병이 있어서 그 아들이 대신하였다고 한다.

초8일 계사
맑음.

강호에 머물렀다. 두 관반이 문후하였다. 연장로가 일광산(日光山) 팔경도(八景圖)를 정사상께 보내고 시를 구하였다.

초9일 갑오
흐림.

강호에 머물렀다. 삼사신이 각처에 사예단(私禮單)을 마련하여 주었는데, 여러 곳에서의 연향과 문위와 관반은 모두 지난 사행에서 없던

일이기 때문이다. 지급한 예단은 명목(名目)이 매우 많았고, 건량과 잡
물도 그에 맞추어서 충분히 주었다.

초10일 을미

아침에는 비가 오다가 저녁 늦게 맑음.

강호에 머물렀다. 관반 연장로가 문후하였다. 관백이 나이 많은 화사
(畵師)를 보내어 와서 삼사신을 뵈었으니, 모두 사신의 화상(畵像)을
그리려는 뜻에서 나온 것이라 한다. 지난해에 감옥(甘玉)이 교간(交奸)
한 일로[137] 묘당(廟堂)에서 사행에 분부하여 약조(約條)를 정하게 하였
는데, 연일 논란하다가 오늘 비로소 약조를 정하였다. 관왜(館倭)가 관
소(館所)를 나와 강간하는 것은 일죄(一罪)로[138] 논단하며, 화간(和奸)
한 자 및 강간하려다가 이루지 못한 자는 영구히 먼 곳에 유배하고,
여인이 스스로 관소에 들어가 간음한 것은 그 다음의 죄율을 시행하는
것으로 처리하였다.

11일 병신

맑음.

---

137) 숙종 33년(1707)에 발생한 사건으로, 조선의 여인 감옥(甘玉)이 초량의 왜
　　관(倭館)에 몰래 들어가 왜인과 교간(交奸)하다가 발각되어 감옥 자신과 공
　　모자 송중만(宋仲萬)이 효시되었다. 이러한 교간 사건에 대해 조선에서는
　　엄한 형벌로 처형하며 금지하려 하였지만, 일본측에서는 이와 같은 율(律)
　　을 적용시키지 않아 양국간에 외교문제로 비화되었다.
138) 십악(十惡), 즉 모반(謀反)·모대역(謀大逆)·모반(謀叛)·악역(惡逆)·부도
　　(不道)·대불경(大不敬)·불효(不孝)·불목(不睦)·불의(不義)·내란(內亂)
　　등에 해당되는 중죄(重罪). 이 죄는 특사(特赦)에서도 제외되고 반드시 복
　　주(伏誅)되었다.

묘시(卯時, 오전 5시~7시)에 삼사 이하가 공복을 갖추고 관백의 궁에 나아가 회답 국서를 받았다. 모든 예절은 한결같이 전명(傳命)한 날에 한 것과 같았다. 정청(正廳)에 탁자를 두고 종이 조각에 은자(銀子) 1매(枚)라고 써서 나란히 쟁반에 붙여 놓았는데, 삼사 이하 하관에 이르기까지 각각 해당 수를 쓰고 표를 붙였다. 삼사 이하가 자리를 옮겨 엎드렸다가 일어났다. 회송하는 예폐(禮幣)는 별청(別廳)에 늘어놓았다. 삼사 이하 중관에 이르기까지 모두 들어가 살펴 본 후 그대로 즉시 나오니, 인례와 관반·도주가 모두 읍하며 전송하였다.

오후에 숙소에 돌아오니 도주가 뒤따라 와서 문후하고 갔으며, 관반 등도 문후하였다. 국서를 열어 보니 글에는 특별히 고칠 만한 곳은 없었으나, '감(感)'자의 아래에 중종대왕 어휘(御諱)를 범하였고, 겉봉을 쓰는 방식에도 전례에 어긋난 곳이 있었다. 그러므로 도주에게 통지하여 고쳐서 보내도록 하였다.

삼사에게는 각각 은자(銀子) 500매, 면자(綿子) 300파(把), 상상관에게는 각각 은자 200매, 상판사에게는 각각 은자 50매, 제술관에게는 은자 30매, 상관과 차관 모두에게는 은자 500매, 중관 등에게는 합하여 은자 500매, 하관 등에게는 합하여 은자 500매였다. [1매는 곧 4냥 3전이다.]

12일 정유

비.

강호에 머물렀다. 두 관반이 문후하였다. 식후에 국왕이 사자인 품천(品川) 풍전수(豊前守) 원이씨(源伊氏)를 보내어 숙소에 이르러 문위하며 이르기를, "일을 마치고 돌아가려 하니 매우 서운하다 할 만하다. 이에 사자를 보내어 문위하고 또 연례를 베푼다."고 하였다. 삼사가 예에 따라 감사하다는 답을 하고 삼다(蔘茶)를 한 순배 행하고서 파하였다. 밖으로 나가 도주 및 두 장로와 함께 마주 앉아 상마연(上馬宴)[139]을 받았다.

저녁에 삼당상을 여러 집정 등에게 보내어 문안하였다. 관백이 원여를 통하여 삼사의 필적으로 만수루(萬壽樓), 문상각(文祥閣), 회심처(會心處) 등의 편액 3장을 얻으려 하였으므로 삼사가 각각 써 주었다. 집정 이하의 회례단이 차례로 와서 도착하였다.

13일 무술

맑음.

새벽에 숙소에서 동지망하례(冬至望賀禮)[140]를 행하여, 멀리서 천세(千歲)의 축원을 올렸다. 강호에 머물렀다.

14일 기해

맑음.

강호에 머물렀다. 날이 저문 후 도주와 두 승려가 와서 말하기를, "지금 우리 국왕이 새로 즉위한 후에 모든 예절을 간편하게 변혁하는데 힘쓰고 있으므로, 이번 이 국서도 고쳐 보내기 어렵습니다."고 하였다. 삼사가 큰 소리로 힘써 다투어 말하기를, "우리들은 비록 이곳에서 죽

---

139) 사신이 출발할 때 베푸는 잔치.
140) 망하례는 경절(慶節)에 재외 사신이 임금이 있는 곳을 향하여 배례하던 예식으로, 이때에는 동지에 행하였다.

는다 해도, 결단코 나라에 돌아갈 수 없습니다. 이 뜻으로 다시 아뢰어 고쳐 주십시오." 하였다. 도주가 알았다고 하고 돌아갔다.

15일 경자

맑음.

새벽에 망궐례를 행하였다. 정사상은 집안의 기일 때문에 참여하지 않았다. 밤이 깊은 후에 도주가 또 와서 힘써 다투었으나 끝내 논정(論正)하지 못하였다.

16일 신축

맑음.

강호에 머물렀다. 이날은 당초 돌아가는 날로 정하였으나 국서의 일 때문에 늦추어야 하니 매우 괴롭고 답답하다. 들으니 일행의 노문(路文)을 미리 발송하였는데 일이 늦춰졌으므로 연로(沿路)에서 나와 기다리는 폐단이 매우 많아 왜인들도 괴롭게 생각한다고 한다.

17일 임인

맑음.

강호에 머물렀다. 국서의 일로 종일 다투고 힐난하였으나 논정하지 못하였으니 괴롭다.

18일 계묘

맑음.

강호에 머물렀다. 국서의 일로 종일 논란하다가 오후에 비로소 논정하였다. 초경쯤에 사자(使者) 능등수(能登守) 장복(長福)이 우리 국서를 받들고 와서 전하였다. 삼사가 공복을 갖추고 문밖에 나가 공손히 맞이하여 정청에 들어왔다. 공경히 받은 후 수역(首譯)을 시켜 복서함(復書函)을 가지고 오게 하여 정사가 사자에게 전하였다. 삼사가 문밖에 나가 전송하였다. 사자를 따라왔던 도주와 장로는 그대로 삼사와 함께 서로 모였다. 도주가 말하기를, "복서를 고친 것은 며칠 후 내보낼 것이니 염려하지 마십시오." 하였다.

도주가 마상재의 탔던 말을 얻고자 하니, 임술년(壬戌年, 숙종 8, 1682)의 예에 따라 주도록 허락하였다. 다례(茶禮)를 행하고서 파하였다. 이날 밤 국서를 고쳐 보내는 일로 장계를 써서 날쌘 사람 편에 부쳐 4일 만에 대판성에 도착해야 한다고 말하였다. 일행도 그 편에 집으로 편지를 써서 부쳤다.

회사록(回槎錄)

국서(國書)

봉복(奉復)

조선국왕전하서(朝鮮國王殿下書)

일본국왕 원가선(源家宣) 봉복(奉復) ['문명지보(文命之寶)'를 찍었다.]

사철의 기후가 고르고 날씨가 화창하여 때는 천지의 교태(交泰)141)
에 조화롭게 응하고 이웃이 대대로 화목하여 백년의 기쁨을 나누는데,
예폐(禮幣)가 이미 풍성하고 말씀이 또 아름다우시니 감사하고 기쁜
마음 [즙(戢)자로 고쳤다.]142)을 이루 다 말씀드릴 수가 없습니다. 적은
답례품을 돌아가는 사신 편에 부치오니 부디 선한 축원에 맞게 길이
두터운 복을 누리소서. 불비.

정덕(正德) 원년 신묘 11월 일 일본국왕 원가선

별폭 [갑옷 20부(副), 큰 칼 20파(把), 긴 칼 20조(條), 금 병풍 20대(對), 정
주자(廚子)143) 전부(全副) 1좌(坐)]

19일 갑진
맑음.

사시(巳時, 오전 9시~11시)에 일행이 강호에서 출발하여 동북로(東
北路)를 거쳐 도주의 집을 지난 다음 우회하여 길을 잡아 궁성을 돌아서
갔다. 북문을 거쳐 관백의 궁에 들어갔는데 후원의 산 언덕이 구불구불
하며 지세가 자못 높아 굽어보니 겹겹의 집들이 가득하여 틈이 없었다.
궁궐의 담은 나무 판으로 책(柵)을 만들고 돌을 쌓아 해자를 끌어들이
고 가운데에 큰 길을 열었으니, 관백이 어제 마상재를 볼 때에 새롭게

---

141) 음양이 조화되어 만물이 안태(安泰)함.
142) 처음에는 '감역(感懌)'이라고 되어 있었으나, '역(懌)'자가 중종(中宗)의 어
  휘(御諱)이므로 고쳐주기를 청하여 '즙(戢)'자로 고친 것이다. '감역'이나 '감
  즙'이나 모두 '감사하고 기쁘다'는 뜻이다.
143) 서적 등을 넣는 상자.

충옥(層屋)을 만들기 위한 것이었는데 지금은 이미 철거하고 고쳐서 길 왼쪽에 1층루를 만들었으니, 곧 관백이 오늘의 관광을 위하여 설치한 것이다. 동구(洞口)에는 긴 장막을 설치하여 병사를 숨겨 두고 누(樓)의 위아래에는 모두 발을 설치하였는데, 발 안에서 은은하게 비치는 금 채색의 옷을 볼 수 있으니, 모두 국왕과 후궁이 앉는 곳이다. 남문을 거쳐 성 밖으로 나가는데, 해자의 물이 깊고 넓었으며 새와 오리가 떠 있는 것이 마치 그림 속의 광경 같았다. 물가의 으리으리한 집들은 높은 문이 연달아 있는데 거의 10리나 되었다. 그중 집정 상모수의 집이 가장 광대하였다. 또 1성을 나가니 비로소 시장을 거쳐 가게 되었다.

신시(申時, 오후 3시~5시)에 품천(品川)에 도착하였는데, 관백의 사자가 이곳에 와서 문위하였다. 저문 후 불을 밝히고 50리를 갔다. 밤이 깊은 후 육향강(六鄕江)을 건너 하기(河崎) 숙소에 이르러 유숙하였다. 그곳에서 접대하는 일은 들어갈 때와 비교하여 조금도 소홀함이 없었고, 더욱 더한 바는 있지만 참(站)마다 이루 다 기록할 필요는 없다.

20일 을사

맑음.

식후에 출발하였다. 신시(오후 3시~5시)에 호총(戶塚)에 이르러 유숙하였다. 도주가 사람을 보내어 말하기를, "비록 어제 장계를 이미 부쳐 보냈으나 수로(水路)의 일은 알지 못하니 다시 1부를 써서 비선으로 다시 보냄으로써 완벽을 기하고자 합니다." 하였으므로, 그 말에 따라 또 1통을 베껴 써서 부쳐 보냈다. 밤이 다하도록 베껴 쓰는 일로 바빠 집으로 편지를 부치지 못하였으니 한탄스럽다.

21일 병오

맑음.

날이 밝기 전에 출발하여 낮밥을 대의(大礒)에서 먹었다. 저녁에 소전원(小田原)에 이르러 유숙하였다.

22일 정미

맑음.

새벽에 출발하였다. 상근령(箱根嶺)을 올라 잠시 길옆의 다옥에서 쉬었다. 충충의 폭포와 푸른 숲이 사랑스러웠다. 점심 후 삼도(三島)에 도착하여 유숙하였다.

23일 무신

맑음.

새벽에 출발하여, 길원(吉原)에서 점심을 먹었다. 초저녁에 청견사(淸見寺)에 들어서 올라 바라보니, 사찰이 큰 바다에 임해 있어서 시야가 탁 트였으나, 날이 저물어 다 감상하지 못하였으므로 한스럽다. 노승(老僧) 지안(芝岸) 장로가 맞이하여 삼사를 뵈었는데 잠깐 말하기를, "절 안에 정미(丁未) 사신의 현판이 있습니다." 하였다. 2경쯤 강고(江尻)에 이르러 유숙하였다.

24일 기유

맑음.

새벽에 출발하였다. 도주가 선도하여 준하주(駿河州)에 이르러, 길옆의 화양원(華陽院)에 들어갔다. 삼사 이하는 공복을 갖추고 보태사(寶泰寺)에 들어갔다. 관반인 옥방(玉方) 단후수(丹後守) 원풍의(源豊義), 일류주세월지(一柳主税越智) 직장(直長), 석하장인(石河藏人) 원정귀(源貞貴)가 문밖에 나와 공손히 맞이하였다. 오후에 강호의 사자 황산(皇山) 하총수(下總守) 원의녕(源義寧)이 와서 문위하였다. 도주와 장로가 들어와 연향례를 베풀었다. 파하고 나서 세 관반과 정봉행(町奉行) 수야소좌위문위(水野小左衛門尉) 원의수(源義守)가 들어와 뵈었는데, 세 관반은 모두 새로 임명되었다고 한다. 삼다(蔘茶)를 행하고서 파하였다. 세 관반이 각각 홍시, 밀감, 황귤을 바쳤다.

저녁에 아부천(阿部川)을 건넜다. 아부천을 건널 때 부축하며 호위하는 군인들이 거의 수백 명에 이르렀다. 우도령(宇都嶺)을 넘어 초경에 등지(藤枝)에 도착하여 유숙하였다. 내등 기이수 일신(一信)이 밀감을 바쳤고, 또 숙소에 이르러 문후하였다.

25일 경술

맑음.

새벽에 출발하여 대정천(大井川)을 건넜다. 대정천의 물이 갈 때에 비해 크게 줄었으나, 사납고 급한 것은 오히려 심하였다. 1,000명의 인부가 물 흐름을 끊고 건너는 것을 보호함이 한결같이 갈 때와 같았다. 점심을 금곡(金谷)에서 먹었다. 산성수(山城守) 장관이 귤을 바쳤다. 신시(申時, 오후 3시~5시)에 현천(懸川)에 이르러 유숙하였다. 산성수가 또 귤을 바쳤다. 도주와 두 승려가 사람을 보내어 문후하였으므로, 김명중(金明仲)을 시켜 회사하였다.

26일 신해

지난밤 큰비가 내려 아침에 잠깐 그쳤다가 저녁 늦게야 맑음.

새벽에 비를 무릅쓰고 출발하여 견부(見付)에 이르러 점심을 먹었다. 송평(松平) 백기수(伯耆守) 종준(宗俊)이 큰 귤을 바쳤다. 천류하(天流河)를 건너니 평야가 광활한데, 하늘이 개어 앞이 탁 트였다. 청반(靑盤)을 돌아보니 산의 색깔이 저물녘 구름과 남아 있는 눈 사이에서 아득하다. 사상이 멈추어 길옆의 다옥에서 잠시 쉬고 갔다. 초저녁에 빈송(濱松)에 이르러 유숙하였다. 백기수(伯耆守)가 또 만두 1절(折)을 바쳤다.

27일 임자

맑음.

인시(寅時, 오전 3시~5시)에 출발하였다. 금절하(今絶河)에 아직 도착하지 않았는데, 도주의 청에 따라 잠시 마을 집에서 쉬었다. 배에서 정리할 짐들을 먼저 보낸 후에 드디어 강을 건넜다. 황정(荒井)에서 점심을 먹었다. 토정(土井) 산성수(山城守) 이의(利意)가 배와 귤 1광주리를 바쳤다. 초저녁에 불을 켜고 길전(吉田)에 이르러 유숙하였다. 목야 태학(牧野太學) 성앙(成央)이 귤 바구니를 바쳤다.

28일 계축

맑음.

새벽에 출발하여 적판(赤坂)에서 점심을 먹었다. 태학(太學) 성앙(成央)이 또 귤 바구니를 바쳤다. 신시(申時, 오후 3시~5시)에 강기(岡崎)에 이르러 유숙하였다. 수야감물(水野監物) 충지(忠之)가 밀감을 바쳤다. 도주가 사람을 보내어 문후하고 또 향고(香膏)를 바쳤으므로, 사상이 김대재(金大材)를 보내어 회사하였다.

29일 갑인

그믐. 비와 눈이 종일 번갈아 내림.

새벽에 비를 무릅쓰고 출발하였다. 지리부(知鯉鮒)를 지나 명해(鳴海)에 이르러 점심을 먹었다. 미장(尾張) 중납언(中納言) 원길통(源吉通)이 사람을 보내어 문후하고 배와 귤을 바쳤다. 신시(申時, 오후 3시~5시)에 명호옥(名護屋)에 이르러 유숙하였다. 미장수(尾張守)가 또 삼중을 바쳤다. 초경쯤에 도주와 두 승려가 와서 연향을 베풀었는데, 한결같이 갈 때와 같았다.

12월 큰 달

초1일 을묘

아침에 비 오고 저녁에 맑음. 가장 추웠으며 바람이 불었음.

새벽에 숙소의 뜰에서 망궐례를 행하였다. 어제 저녁 내가 지대, 봉행 등에게 말하기를, "지금 비와 눈이 이같이 크게 쏟아지는데 내일 새벽에도 개지 않으면 초하루 망궐례를 못 지낼 것입니다. 그렇다고 어떻게 지나서 행하겠습니까?" 하였더니, 봉행 등이 답하기를, "괘념치 마시고 속히 영을 내리십시오." 하였다. 그러므로 사상께 들어가 고하고 예에 따라 영을 내렸다. 오늘 새벽에 이르러 보니 뜰에 거의 100칸에 이르는 판옥을 만들었는데, 그 반듯하고 정묘함이 낮에 만드는 것보다 배가 되니, 이 나라의 기예 수준이 대단함을 알 수 있다.

새벽에 출발하였다. 미장수(尾張守)가 삼중과 술통을 보냈다. 길옆의 다옥이 두 곳 있었는데, 첫 번째 다옥은 다만 가마꾼을 바꾸고 담배필 수 있도록 한 곳이었다. 두 번째 다옥에 이르러서는 일행도 잠시 쉬면서 따뜻한 술을 조금 마시고 출발하였다. 기천(起川) 전창사(全昌寺)에서 점심을 먹었다. 미장수가 귤 바구니를 보냈다. 기천(起川)·소웅천(小熊川)·묵우천(墨侯川)·좌도천(佐渡川) 등의 주교를 건너 불을 밝혀 대원(大垣)에 들어갔는데, 초경이 아직 안되었다. 호전 채녀(戶田 采女) 정씨정(正氏定)이 감과 귤을 바치고, 또 숙소에 이르러 문후하였다. 이 날 밤 큰 눈이 거의 한 자나 왔다.

초2일 병진

아침에 맑다가 저녁에 눈이 옴.

새벽에 출발하여 금차(今次)에 이르러 점심을 먹었다. 성정(醒井) [길옆에서 샘이 솟는데, 취한 사람이 한번 마시면 즉시 깬다고 한다.]을 지나 접침판(摺針坂)의 세 고개를 넘는데, 고개가 높고 진흙이 미끄러워 가마꾼이 번번이 넘어졌다. 고개 위에 좌우로 화려한 등을 나열하여 놓았으니, 이것은 다른 참에서는 없던 일이다. 초경쯤 좌화산(佐和山)에 이르러 유숙하였다. 정이(井伊) 소부두(掃部頭)가 귤 바구니를 바쳤다. 연장로가 문후하였다.

초3일 정사

맑음.

새벽에 출발하였다. 70리를 가서 팔번산(八幡山)에 이르러 점심을 먹었다. 시교(市橋) 하총수(下總守) 신직(信直)이 황감을 바쳤다. 이 참은 가장 멀어 굶주림과 피곤함이 자못 심했다. 저녁에 삼산(森山)에 이르러 유숙하였다. 하총수(下總守)가 와서 문후하였다. 화천수(和泉守)가 지제(枝梯) [즉 곶감이다.]를 바쳤다.

초4일 무오

맑음.

지난 밤 도주가 사람을 보내어 말하기를, "내일 대불사(大佛寺)에 들리고자 합니다. 축시(丑時, 오전 1시~3시)에 먼저 출발할 터이니, 인시(寅時, 오전 3시~5시)에는 꼭 출발하시기 바랍니다." 하였으므로, 그 말에 따라 출발하였다. 새벽에 초진(草津)을 지나는데, 다옥에 본다(本多) 은기수(隱岐守)가 사람을 보내어 술과 안주를 장만해 두었기에 사상이 가마를 멈추고 조금 마셨다. 비파호(琵琶湖)를 지나는데 눈이 온 뒤의 개인 경치가 더욱 기이하였다. 두 개의 무지개다리를 건너 대진(大津) 숙소에 이르러 점심을 먹었다. 곡(谷) 파마수(播摩守) 조빙(照憑)이 와서 문후하고 또 단파(丹波)의 밤 1광주리를 바쳤는데, 그 크기가 아이 주먹만 하였다.

대불사에 도착하니, 도주와 장로가 먼저 도착하여 맞이하여 절에 들어갔다. 절의 건물은 넓고 멋있었으며, 암석으로 사면을 쌓았는데 섬돌 높이가 한 장(丈)을 넘었다. 문에는 층루를 설치하였고, 대불이 앉은 곳도 층옥(層屋)으로 되어 있었다. 기둥이 모두 사방에서 둘러싸는데 높이가 십수 장(丈)이었고, 땅에는 돌 벽돌을 깔았다. 부처의 높이는 특별히 크고 좌대의 높이도 거의 8, 9장이어서, 비교할 것이 없을 만큼 참으로 기이한 광경이다. 또 불전(佛殿)이 하나 있는데, 33칸의 건물이라 한다. 3만 3,333개의 금 부처가 나란히 섰는데, 그중 한 부처가 가장 크다. 도주와 장로가 맞이하여 들어가 잠시 대화하였다. 관백의 명으로 술과 안주, 떡과 과일을 보내주었는데 일행에게 골고루 돌아갈 양이었다. 도주가 또 술과 찬과 꽃상을 마련하여 3번 마시고서 파하였다. 중관과 하관도 대접하였으며, 또 삼중을 바쳤다. 두 장로도 과자 1상자를 바쳤다.

저녁에 오조정(五條町)의 대판교(大坂橋)를 지났다. 날이 저물 때에 왜경 본국사(本國寺)에 들어갔다. 관반인 본다(本多) 은기수(隱岐守) 강경(康慶)이 공손히 맞이하여 들어갔다. 밤에 또 문후하고, 밀감 1바구니, 기러기 2마리를 바쳤다. 정봉행(町奉行) 등도 와서 문후하였다. 이 날 밤 지진이 크게 일어났다.

초5일 기미

맑음.

왜경(倭京)에 머물렀다. 관반인 정봉행 등이 와서 문후하였다. 서경윤(西京尹) 송평(松平) 기이수(紀伊守) 신용(信庸)이 사람을 보내어 문후하고 만두 1대절(大折)을 바쳤으므로, 두 수역(首譯)을 시켜 사신 사예단을 서경윤의 처소에 보냈다. 도주와 장로가 사람을 보내어 문후하였으므로, 사상이 즉시 최안국(崔安國)을 보내어 회문하였다. 저녁에 도주가 봉행 등을 시켜 와서 모레 연회를 베풀고 3일 후 출발하겠다는 뜻으로 고하고 갔다.

초6일 경신

맑음.

왜경에 머물렀다. 관반인 정봉행이 문후하였고, 도주가 사람을 보내어 문후하였다. 본국사의 주지 승려 법교(法橋)가 낭탕초(莨菪草) 1상자[즉 담배이다.]를 바쳤다.

초7일 신유

새벽에 비가 오고, 낮에 약간의 눈이 내림.

왜경에 머물렀다. 오후에 강호 사자 건부(建部) 내필두(內匹頭) 원정우(源政宇)가 와서 관백의 명으로 노고를 위로하고 연향을 베풀었다. 내일 출발은 사시(巳時, 오전 9시~11시)에 하는 것으로 정하였다. 들으니, 왜황이 구경하고자 하여 조금 늦게 잡은 것이라고 한다. 문위사를 일찍이 기이수(紀伊守)로 정하여 보냈는데, 마침 병이 있어서 이 사람을 뽑아 보낸 것이었다. 준하(駿河)의 관반 3인과 이 사자는 모두 새로 임명한 자들이므로, 사예단(私禮單)을 또 내어 주었다. 건량(乾粮)이 고갈되었을 뿐만 아니라 미봉하는 일도 많으니, 또한 장차 이날 이후의 폐단이 매우 염려된다. 든건대 왜황 원경인(源慶仁)이 9세에 황위(皇位)를 물려받아 올해 11세가 되었는데, 사행 왕래시에 번번이 반드시 나와서 구경하고자 하므로, 매번 왜경에서 출발하는 날이면 도주가 반드시 늦게 나가기를 청하는 것도 모두 이 때문이었다.

초8일 임술

맑음.

아침에 재판 구미우위문(久米右衛門)이 아들의 병 때문에 뒤에 남게 되었으므로 그 임무를 바꾸었다. 이 때문에 고별하자 삼사가 불러서 보았는데, 약으로 쓸 삼(蔘)을 구하므로 허락하고 나도 납약(臘藥) 여러 종을 주었다.

사시(巳時, 오전 9시~11시)에 도주가 선도하여 사상 이하는 모두 공복을 갖추고 관반과 읍하고 작별한 후 출발하였다. 실상사(實相寺)에 이르러 편복으로 갈아입고 오후에 정포(淀浦)에 이르러 점심을 먹었다. 단파수(丹波守) 광통(光通)이 배와 밤, 귤을 바쳤다. 선창에 이르니 갈 때 탔던 고운 색채의 누선(樓船)이 또 정돈하여 기다리고 있었다. 드디어 육지를 떠나 배에 오르니 지대인(支待人)이 갈 때와 같이 술과 안주를 바쳤다. 도주가 사람을 보내어 밤에 가야 한다고 하니 삼사가 허락하고, 저녁밥을 먹은 후 그대로 배 위에서 묵었다. 새벽에 일어나 물으니 밤에 이미 대판 근처까지 흘러 내려와 몇 리 못미쳐서 배를 멈추었다. 청산(青山) 하야수(下野守) 충중(忠重)이 귤 광주리를 바쳤다.

왜경에서 정포에 이르는 길에는 용골거(龍骨車)가 많이 있었다. 사상이 가마를 멈추고 두 사람을 시켜 돌리게 하여 물을 떠내니, 마치 홍수처럼 터져 노력은 적게 들이면서 이익은 큰 것을 볼 수 있어서, 삼사가 크게 기묘하게 여겼다.

초9일 계해
맑음.

사시(巳時, 오전 9시~11시) 말에 대판(大坂) 선창에 도착하여 정박하였다. 선장·사공들이 와서 알현하고 말하기를, "배는 무사합니다." 하니 다행이다. 숙소에 이르자, 관반이 전의 의례대로 공손히 맞이하였다. 숙소에 머무니 즉시 문후하였다. 이예수(伊豫守) 뇌은(賴殷)도 사람을 보내어 문후하였다.

들으니 강호(江戶) 출발시 봉한 장계가 24일 이곳을 지났으며, 호총(戶塚)에서 봉한 장계는 26일 이곳을 지났는데 모두 즉시 비선(飛船)에 보내어 부쳤다고 한다. 복서(復書) 고친 것도 저녁에 이미 들어와서 사자 2인이 와서 도주에게 전하였다고 한다. 도주와 장로가 문후하였다.

초10일 갑자

맑음.

대판성에 머물렀다. 관반이 와서 문후하였다. 실진(實津)의 참관(站官) 식부대보(式部大輔) 정방(政邦)이 탐후(探候)를 보내고 아울러 고사리 지 1통, 비자(榧子) 1상자를 바쳤다. 도포(韜浦)의 지대관 비중수(備中守) 정방(正邦)이 탐후를 보내고 아울러 건재(乾材) 1상자를 바쳤다. 오후에 도주와 두 승려가 와서 숙소에서 뵙고, 육로에서 무사히 돌아오셨다는 뜻으로 서로 축하하고 갔다.

11일 을축

맑음.

대판성에 머물렀다. 관반이 문후하였다. 오후에 강호의 사자 토기(土岐) 이예수(伊豫守) 뇌은(賴殷)이 나와서 관백의 명으로 위로하였다. 삼다(蔘茶)를 한 순배 행하고서 파한 뒤 이어 연향을 베풀었다. 지대관

이 관백의 명으로 술과 찬을 6척의 뱃사람들에게 보내어 주었으니, 이
것도 전에 없던 일이라 한다.

12일 병인

흐림.

대판성에 머물렀다. 두 수역(首譯)을 보내어 삼사신의 사예단(私禮
單)을 이예수(伊豫守)에게 전하여 주었다. 삼사가 나를 시켜 각처에서
회례(回禮)한 비단을 사행 일행에게 나누어 주게 하였는데, 격군에 이
르기까지 차등 있게 하였다. 관반이 문후하였다.

오후에 마도에서 서울의 편지가 왔는데, 급히 열어 보니 부사와 종사
관 두 사신 댁에서 8월 23일 보낸 편지로 평안하다는 글이었다. 일행
중에는 혹 편지를 받은 사람이 있으나 우리 집에서 보낸 편지는 없으니
몹시 서글펐다. 이날 비선 편에 장계를 써서 부쳤는데, 나도 집으로
편지를 써서 부쳤다.

13일 정묘

비와 눈이 번갈아 내림.

대판성에 머물렀다. 국왕이 상으로 준 은이 모두 3,980매 [1만 3140냥
이다.]였는데, 숙소에 가지고 와서 바쳤다. 이번에는 국왕이 보은(寶銀)
이 현재 조선에 통행되지 않으니 쓸모없는 물건으로 주는 것은 사리에
맞지 않다고 여겨 특별히 새로 주조한 것으로 주었는데, 그 품(品)이
전에 사용한 팔성(八星)의 은과 크게 달랐다.[144] 나와 삼당상과 삼행의

------

144) 당시 일본에서는 은화(銀貨)를 매매의 수단으로 사용하였으나, 점차 은의

병비(兵裨)가 함께 밤새도록 일일이 계산하여 양을 헤아려 나누어 주었다. 삼사의 1,500매는 삼행의 건량(乾粮)을 운송하였던 사람을 시켜 마도에 보내 처리하게 하였으며, 상상관은 600매를 4당상이 나누어 가지고, 150매는 3상판사가 나누어 가지며, 30매는 제술관이 가졌다. 500매는 상관과 차관 45원이 나누어 한 사람당 47냥 7전 7푼 7리씩을 가졌다. 500매는 중관 170인에게 나누어 주어 사람마다 12냥 6전 4푼 7리씩 돌아갔는데, 사람마다 1전 4푼 1리씩을 덜어 내어 중관의 수에 준하여 삼행의 흡창(吸唱, 심부름하는 하인) 6명에게 더해 주었다. 이것도 전례라 한다. 또 500매를 하관 274명에게 나누어 주어 사람마다 7냥 8전 4푼 6리 6호인데, 또 100매를 나누어 마재 두 사람에게 주었다. 또 100매는 거느리고 갔던 관인 중에 나누어 주어서 상상관 3원, 상관 4원이 각각 10매를 가졌다. 그 나머지 30매는 중방(中房), 소통사, 소동(小童) 및 사령(使令) 등에게 나누어 주었다. 나머지 6냥 4전 5푼은 마도에 도착한 후에 삼사의 분부에 따라 삼행 도훈도(都訓導)에게 나누어 줄 것이다.

14일 무진

바람이 차다.

대판성에 머물렀다. 오후에 도주가 사람을 보내어 문후하였다. 그리고 내일 출발할 때 잠시 자기 집에 들러 가기를 청한다고 말하였다.

생산이 감소되어 여러 번 은화를 고쳐 만들어 그 분량을 줄였는데, 8성으로부터 6성까지 하다가 또 5성으로 줄여 그 이름을 보은(寶銀)이라 하고 온 나라에 통용하였다고 한다(임수간, 『동사일기』, 선래(先來)를 시켜 장계할 때의 별단 서계). 8성은 순도 80%의 은을 말한다.

대개 물가에 도주의 집이 있는데, 전부터 사행이 모두 들러 갔으므로 이러한 청을 한다고 한다. 연장로가 사람을 보내어 문후하며 내일 마땅히 배 위에서 절하며 이별할 것이라고 하였다. 아마도 이제부터는 뒤에 남기 때문일 것이다.

저녁에 정사상이 갑자기 감기를 앓으셨는데, 추위를 무릅쓰고 떨며 이동하기 때문이었다. 이때에 급히 동편탕제(童便湯劑) 등의 약을 썼더니 2경 무렵 조금 나으셨다. 이때 일행이 모두 모여 황급하였던 상황을 어찌 말하겠는가. 도주와 관반, 두 승려가 듣고 즉시 와서 문후하였다.

15일 기사

맑음. 바람이 차고 몹시 급함.

대판성에 머물렀다. 새벽에 망궐례를 행하였으나 정사상은 병 때문에 불참하였다. 이날 배를 타기로 정하였는데, 정사상의 병환 때문에 출발할 수 없으니 근심과 답답함을 금할 수 없다. 도주와 관반이 와서 문후하였고, 이예수와 연장로가 사람을 보내어 문후하였다.

16일 경오

맑음.

대판성에 머물렀다. 도주가 사람을 보내어 문후하였고, 아울러 삼중과 술통을 바쳤다. 연장로가 사람을 보내어 문후하였다.

17일 신미

맑음.

대판성에 머물렀다. 정사상의 병환이 조금 차도가 있었다. 도주가 사람을 보내어 문후하였다. 관반과 연장로가 와서 문후하였다.

18일 임신

맑음.

관반 정봉행(町奉行)이 와서 문후하였다. 진시(辰時, 오전 7시~9시)에 출발하며, 관반과 더불어 문밖에서 읍하며 작별하였다. 도주의 집에 갔더니 도주와 장로가 맞이하여 들어가 술과 과일을 베풀었다. 세 번 마시고서 파하였으니 또한 전례이다.

드디어 선창에 나아가 누선(樓船)에 올랐다. 나는 이 대감의 배에 탔는데, 그 배를 주관하는 자가 필적(筆跡)을 청하였기 때문이다. 하구(河口)에 이르러 연장로가 뒤따라 도착하여 배에서 작별하면서 눈물을 흘렸다. 우리 배에 옮겨 타니, 마음은 이미 집에 돌아간 듯하다. 그러나 오후에 서풍(西風)이 있어 출발하지 못하였으니 탄식할 만하다. 배 위에서 묵었다.

19일 계유

비와 눈이 내림.

하구에 머물렀다. 역풍이 불고 파도가 모두 거슬려서 그대로 머물러 있어야 했다. 저녁에 도주가 재판을 보내어 문후하고 또 말하기를, "항구가 얕은데 미처 다 파내지 못하였고 병고(兵庫)의 후선(候船)은 오지 않았으니, 금명간에 출발하기는 어렵겠습니다." 하니, 근심과 답답함을 금할 수 없었다.

20일 갑술

맑음.

역풍이 불어 하구에 머물렀다. 도주가 사람을 보내어 문후하고 작은 귤 1광주리를 바쳤다.

21일 을해

비.

역풍이 불어 하구에 머물렀다. 뇌모(賴母)가 작은 귤 1광주리를 바쳤다.

22일 병자

맑음.

사시(巳時, 오전 9시~11시)에 도주가 배의 출발을 청하였다. 짐들을 왜의 작은 배에 내리고 6척의 배가 일시에 출발하였으나, 배는 무겁고 물은 얕아 겨우 10리를 갔다. 5척의 배가 모두 모래톱에 걸렸는데 조수(潮水)도 물러나니 움직일 수 없었다. 부선(副船)만 험난한 모래톱 밖으로 나가 드디어 앞길을 향하였다. 저녁에 도주가 사람을 보내어 말하기를, "이미 전진할 수 없습니다. 이곳은 풍랑이 염려할 만하여, 마땅히 작은 배를 타고 급히 하구로 돌아가셔야 하겠습니다. 조수가 밀려들어 배가 떠서 나올 때까지 기다려야 합니다." 하였다. 그러므로 정사와 종사관 두 사상이 함께 누선 한 척을 타고 밤에 하구로 돌아갔다. 나와 최대감이 수행하였는데, 그대로 배 위에서 묵었다. 3경 후에 조수(潮水)가 이르렀으나 제1선(第一船)과 다른 배는 모두 뜨지 못하였고 종사관의 배만 떠서 모래톱 밖으로 나갔으므로 종사관은 즉시 누선을 타고 갔다. 제1선이 걸려 있으니, 근심과 답답함을 형용할 수 없다.

23일 정축

흐림.

들으니 조수(潮水)가 아침 식사 때에 이를 것이라고 하였다. 사상이 나를 시켜 도주에게 통지하고, 또 선소(船所)를 나아가니 조수가 막 이르렀다. 그러나 각 배가 꼼짝도 하지 않아 배 안의 사람들이 힘을 다해 노를 젓고 왜선 수천 척이 앞뒤에서 끌어당기니 조금씩 앞으로 나아갔다. 조금씩 조금씩 배가 걸려 있는 것을 사람들이 모두 죽을 힘을 다해 끌어서 모래톱 밖으로 나갈 수 있었다. 사시(巳時, 오전 9시~11시) 말에 비로소 배에 오르니 마침 동풍이 불어와서 급히 쌍돛을 달았다. 바람과 파도가 모두 순조로워서 배가 매우 빠르게 갔다. 미시(未時, 오후 1시~3시) 초에 병고(兵庫) [하구(河口)에서 100리이다.]를 지나며, 멀리 보니 부사와 종사관의 배가 모두 병고 앞 바다에 있었다. 포를 쏘아 서로 호응하며 앞길로 바로 향하여 드디어 차례대로 나갔다. 오래 지체 된 끝에 바람을 타고 빠르게 갔다.

명석포(明石浦) [병고에서 50리이다.]에 채 못 미쳐 날이 이미 저물어 캄캄해졌다. 명석포의 물이 얕고 또 배를 둘 곳이 없으므로 부득이 실진 (室津)을 향하여 노를 젓거나 돛을 달아 밤새 갔다. 밤에 또 비가 내리는 데 짚 거적을 싣고 있던 다른 배들에서 미처 옮겨 오지 못하였으므로, 상방(上房)은 간신히 덮었지만 제1선의 안이 젖는 것을 면치 못하였다. 그러나 다행히 비가 곧 그쳤다.

　새벽에 실진[명석에서 130리이다.]에 이르러 항구 밖에 배를 머물러 닻을 내리고 선창에 들어가고자 하였으나, 바람이 거세고 물결이 사나운데다 또 예인선이 없어서 들어갈 수가 없었다. 하늘이 밝아지면서 풍랑이 더욱 급해졌는데, 부선은 먼저 이미 선창에 들어갔으나 제1선과 제3선은 모두 풍파에 부딪쳐서 마치 잠시도 보전하지 못할 것 같았다. 뱃사람들이 모두 말하기를 이때에 항구에 들어가는 것은 매우 어렵고 순풍에 앞으로 나아가는 것만 못하다고 하였다. 마침 풍랑이 조금 그치고 예인선도 많이 나와 힘껏 예인하여 항구에 들어갔고, 이어 배에서 내려 숙소에 들어갔으니 참으로 천행이다. 하구에서 밤새워 행선하여 280리를 왔는데, 여러 차례 위험한 상황이 있었으니 그것을 생각하면 마음이 섬뜩하다.

24일 무인

종일 비가 내림.

　실진(室津)에 머물렀다. 이 참은 갈 때의 접대가 가장 박하면서 소략하였고, 숙소도 자못 좁고 누추하였다. 마도인이 누차 말한 데다가, 또 들으니 강호에서 연로(沿路)의 접대와 관련하여 2곳의 접대에 대해 매몰죄(埋沒罪)를 물었다고 한다. 돌아오는 길에 이 참에 이르렀는데, 숙소가 하나같이 새롭게 지어지고 비단 장막에 비단 이불, 우단(羽段) 방석, 화로와 촛대 등의 물건이 모두 화려하고 사치하며, 끼니 공급도 모두 매우 풍요롭고 후하여 연로 중에서 가장 풍성한 곳이었다고 할 만하다. 신원(榊原) 식부대보(式部大輔) 정방(政邦)이 삼중과 떡·과일, 마 1상자, 부의주(浮蟻酒) 2단지를 삼사와 삼당상께 바치고, 상관 이하로부터 하관에 이르기까지는 모두 차등 있게 보냈다. 사상이 나를 시켜 도주에게 문안하였다.

봉행 직우위문(直右衛門) 뇌모(賴母) 등이 도주의 뜻으로 와서 말하기를, "밤을 무릅쓰고 가는 일은 매우 위험하니, 뒤에도 만약 이와 같이 한다면 우리들은 반드시 복립(腹立)할 것입니다. [노하는 모습이다.]" 하므로, 사상이 예에 따라 답하였다. 대개 도주 일행은 서로 의논하지 않고 가는 것을 한스럽게 여길 뿐만 아니라 1참을 지날 때마다 얻는 바가 적지 않은데 병고(兵庫)와 명석참(明石站)을 밤에 그냥 지난 것 때문에 한스럽게 여겼으므로, 또 앞으로도 혹시 참을 지나치는 일이 있을까 두려워하여 여러 번 와서 이와 같이 하지 말기를 원한다고 말하였다. 병고의 참관이 소급하여 일공(日供)을 보내왔으나, 사상이 물리치고 받지 않았다.

25일 기묘
맑음.

실진(室津)에 머물렀다. 도주가 사람을 보내어 문후하였다. 하구에서 출발하는 날, 얕은데다가 모래톱이어서 움직이기 어려우므로 기선(騎船)의 짐을 모두 왜 소선(小船)에 옮겨 내렸는데, 병고를 지날 때 미처 본선에 옮겨 싣지 못하였다. 밤에 갈 때 그대로 뒤에 처져 오지 못해 건량, 잡물 및 사행의 옷상자와 행중의 짐들도 모두 가져오지 못하였다. 지난 밤 그것을 이끌고 갔던 통사 박모로금 등 14명이 사람을 보내와서 이르기를, "24일 밤, 바람이 순조롭지 못하여 앞으로 나아갈 수 없어서 명석포(明石浦)에 표류하다가 정박하였는데 물은 얕고 배는 무

거위 짐들을 다 풀어놓고 저희들도 육지에 내려 바람을 기다리고 있습
니다. 한편으로는 도주와 대판성 두 곳에 빨리 통보하여 그 지휘를 기다
리고 있는데 수륙 양로(兩路) 중에 내일은 마땅히 나아갈 것입니다."
하였다. 거느리고 간 짐꾼 14명도 모두 무탈하고, 각 사람의 짐들도
잃은 것이 없다고 하니 매우 다행이다.

26일 경진

눈이 내림.

실진(室津)에 머물렀다. 식부대보(式部大輔) 정방(政邦)이 사람을 시
켜 문후하고 구비당(求肥餳) 1그릇과 금귤(金橘) 1광주리, 잉어 2후(喉)
를 바쳤다. 삼사가 잉어를 도주와 봉행 등에게 나누어 주었다. 도주가
사람을 시켜 문후하였다. 모로금 등이 사람을 보내 또 이르러 와서 말하
기를, "이번에 육로로 가야 하니 배 안의 목물(木物)을 모두 왜의 작은
배에 부쳐 내일 운송하도록 하겠습니다." 하였다. 도주의 말을 들으니
어제 이곳에서 지대하기 위해 보낸 사람이 족히 500명이고 말이 50필인
데, 명석포(明石浦)에 보내어 짐을 운송하게 한다고 하였다.

27일 신사

맑음.

정방이 또 진한 차와 미소 된장에 절인 전복 1통, 보명주(保命酒)
1도를 바쳤다. 아침에 도주가 사람을 보내어 말하기를, "오늘 갈 수
있을 듯한데, 빨리 길을 떠나야 합니다." 하였다. 사시(巳時, 오전 9
시~11시)에 드디어 배에 올라서, 저녁에 우창(牛窓) [실진(室津)에서 100

리이다.]에 이르렀다. 비전국주(備前國主) 원강정(源綱政)이 꿩 5마리, 귤 바구니를 바쳤다. 밤에 도주와 장로가 와서 연향을 베풀었는데, 연회청은 요즘 새로 지은 것으로 매우 넓고 아름다웠다.

28일 임오

흐림.

비전수(備前守)가 간표(干瓢)[145] 1궤, 오디술 1병을 보냈다. 아침밥을 먹은 후 도주가 배에 오르기를 청하여, 낮에 배를 출발시켰다. 지난밤 모로금 등이 짐을 가지고 육로로 실진(室津)에 도착하여 작은 배를 타고 뒤따라 왔다. 일행과 짐을 하나도 잃지 않았으니 다행이다. 이들의 말을 들으니, 지나온 곳의 지방관이 친히 와서 보고 술과 안주, 밥과 반찬 등의 물건을 각별히 넉넉하게 지급하였고, 올 때에도 현교(懸轎)를 타고 오게 했으니 그 접대가 매우 넉넉했음을 알 만하다. 저녁에 하진(下津)에 30리 정도 못 미쳐 일비포(日比浦)에서 도주가 돛을 내리기를 청하여, 그 말에 따르고 배 위에서 유숙하였다.

29일 계미

아침에는 비가 왔으나 낮에는 맑음.

새벽에 도주가 가기를 청하여 드디어 배를 출발시켜서 30리를 갔다. 도주가 하진(下津) 선창에 들어가 닻을 내렸다. 삼행은 부득이 그대로 배 위에서 유숙하였다. 비전수(備前守)가 삼중, 소금에 절인 송이버섯 1통, 술 2단지를 바쳤다. 도주가 경병(鏡餠)[146] 1희(餻)와 도미 2마리,

---

145) 박의 과육을 벗겨서 가공한 것으로 식물 섬유질이 매우 풍부하다.

술 2단지를 삼사와 삼당상께 바쳤다. 상관 이하 하관에게까지도 모두 경병과 도미를 보냈다.

30일 갑신

흐림.

새벽에 도주가 가기를 청하여, 드디어 배를 출발시켰다. 신시(申時, 오후 3시~5시)에 도포(韜浦) 복선사(福禪寺)에 이르렀다. 처음에는 바다의 구름이 나타나더니 석양은 밝고 깨끗하였다. 동남쪽의 여러 산들은 눈이 개이자 색을 더하였다. 먼 항구의 외로운 봉우리 위의 숲에 있는 원복사(圓福寺)에 아련히 연기가 한줄기 피어오르고 저녁 종이 울리니, 참으로 그림 속에 있는 경계이다. 눈앞의 풍경이 중양절(重陽節)에 높은 데에 올라가 굽어볼 때와 다름이 없었으나, 다만 밤에 캄캄하고 달이 없으니 이것이 부족할 뿐이다.

아부(阿部) 비중수(備中守) 정방(正邦)이 마른 도미 1상자와 색 비단 2중(重), 술 2하(荷)를 바쳤으나, 사상이 물고기와 술만 받고 색 비단은 받지 않았다. 또 삼중 1조(組)와 축병(祝餠) 1희, 꿩 5마리, 돼지 1마리, 술 1하를 삼사와 삼당상께 보냈고, 상관에서부터 하관에 이르기까지는 모두 절병(切餠), 꿩, 술, 돼지, 사슴 등의 물품을 보내왔는데 매우 풍성하였다. 대개 이것은 세찬(歲饌, 세 밑에 선사하는 물건)이었다. 일행이 대접받은 꿩이 많게는 700여 마리에 이르렀다. 축병(祝餠)이라는 것은 둥글고 커서 마치 반질반질한 돌 같았는데 소나무, 귤 줄기와 채소, 과일 등을 섞어서 꾸며 축원하는 뜻을 담은 것이다. 또 집의 문 위와

---

146) 새해를 맞이하며 설날에 신불(神佛)에게 올리는 두 개의 둥글납작한 찰떡.

배꼬리에는 소나무와 대나무, 물고기와 귤을 꽂으니, 역시 축원의 뜻인 듯하다. 집승(集僧)이 사람을 보내어 문후하였다. 삼사가 사람을 시켜 도주에게 문안하고 이어 집승에게 사례하였다. 절의 승려가 시 한수를 얻기 원하므로, 삼사가 각각 제(題)하여 주었다. 저문 후에 일행이 들어와 삼사상을 뵙고 객관(客館)에서 한 해 보내는 것을 위로하였다.

임진년(壬辰年, 숙종 38, 1712)

정월 작은 달

초1일 을유

아침에 눈이 조금 내리다가 곧 맑음.

새벽에 뜰에서 망궐례(望闕禮)를 행하고, 멀리서 천세(千歲)의 축원을 올렸다. 나라에서 멀리 떨어져 머물면서 새해를 맞이하니, 부모 생각하는 감회를 배나 감당하기 어렵다. 지대관 비중수(備中守)가 각각 사탕지(砂糖漬) 1권(捲)과 오리 2마리를 삼사와 삼당상께 바쳤다. 식후에 도주가 가기를 청하니 드디어 배에 올라 출발하였으나, 바람과 파도가 모두 거슬려서 20여 리를 가서 우도(牛島)에 유숙하였다. 반대산(盤臺山), 원산(猿山)은 모두 들어갈 때에는 밤에 지났던 곳인데, 오늘 비로소 지나가며 보니 매우 아름다운 곳이다. 이날 배 위에서 묵었는데, 나와 최 대감이 도주에게 가서 문안하였다. 그 배에 오르니 배의 장식과 견고함이 마치 방 안에 앉아 있는 것 같았으며, 화려하고 사치함이 비할 데가 없었다. 봉행 평전직우위문(平田直右衛門), 삼촌뢰모(杉村賴母)

두 사람이 나와서 대접하는데 찬품이 매우 풍성하였고, 매우 은근하게 술을 권하였다. 저녁에 크게 취하여 돌아왔다.

초2일 병술

흐림.

저녁에 비가 내렸다. 사시(巳時, 오전 9시~11시)에 도주가 가기를 청하였다. 드디어 배가 출발하여, 80리를 가서 고도(高島)에 도착하였다. 날이 저물고 비가 내려 드디어 포를 쏘고 기를 흔들어 여러 배들이 일제히 머물러 정박하였다. 배 위에서 묵었다.

초3일 정해

맑음.

사시(巳時, 오전 9시~11시)에 도주가 가기를 청하여 배를 출발시켰다. 낮에 겸예(鎌刈) 앞바다에 도착하였으나, 도주의 배가 뒤에 처졌으므로 돛을 내리고 기다렸다. 한참 만에 도주가 도착하였지만 참(站)을 건너뛰고 앞으로 나아가기를 요구하니, 결국 겸예에 들어가지 않고 바로 가로도(加老渡)와 진화(津和)를 지나쳤다. 해가 저문 후 하실(賀室)에 도착하여 배 위에서 묵었다. 이날은 200리를 갔다.

본포(本浦)의 대관(代官)이 물고기와 채소를 각 배에 바쳤다. 제3복선의 선장이 가을에 강에서 병을 얻은 지가 한달 가량 되었는데 오늘 새벽에 사망하였으니, 놀랍고 참담한 일이다. 도주가 지대를 시켜서 관곽(棺槨)을 갖추게 하고 왜선에 옮겨 실어 먼저 보냈다. 밤에 도주가 사람을 시켜 문후하고 아울러 귤 광주리를 바쳤다.

초4일 무자

맑음.

송평(松平) 안예수(安藝守) 길장(吉長)이 겸예(鎌刈)에서 뒤미처 봉서지(奉書紙) 1상자와 절인 도미 1상자, 삼원주(杉原酒) 2단지를 삼사와 삼당상께 보냈고, 상관 이하 하관에 이르기까지는 각각 차등 있게 보냈다. 새벽에 도주가 가기를 청하여 드디어 배를 출발시켜, 낮에 상관(上關)의 선창에 도착하였다. 통사들을 시켜 육지에 내려 일공(日供)을 받게 하였다. 도주가 뒤따라 이르러 전진하기를 청하므로, 드디어 실우(室隅)를 지나 초저녁에 궁주(宮洲)에 이르러 배 위에서 묵었다. 이날은 150리를 갔다.

두 곳의 대관이 모두 물고기와 채소를 각 배에 바쳤다. 장문수(長門守) 길원(吉元)이 신선한 도미 5마리, 닭 5마리, 술 2하를 보냈다. 길천승지조광규(吉川勝之助廣逵)가 상관(上關)에서부터 뒤미처 반국편지(盤國片紙) 1상자, 고등어 1상자, 청주 1하를 삼사와 삼당상께 바쳤다. 하관 이상에게는 모두 물고기와 술, 종이 묶음을 보내주었다. 상관의 앞 바다에서 왜의 작은 배 1척이 부선(副船)에 부딪쳐 전복되어 2인이 죽었으니 참담하다.

초5일 기축

약간의 비가 내림.

궁주(宮洲)에서 10리를 가서 심포(深浦)에 이르렀다. 빗줄기가 그치지 않고 또 역풍의 기운이 있어 도주가 돛을 내리고 항구에 들어가므로, 6척의 배도 따라 들어가 닻을 내렸다. 얼마 되지 않아 바람과 파도가 크게 일어나 밤새 그치지 않았다. 근래 동풍이 연달아 불어서 배 안의 사람들이 모두 감기에 걸렸다. 나도 면치 못하였는데 증세가 위중하니, 나그네의 수심을 형용하기 어렵다. 3, 4일 후 비로소 나았다.

초6일 경인

흐림. 큰 바람이 불었음.

배 위에서 머물렀다. 낮에 나무 닻이 여석(礜石)과 서로 닿아 닳아서 없어졌지만, 배를 둔 곳이 조금 좋은 곳이라서 별 큰일은 없었다. 그러나 밤에 풍랑이 크게 일어나자 선체가 흔들려 밤새 자지 못하였으므로, 격졸에게 분부하여 뒤 돛대에서 나란히 6, 7개의 쇠닻을 내려 진정시키게 하였다. 이날 바람이 찬데, 이 한 겨울에 수옹(水瓮)도 없이 그것을 하니 모두 얼었다.

초7일 신묘

맑음.

본포(本浦)의 대관(代官)이 물고기와 채소를 각 배에 바쳤다. 밤에 또 크게 바람이 불었다. 초경(初更)에 북쪽 해안을 보니 마을에 불이 났는데, 이곳으로부터의 거리가 20리쯤 되는 곳이었다. 500여 집이 화재로 피해를 입었다고 한다. 병고(兵庫) 참관이 뒤미처 돼지 2마리를 보내왔는데, 1마리는 도주에게 보냈다.

초8일 임진

맑음.

바람의 세기가 한결같이 순조롭지 못하여 여러 날 연달아 배 위에서 머물렀는데, 바람과 파도가 요동을 쳐서 밤새 잠을 자지 못하니 배 안에 병들어 누운 사람이 2, 3일마다 생겼다. 누운 사람들의 신음 소리가 서로 이어져 사방에서 들리는데, 6척의 배가 모두 그러하여 걱정스럽다. 종사관이 미미한 병이 있어 도주에게 물가 여염집을 얻어 달라고 청하여, 밤에 내가 사상(使相)을 모시고 육지에 내렸다. 충좌위문(忠左衛門)이 와서 뵈었다.

초9일 계사

맑음. 큰 바람이 불었음.

식후에 부사도 육지에 내려 함께 한 방에서 머물렀다. 도주가 사람을 시켜 문후하고, 아울러 용안(龍眼) 3근을 바쳤다. 장문수(長門守)가 삼중과 장명주(長命酒) 1도(陶)를 바쳤다. 대관이 또 물고기와 오리 등의 물건을 바치니, 봉행 등에게 나누어 주었다.

초10일 갑오

큰 바람이 불고 눈이 내림.

도주와 장로가 사람을 시켜 문후하였다. 충좌위문(忠左衛門)이 와서 문후하고 또 삼저(杉著)를 바쳤다. 준인(隼人)이 작은 귤 1광주리를 바쳤다.

11일 을미

비가 오다 눈이 오다 함.

문을 닫은 후 도주가 사람을 보내어 말하기를, "오늘 빗줄기가 조금 멈추고 바람도 조금 잦아드니, 내일 비록 순풍이 아니더라도 배가 갈 만할 것입니다. 그리고 새벽에 순조로운 물길을 만날 수 있으니 오늘 밤 배에 타시기를 청합니다." 하였다. 드디어 배에 타고 배 위에서 묵었다.

12일 병신

맑음.

새벽에 도주가 가기를 청하니, 드디어 배를 출발시켜 30여 리를 갔다. 바람이 불순하여 대진(大津) [혹 석장(石場)이라고 한다.]에 들어가 정박하였다. 낮에 도주가 사람을 보내어 말하기를, "이곳은 우물이 없어 그대로 머물 수 없습니다." 하므로 드디어 전진하였다. 30여 리를 가서 삼전고(三田尻)에 이르러 닻을 내리고 이곳에 머물렀다. 향포(向浦)와의 거리가 10리라고 한다. 본포의 대관이 물고기와 채소를 각 배에 바쳤다. 이날 역풍이 연달아 불어 성난 파도가 그치지 않으니, 선체가 크게 요동하였다. 사상(使相)이 어지럼증이 있어서 저녁내 편안하지 않았으니 걱정을 이루 말할 수 없다. 그대로 배 위에서 묵었다.

13일 정유

크게 바람이 불고 눈이 내림.

삼전고(三田尻)에 머물렀다. 사상의 기후가 편치 않으시니, 도주에게 통지하여 드디어 육지에 내려 마을 집에서 머물렀다. 삼사가 모두 한 방에서 묵었다. 장문수(長門守)가 곶감 1상자와 해삼 1상자를 삼사와 삼당상께 바쳤다.

14일 무술

맑음.

바람이 불었다. 삼전고(三田尻)에 머물렀다. 장문수가 경병(鏡餠) 2원(圓)과 절인 도미 1절(折)을 삼사와 삼당상께 바쳤고, 상관에서부터 하관에게도 경병과 도미를 보냈다. 봉행들이 와서 말하기를, "방금 마도(馬島)의 비선이 왔는데 와서 말하기를 '호총(戶塚)에서 봉하여 보낸 국서(國書) 고치기를 청한 장계는 지난 12월 23일 마도에 도착하여 그대로 귀국 쪽으로 나갔으나 표류하다가 거제도(巨濟島)의 지세포(知世浦)에 도착하였는데, 25일 비로소 부산의 왜관(倭館)에 도착하여 동래부에서 즉시 서울로 보냈습니다.' 하였습니다." 하였다. 그런데 어찌하여 첫 번째 장계는 전달되지 않고 나중 장계가 먼저 갔는지 모르겠다. 훈별(訓別, 훈도와 별차)이 사행(使行)에는 한 자의 글도 보내지 않았으니, 매우 놀랍고 답답한 일이다.

15일 기해

맑음.

새벽에 뜰에서 망궐례(望闕禮)를 행하였다. 도주가 사람을 보내어 말하기를, "오늘 비록 순풍은 불지 않으나, 바람이 자못 안정되어 있으니 노를 저어 갈 수 있습니다." 하므로, 삼사(三使)가 드디어 배에 타고 출발하였다. 오후에 신참(新站)에 도착하였는데, 역풍이 불어 닻을 내렸다. 돌로 쌓은 선창이 배를 두기에 매우 편하였다. 해안가에 있는 인가(人家)는 수십 호였다. 도주가 사람을 보내어 문후하였다. 장문수(長門守)가 구년모(九年母)[147] 1광주리를 바쳤고, 대관(代官)이 물고기와 채소를 바쳤다. 이날은 60리를 갔다. 저문 후에 내가 타루(舵樓)에 올라 앉아 밝은 달을 바라보니, 고향을 생각하는 마음이 배나 절실하고 나그네의 수심을 감당하기 어렵다. [구년모(九年母)는 귤이다.]

16일 경자

맑음.

신참(新站)에 머물렀다. 봉행들이 육지에 내리기를 청하여, 삼사(三使)가 드디어 마을 집에 머물렀다. 오후에 비선(飛船)이 마도에서 와서 서울의 편지를 볼 수 있었으니, 12월 13일 발송한 것이다. 아버님께서 특별히 매우 드문 은전(恩典)을 입으셨고, 딸아이와 새로 낳은 아이가 천연두를 앓다가 회복되었으며, 일가가 무사하다는 소식을 들으니, 기쁘고 다행함을 일일이 열거하기 어렵다. 또 삼가 듣건대, 중궁전과 두 분의 왕자께서 천연두를 앓다가 회복되셨다 하니 기쁜 마음을 금할 길이 없다. 해를 넘기면서 소식을 들을 수 없던 끝에 집안과 나라의 기쁜 소식을 들으니, 깨닫지 못하는 사이에 춤을 추고 있었다.

또 동래부사가 사상(使相)께 보낸 글에는 동료 변기화(卞箕和)가 고친 국서를 가지고 이미 이달 초7일에 동래부에 도착했다고 하니 더욱 매우 다행이다. 또 들으니 황제께서 특별히 세공(歲貢)으로 내야 할 천은(天銀) 1천 냥과 표피(豹皮) 140여 령(令)을 감하셨으므로 이 때문

---

147) 구년모라는 노파가 처음 심었기 때문에 그런 이름이 붙은 것으로, 큰 귤을 말한다.

에 사은사가 간다고 한다. 동료 변기화는 국서를 배행하여 18일이나 20일에 바다를 건널 것이라고 한다. 그런데 바다를 건널 필요 없이 마도(馬島)에 도착하여 머물러 기다리라는 뜻으로 써서 전령(傳令)을 보냈다.

17일 신축

아침에는 흐리고 저녁에는 맑음.

도주가 국수와 술을 보냈다. 2경쯤 도주가 사람을 보내어 말하기를, "바람이 조금 불고 조수도 순하니 달빛을 따라 갈 수 있습니다." 하였다. 드디어 배를 타고, 노 젓기를 재촉하고 독려하여 새벽에 원산(元山)을 지나 10여 리를 갈 수 있었다. 그런데 역풍이 크게 일어나 앞으로 나아갈 수가 없어서 할 수 없이 배를 돌리려고 하니, 왜 격군들이 말하기를, "원산 항구는 물이 얕고 선창도 불편하며 또 암석이 많아 결코 들어가기 어렵습니다. 신참(新站)으로 돌아가는 것 외에는 다른 계책이 없습니다." 하였다. 제2선과 제3선은 이미 먼저 가서 그 소재를 알 수 없으며, 도주의 배도 먼 곳에 있어 바라보아도 두 개의 등롱(燈籠)이 반짝일 뿐이었다. 이미 형세가 거취(去就)를 상의할 수 없는데 머뭇거리며 돌아보는 사이에 바람의 세기는 더욱 급해지고 선체는 마구 움직여 배에 있던 사람들이 모두 위태로웠다. 간신히 배를 돌이켜 신참으로 돌아가고자 하여 시험 삼아 불화살을 1번 쏘아 올리니, 부선(副船)과 종선(從船) 두 배가 차례로 서로 응하여 비로소 두 배도 멀지 않은 곳에 있었음을 알았다. 마침 하늘이 밝아지면서 왜인들이 배를 예인하여 원산 [신참에서 60리이다.] 항구를 향하였다. 자세히 살피니 원산은 비록 신참에는 미치지 못하나 또한 별 염려 없이 편안하게 정박할 만하였으므로 드디어 닻을 내렸다. 도주의 배도 차례로 들어왔다.

바람과 파도가 크게 치던 때에 진퇴(進退)가 모두 어렵고 매우 위험하였는데, 사상(使相)께서 급히 제문(祭文) 20여 구를 지어 입으로 불러 주면서 나에게 받아쓰게 하셨다. 그리고 나를 시켜 관세(盥洗)하고 정결한 옷을 입고 뱃머리에 나와 앉아 바다에 쌀과 조기, 술을 던지며 제사를 지내게 하셨는데, 하늘이 밝아지고 바람도 조금 잦아졌다. 밤사이에 부선(副船) 중에 동료 홍순명(洪舜明)의 노(奴) 옥산(玉山)이 촛불을 밝히고 취해 누워 있다가 촛불이 봉점(蓬簟)에 붙어 배에 탄 사람들이 모두 경황 중에 겨우 불을 끌 수 있었다고 한다. 이날 배 위에서 묵었다.

18일 임인

바람이 불고 눈이 내림.

원산(元山)에 머물렀다. 바람이 급하고 파도가 일어나 배가 매우 요동치며 움직였다. 식후에 삼사가 육지에 내려 원산의 마을 집에 들어갔다. 부사상(副使相)이 옥산(玉山)에게 한 차례 형(刑)을 가하였다. 인가는 겨우 몇 호인데, 장문(長門)의 경내(境內)에 오래 머무르게 되어 폐를 입힌 것이 적지 않았다. 이 때문에 며칠간 일공(日供)을 감하라는 뜻으로 지대관(支待官)에게 말하니, 강호(江戸)에 죄를 얻게 되므로 말씀하신 바와 같이 하기가 결단코 어렵다고 하였다.

19일 계묘

바람이 불고 눈이 내림.

원산(元山) 마을 집에 머물렀다. 밤에 취침하자마자, 도주가 사람을 보내어 말하기를, "바람이 조금 잦아들었으므로 조수에 따라 갈 수 있습니다. 배에 오르시기를 청합니다." 하여, 삼사가 모두 배를 탔다. 닭이 처음 울 때 순한 물결을 타고 길을 떠났는데, 바람의 세기가 자주 변하여 순하였다가 거슬리고 눈도 약간 내리므로, 배 안의 사람들이 모두 힘껏 노 젓기를 독려하였다. 새벽까지 70리를 가서 아침에 적간관(赤間關)에 이르니, 장문수(長門守)가 기러기 3마리, 잉어 1절(折), 술 1하(荷)를 삼사와 삼당상께 바쳤고, 하관 이상에게는 각각 차등 있게 보냈다. 사상(使相)께서 잉어와 기러기를 도주와 봉행 등에게 나누어 보냈다. 집승(集僧)이 사람을 보내어 문후하였다. 봉행 등이 숙소에 와서 뵈었다.

20일 갑진

맑음.

적간관(赤間關)에 머물렀다.

21일 을사

맑음.

적간관(赤間關)에 머물렀다. 장계를 써서 비선(飛船)에 부쳐 보냈는데, 일행도 그 편에 집으로 편지를 부쳤다. 장문수(長門守)가 문지(文池) 각 2부를 삼사에게 바쳤다. 사상(使相)께서 시(詩)로 사례하고 제술관

(製述官)과 서기(書記)에게 나누어 주었다.

22일 병오

맑음.

바람이 조금 순하였는데, 도주가 출발하고자 하지 않았다. 사상(使相)께서 최안국(崔安國)을 시켜 문안하고 즉시 출발하기를 요구하였으나, 여전히 즉시 출발하지 않았다. 사상께서 먼저 3번 취각(吹角)을 불고 배를 타니, 도주가 형세상 부득이 가기를 청하였다. 그대로 배를 출발시키니 바람이 점점 희미해져서 겨우 소창(小倉) 밖의 바다로 나왔다. 역풍(逆風)이 또 불어 앞으로 나아갈 수 없으므로 도로 적간관(赤間關)에 돌아와 숙소에 머물렀다. 부사(副使)와 종사관(從事官) 두 사신은 육지에 내리지 않고 그대로 배 위에 머물렀다. 장문수(長門守)가 미소된장에 담근 도미 1그릇과 포성주(泡盛酒) 1도(陶)를 삼사와 삼당상께 바쳤다.

23일 정미

비가 오다 맑았다 함.

적간관(赤間關)에 머물렀다. 장문수(長門守)가 꿩 5마리를 바쳤다. 저녁에 종사관이 내려서 숙소에 머물렀다. 아란타국(阿蘭陀國, 네덜란드) 사람이 장기도(長崎島)를 거쳐 강호(江戶)를 향하다가 오늘 이곳에 이르러 정박하였다. 모두 5인인데 왜선을 타고 왔다. 왜인이 숙소를 만들어 접대하였는데, 일행들이 가서 그들을 보았다. 우리나라 사람들이 혹 담을 넘어 들어가거나 혹 문을 두드리며 열라고 고함을 치니 아란타 사람들이 화를 내며 피하였다. 그러므로 왜인들이 매우 엄하게 금하였다고 한다.

24일 무신

흐림.

적간관(赤間關)에 머물렀다. 식후에 작은 배를 타고 최(崔)와 이(李) 두 당상(堂上)과 서너 명의 동료들이 가서 부사상(副使相)께 문후하였다. 오는 길에 아란타인(阿蘭陀人)이 배를 타고 바람을 기다리는 것을 보았다. 중로(中路)에 그 사람을 보니, 머리카락이 가늘고 적황색이며 길이는 겨우 3, 4촌으로서 양털 같았다. 키가 크고 눈은 오목하며, 코가 크고 안색이 희다. 입은 옷은 붉고 노란 전포(氈布)로 만들어 마치 우리나라의 전포(戰袍) 같았으나, 모두 끈으로 묶었다. 어떤 사람은 우리나라의 전립(戰笠) 같은 것을 썼고, 어떤 사람은 청인(淸人)의 모자를 썼는데 왜어(倭語)를 잘하였다. 내가 왜어로 답하니 얼굴에 기쁜 기색이 있었으나, 왜인이 금하여 오랫동안 대하지 못하게 하였다. 장문수(長門守)가 이당(飴糖), 밀감을 바쳤다. 사상(使相)이 도주에게 문안하고 이당을 보냈다.

25일 기유

흐리고 바람이 크게 불었음.

적간관(赤間關)에 머물렀다. 장문수(長門守)가 토끼 다섯 마리를 바쳤다. 달을 넘겨 폐를 입히는 것이 실로 미안하니, 이후에는 일찬(日饌)도 감하라는 뜻으로 말하였다. 들으니, 적간관 건너편에 예곽대명신궁

(제곽大明神宮)이 있다고 한다. 그 지방 사람들이 말하는 것을 들으니, 매번 정월 초하루에 신당 앞 바닷물이 홀연히 저절로 열리면, 신궁의 승려가 물에 들어가 미역을 따서 관백에게 바치는데 해마다 항상 그렇게 한다고 한다. 이 일은 매우 괴이하고 탄망(誕妄)하지만 매년 이같이 한다고 하니 알 수 없는 일이다.

아란타인(阿蘭陀人)이 오늘 강호(江戶)를 향하여 출발한다고 한다. 아란타국에서는 산호(珊瑚), 구슬, 궁각(弓角), 무늬 있는 포 등의 물건이 생산되는데, 일본이 장기도(長崎島)에 숙소를 만들어 해마다 매매하며, 빈번하게 왕래하지 않을까 두려워해서 번번이 그 두목(頭目) 4, 5인을 머무르게 한다. 다음 배가 도착한 후에 머무르게 했던 사람을 보내고, 또 새로 온 사람을 머무르게 한다. 해마다 이렇게 하고 또 해마다 서너 사람이 강호에 가서 폐백을 바치는데, 마치 세금을 바치는 것 같이 한다. 지금 들어가는 것도 이 때문이다. 아란타는 본래 남쪽 끝의 별종 세상이라고 하는데, 개들의 종족이라 소변을 볼 때 한쪽 발을 들고서 배설한다고 하니 매우 우스운 일이다. 집승(集僧)이 사람을 보내어 문후하였다.

26일 경술

지난밤부터 큰 눈이 내리고 바람이 크게 불었음.

적간관에 머물렀다.

27일 신해

맑음.

적간관에 머물렀다. 장문수가 대합 1바구니를 바쳤다. 사상께서 그것을 도로 주니, 매우 애원하기를 그치지 않아 받았다.

28일 임자
흐림.
적간관에 머물렀다.

29일 계축
그믐. 맑음.
적간관에 머물렀다. 장문수가 메추라기 1절을 바쳤다.

2월 큰 달

초1일 갑인
맑음.
새벽에 망궐례를 행하였다. 장문수(長門守)가 된장에 절인 포(鮑) 1그릇, 생밤 1광주리를 바쳤다. 사시(巳時, 오전 9시~11시)에 도주가 가기를 청하여 드디어 배를 타고 출발하였다. 종일 동남풍이 매우 순하여 140리를 가서 남도(藍島)에 도착하였다. 삼사(三使)가 모두 숙소에 모였는데 마침 마도(馬島)의 비선(飛船)이 도착하였다. 들으니 변기화(卞箕和)가 지난 달 19일에 국서(國書)를 배행하고 바다를 건너 24일에 마도 부중(府中)에 도착하였다고 한다. 서울의 편지를 보니 곧 정월 초2일에 보낸 것이었다. 비로소 아버님께서 무사히 한 해를 보내셨음을 알게 되니 기쁘기 그지없다. 감찰(監察) 민제장(閔濟章)은 그 처의 부음을 듣고 선창에서 울부짖었다고 한다. 그러므로 밤이 깊은 후 서너 명의 동료들이 가서 위로하였다. 송평(松平) 비전수(備前守) 선정(宣政)이 과자 1절(折)과 목노(木奴) 1광주리, 곤포(昆布) 1거(筥), 간조(干鯛) 1거(筥), 술 1하(荷)를 삼사와 삼당상께 바쳤다. 하관 이상에게도 차등 있게 보냈다. [목노는 귤의 또 다른 이름이다.]

초2일 을묘

밤에 비가 오고 새벽에 갬.

비전수(備前守)가 또 오리 10마리, 조시(釣枾) 1거(筥), 동면(冬麵) 1거(筥)를 삼사와 삼당상께 바쳤다. 사시(巳時, 오전 9시~11시)에 도주가 가기를 청하여 드디어 배에 탔는데, 순풍을 타고 350리를 가서 일기도(壹岐島)에 이르렀다. 항구에 도착하기 몇 리 전에 큰 고래가 있었는데, 근처에 있던 배들이 징을 울리며 바다 한가운데까지 쫓아갔다. 그런데 부선(副船)의 선미목(船尾木)이 부러져서 간신히 고쳐 항구에 도착하였다. 종선(從船)과 서로 부딪쳐서 종선의 짐들도 자못 상하고 판방(板房)도 뒤로 밀려났다고 한다. 이날 바람이 비록 순하였으나 파도는 매우 솟구쳐 올라 선체가 심하게 움직이므로, 배에 있던 사람들이 하나같이 정신을 잃고 쓰러졌으나 나는 그것을 면할 수 있었다. 종일 타루(舵樓) 위에 앉아 마른 물고기와 황률(黃栗) 등을 많이 먹었는데 조금도 체하는 근심이 없었으니, 매우 이상한 일이었다. 밤에 동풍이 크게 불고 파도가 심히 거셌다. 밤중에 큰 비가 쏟아져 내렸다.

초3일 병진

비가 내림.

일기도(壹岐島)에 머물렀다. 송포(松浦) 일기수(壹岐守) 동(楝)이 창중(椙重) 1조(組), 간조(干鯛, 말린 도미) 1상자, 곤포(昆布) 1상자, 술 1하(荷), 애(鰯, 오징어) 1상자를 삼사와 삼당상께 바치고, 하관 이상에게도 보냈다. 집승(集僧)이 사람을 보내어 문후하였다. 지대와 봉행이 와서 문후하였다.

초4일 정사

맑음.

일기도(壹岐島)에 머물렀다. 지난밤부터 광풍이 크게 일어 산과 바다를 뒤흔들었다. 저녁이 되자 더욱 세차게 부니, 만약 적간관(赤間關)과 남도(藍島)에 있으면서 이 풍랑을 만났다면 여러 배들을 무사히 보존하기 어려웠을 텐데, 이곳 선창이 깊고 안온한데 힘입어 편안히 지나갈 수 있게 되었으니 어찌 천행(天幸)이 아니겠는가. 삼사가 사람을 보내 도주와 장로 등에게 문안하였다.

초5일 무오

맑음.

큰 바람이 불었다. 일기도에 머물렀다. 집장로가 사람을 보내 문후하였다.

초6일 기미

맑음.

큰 바람이 불었다. 일기도에 머물렀다. 일기수가 사슴 1마리를 바쳤다. 도주가 저녁에 삼적(杉炙)을 바쳤다.

초7일 경신

맑음.

큰 바람이 불었으나, 어제에 비해 조금 덜하였다. 일기도에 머물렀다.

초8일 신유

맑음.

바람이 어제와 같았다. 일기도에 머물렀다.

초9일 임술

아침에 맑다가 저녁에 흐림. 밤에 비가 내림.

남풍이 바르고 순하여, 새벽에 도주가 가기를 청하였다. 해가 뜬 후 배를 타고 돛을 달아 수백 리를 갔으나, 그 후 바람의 힘이 점차 약해져서 노 젓기를 독려하면서 갔다. 연일 큰 바람이 불었던 뒤라 성난 파도가 아직 다 가라앉지 않아 배가 매우 흔들렸다. 배에 탄 사람이 쓰러지고 구토하지 않는 사람이 없었으나 나는 또 그것을 면하였다. 홀로 타루(舵樓)에 앉아 동쪽으로 바라보니 큰 바다가 아득하여 끝이 없었고, 북쪽으로 마도(馬島)를 바라보니 마치 책상 앞에 있는 것 같았다. 돌아가는 마음은 화살 같은데 배가 가는 것은 매우 더디니, 사사로운 마음의 답답함을 이루 다 표현할 수 있겠는가.

초경쯤 대마도 부중에 도착하여 정박하였다. 동료 변기화(卞箕和)가 배를 타고 선창에 나와 문후하였다. 고친 국서가 서산사(西山寺)에 있었으므로, 삼사 이하가 공복(公服)을 갖추고 절에 들어가 국서를 받들고 나와 네 번 절하고 용정(龍亭)에 옮겨 모시고 배행하여 국본사(國本寺)에 도착하였더니, 밤이 이미 깊었다. 일행이 숙공(熟供)을 받았다. 도주가 사람을 시켜 문후하였다. 동료 변기화가 비국(備局)의 관문(關文)을 전하였는데, 사행이 강호를 빨리 떠난 것을 책망하는 말씀이 매우 엄준하였으니, 일행이 모두 황송해 하였다. 밤에 비가 내리다가 새벽에 비로소 개었다.

초10일 계해

맑음.

마도에 머물렀다. 지난 밤 사상께서 수역(首譯)을 보내어서 다음 날 국서를 교부하겠다는 뜻으로 말을 하니, 봉행 등이 "다음 날은 일본의 국기(國忌)이고 도주가 멀리 다녀온 나머지 몸에 병이 생겨 괴로워하니 결코 왕래하기 어렵습니다. 형세상 모레 교부(交付)해야 할 것입니다." 하였다.

11일 갑자

맑음.

큰 바람이 불었다. 마도에 머물렀다.

12일 을축

맑음.

큰 바람이 불었다. 마도에 머물렀다. 사시(巳時, 오전 9시~11시)에 삼사 이하가 공복(公服)을 갖추고 국서(國書)를 배행(陪行)하여 도주의 집에 갔다. 도주가 공손히 중문 밖에서 맞이하여 정당(正堂)으로 인도하여 들어갔다. 정사상(正使相)이 도주에게 전하자 도주가 무릎 꿇고 받아 열어 본 후 내청(內廳)으로 옮겨 봉안하고, 나와서 삼사와 더불어 서로 읍하고서 앉아 다례(茶禮)를 행하였다. 파한 후 나와서 숙소로 돌아왔다. 저녁에 도주가 회답 국서를 가지고 왔으므로, 삼사가 공손히 맞이한 다음 전의 의례와 같이 전하여 받아서 곧 열어 보았다. 도주와 함께 예에 따라 술을 마시고 삼다(蔘茶)를 한 순배 행한 후 파하였다.

13일 병인

맑음.

마도에 머물렀다. 아침에 선래(先來)로 정사(正使) 군관(軍官)인 절충장군(折衝將軍) 이액(李詻), 부사 군관인 무겸선전관(武兼宣傳官) 정찬술(鄭纘述), 상통사(上通事)인 부사맹(副司猛) 현덕윤(玄德潤)을 보내면서 장계를 써서 부쳐 보냈다. 상하(上下)의 일행도 그 편에 집으로 편지를 부쳐서 보냈다.

오후에 도주가 상선연(上船宴)[148]을 베풀었는데, 절차가 모두 들어갈 때와 같았다. 파하여 헐청(歇廳)에 나와 편복(便服)을 입고 조금 쉬었

---

148) 조선으로 돌아올 때 대마도에 도착하면 베풀어 주던 연회. 대마도주의 집에서 연향을 베푼다.

224

다. 책상 위에 문징명(文徵明)149)의 묵초첩화(墨抄帖畵)가 있는데, 오
(吳)나라의 10경(景)이었다. 각각 절구가 하나씩 쓰여 있는데, 모두 형
산(衡山)150)의 진적(眞迹)이었다. 또 하나의 두루마리가 있었으니 당인
(唐寅),151) 구영(仇英),152) 문징명(文徵明), 전곡(錢穀)153)이 그린 산수

---

149) 중국 명(明)나라의 화가·서예가·학자. 본명은 문벽(文璧). 스승인 심주(沈
周)와 함께 중국에서 존경받는 문인화가들의 유파인 오파(吳派)의 중심 인
물로 여겨진다. 강한 유교적 가풍을 지닌 명문 집안에서 태어나 자라면서
당대의 유명한 학자들을 많이 만났다. 천성적으로 민감하고 내성적이어서
53세 때인 1523년에야 비로소 학구적인 은둔 생활을 버리고 세상에 나와,
조정의 인정을 받고 한림원(翰林院) 대조(待詔)로 임명되었다. 한림원에서
3년을 지낸 뒤 은퇴하여 그의 가장 유명한 작품들을 남겼다. 그는 4가지 주
요 서체인 전서(篆書)·해서(楷書)·예서(隷書)·초서(草書)에 모두 능했다.
또한 미술품, 특히 서예작품 수집가·감정가로도 유명했다. 송대(宋代:
960~1279)와 오대(五代: 907~960)에 활동했던 옛날 화가들뿐 아니라 원대
(元代: 1271~1368)의 위대한 문인 화가들도 존경했다. 하나의 화풍을 추구
하지는 않았지만, 그의 그림에는 전반적으로 고인(古人)들의 화풍연구와 심
사숙고의 정신이 담겨 있다. 그의 그림은 기법이 다양하여 세부를 꼼꼼히
묘사한 것이 있는가 하면 자유롭게 채색한 것도 있다. 제자로는 아들인 문
가(文嘉: 1501~1583)와 조카 문백인(文伯仁: 1502~1575) 등이 있으며, 대
표작으로 〈춘심고수도(春深高樹圖)〉·〈산우도(山雨圖)〉·〈진상재도(眞賞齋
圖)〉 등이 꼽힌다.
150) 문징명의 호.
151) 중국 명나라 화가(1470~1524). 자는 자외(子畏), 호는 백호(伯虎). 소주(蘇
州) 출신. 시(詩)·서(書)·화(畵) 삼절(三絶)로서 심주(沈周)와 문징명 등과
함께 가깝게 교유하였으며, 30세에 감옥 생활을 한 후에 퇴직하여 천태(天
台)·무이(武夷) 등의 명산(名山) 등을 유람하면서 그림을 팔고 시를 지으
며 유랑생활로 세상을 마쳤다. 회화는 이당(李唐), 유송년(劉松年) 및 원대
사가(元代四家)의 화법을 두루 익혔으며 서정성이 충만한 다양한 인물, 산
수 등을 남겼다. 심주, 문징명, 구영 등과 함께 명사대가(明四大家)로 지칭
된다.
152) 중국 명나라 중기 화가. 자는 실부(實父), 호는 십주(十州). 강소성(江蘇省)
출생. 주신(周臣)의 제자. 고화(古畵)의 모사를 통해 습득한 정확하고 세밀
한 선을 구사하여 산수(山水)·인물을 그렸다. 특히 사녀(士女) 풍속도는

화였다. 오관(吳寬)이 각각 절구를 하나씩 썼는데, 모두 감상할 만하다.

뜰 앞에 새로 넓은 집을 지어 광대들의 잡희(雜戲)를 베풀었다. 고사(高砂)154)라고 하는 것은 곧 지명(地名)이다. 옛날에 한 사람이 노부인과 함께 이곳에서 살았었는데, 그 가면을 만들어 헌수(獻壽)하고 경하(慶賀)하는 형상을 하였다. 규상(葵上)155)이라는 것은 한 궁아(宮娥)가 투기가 심하여 야차(夜叉)로 변하였기 때문에, 이 희극을 공연하여 풍속을 경계하는 것이라고 한다. 양귀비(楊貴妃)는 장한가(長恨歌)156)를 각색하여 만든 것인데, 거미의 정령(精靈)이 사람으로 화하여 마구 해독을 끼치자, 어떤 호기 있는 사람이 그 해를 전부 없애는 형상을 그린 것이다. 교변변경(橋邊辨慶)은 옛날에 원의경(源義經)157)이 어렸을 때

후세에 수많은 모방을 낳았다. 남송(南宋) 화원(畵院)의 주밀체(周密體)와 이공린(李公麟)·조맹부의 선묘(線描) 양식을 따른 고전파이며 산수·불상·누각에도 능했다.

153) 명나라의 화가. 심주(沈周)와 나란히 명대 문인화를 대표하는 문징명(文徵明)에게 사사(師事)했던 오파(吳派)의 문인화가 중 한사람. 산수화에 뛰어났던 그는 16세기 후반까지 활약했다.

154) 일본 노오[能]의 작품 중 하나로, 일본명으로는 '다카사고'라 한다. 여기에 등장하는 노부부는 소나무의 정령들로, 장수와 부부의 사랑을 상징하고 있다.

155) 일본 노오의 하나로 일본명으로는 '아오이노우에'이다. 여자 주인공이 사랑에 빠진 남자의 부인을 질투하여 악령으로 변하여 극을 이끌어간다(이지선, 『일본전통 공연예술』, 제이앤씨, 2007, 89~111쪽).

156) 중국 당대의 시인 백거이(白居易 : 772~846)가 지은 서사적인 장가로 당 현종(玄宗)과 양귀비의 슬픈 사랑을 노래한 것이다. 모두 4장으로 구성되어 있다.

157) 미나모토 요시츠네(1159~1189). 일본 역사상 최고 무사 중 한명. 가마쿠라 막부[鎌倉幕府]의 제2대 장군 미나모토 요리토모의 이복동생이며 막부의 판관으로 2인자였다. 단노우라 대해전에서 신출귀몰한 전술과 뛰어난 무예로 평가(平家)군을 전멸시키고 막부의 개창에 지대한 공을 세웠으나, 그 무예와 인품을 시기한 형 요리토모의 가신들에게 모함을 받아 영지인 오슈로

에 변경(辨慶)158)을 만나 다리 위에서 싸우다가 더불어 화해하는 상황을 그린 것인데,159) 모두 가면을 만들어 공연하였다. 막간에는 원숭이가 각종 재주부리는 놀이를 하였는데, 자못 우리나라의 놀이와 비슷하였다.

파한 후에 여섯 명의 봉행이 헐청(歇廳)에 나아와 뵙고 말하기를, "언천대의 도서(圖書)160)를 만들어 주는 일은 돌아가셔서 조정에 주청

쫓겨 갔다가, 1189년 요리토모의 가신들이 보낸 자객들에게 암살당했다. 당시 31세의 젊은 나이였으며, 일본인들에게 가장 사랑받고 있는 역사 속 무장이기도 하다. 그 아름다운 풍모와 무예, 인품은 그에 관한 여러 가지 전설을 만들었는데, 지금도 일본인들은 그가 죽지 않고 몽고로 건너가 칭기즈칸이 되었다는 전설을 믿고 있기도 하다.

158) 무사시보 벤케이. 미나모토 요시츠네의 최고 심복 무장.

159) 요시츠네와 벤케이는 고죠오하시(五條大橋)에서 처음 만나게 된다. 당시 벤케이는 교토로 올라와서 밤거리에서 무사들을 습격해 칼을 강탈하여 천 개의 칼을 모으려고 하였다. 칼을 999개까지 모은 후, 벤케이는 고죠오하시 위에서 황금으로 만들어진 훌륭한 칼을 차고 있던 요시츠네를 만나게 되었다. 벤케이는 그 칼을 뺏고자 하였으나, 결국 요시츠네의 무예에 승복하고 그의 무사가 되었다고 한다.

160) 대마도주의 아들인 언천대(彦千代)의 이름으로 발급되는 도서(圖書). 도서는 조선시대 왜인의 출입을 통제하기 위하여 예조에서 만들어주는 것인데, 이 도서가 찍힌 서계를 가져오는 사람과 배에 한하여 각 포소(浦所)에서의 통상을 허락하였다. 대마도주의 아들에게 발급되는 도서의 기원은 1452년 종성직(宗成職)이 도주 습직 때에 그의 아들에게 어릴 때의 이름인 천대웅환(千代熊丸)으로 도서가 발급된 것에서 비롯된다. 임란 후 통교가 재개된 뒤 1611년 종의지가 아들 언삼(彦三, 후에 義成)의 도서 발급을 요청하자, 조선에서는 종의지의 조·일 외교에 기여한 공적을 고려하여 그 해에 도서를 발급하여 주고 사송선의 도항(渡航)을 허가하였다. 그 후 1615년 의성이 도주가 된 후에도 반납을 하지 않고 있다가 1657년 의성이 죽자 반납하였다. 한편 의성의 적자(嫡子) 언만(彦滿, 후에 義眞)도 부친의 예에 따라 도서를 청구하였으나, 조선에서는 언삼의 도서가 반납되지 않았으므로 허락하지 않다가 1642년 발급하여 주었다. 1654년 언만이 도주가 되면서 1702년 사망할 때까지 사송선이 파견되었고 1704년 반납하였다. 이후 도주 아

하셔서 반드시 이루어 주시기 바랍니다. 삼화(蔘貨)는 사람의 목숨을 구제하여 살리는 것이므로 관계되는 바가 매우 중한데 근래 가짜 삼이 매우 많으니 인삼을 채취하는 사람과 상인들에게 신칙(申飭)하여 금하여 주십시오. 그리고 왜미(倭米)는 쌀의 품질이 좋지 못하고 또 물을 타는 폐단이 있으니 이것 또한 신칙하소서……" 하였다. 삼사가 말하기를, "도서의 일은 지금 대죄(待罪) 중이니 조정의 의논에 참여하기 어렵고, 삼화는 우리나라 땅에서 다 산출되는 것이 아니지만, 우리나라에서도 더욱 신칙하고 가짜 삼을 만든 자는 중죄(重罪)로 단죄(斷罪)하겠습니다. 공미(供米)는 왜관(倭館)이 몇 되를 더 받는 규례 때문에 그것을 충당하지 못하다 보니 이러한 폐단에까지 이르게 되었습니다. 만약 추가로 받는 것을 지나치게 받지 않는다면 그 폐단은 저절로 없어질 것입니다." 하였다. 봉행 등이 말하기를, "다시 의논하겠습니다." 하였다. 삼사가 다시 내청에 들어가 도주와 마주 앉으니, 또 꽃상을 바쳤는데 찬품이 자못 나았다. 잔을 바꾸어 마시기를 세 번 한 후 다시 두 순배를 행하고 나서 파하였다. 밤이 깊어 숙소에 돌아왔다. 도주가 사람을 보내어 문후하고 아울러 꽃상을 바쳤다.

14일 정묘

맑음.

마도에 머물렀다. 사상(使相)이 16일 떠나겠다는 뜻으로 봉행에게 말하니, 그들이 아직 준비되지 못한 것이 많이 있다고 하면서 갖가지로

들에 대한 도서의 발급은 이루어지지 않았던 듯하다(손승철, 「『왜인작나등록(倭人作拏謄錄)』을 통하여 본 왜관(倭館)」, 『근세조선의 한일관계연구』, 1999, 60쪽).

핑계 대었다. 도주가 사람을 시켜 문후하였다. 사상이 사람을 시켜 집승(集僧)에게 문안하였다.

15일 무진

맑음.

새벽에 망궐례를 행하였다. 도주가 사람을 시켜 문후하였고 아울러 삼중을 바쳤다. 18일에 출발하는 일로 여러 차례 왕복하여 사리에 맞게 처리하였다.

16일 기사

맑음.

마도에 머물렀다. 아침에 도주에게 사람을 시켜 문안하게 하니, 도주가 또 사람을 시켜 문후하였다. 오후에 도주가 숙소에 와서 뵈었으므로 삼사가 전례에 따라 술을 마셨다. 도주가 말하기를, "이번 사행은 난처한 일을 만났으나 참으로 적절하게 잘 처리하였습니다. 그런데 들으니 조정에서 책망하는 말씀이 있었다고 합니다. 이것은 우리나라만 귀국에게 비난을 받는 것이 아니라 도주도 그 죄를 면하기 어려우니, 매우 불안합니다." 하였다. 또 말하기를, "도주가 양국의 사이에서 이곳과 저곳 모두에게 의심을 받아 편치 않은 일이 많습니다. 원컨대, 사상께서 귀국하신 후 이 일을 갖추어 진달하셔서 이웃끼리의 우호가 영구히 돈독하게 된다면 실로 큰 다행이겠습니다." 하였다. 삼사는, "우리들이 사행의 임무를 받들어 제대로 하지 못하여 지금 준엄한 견책을 받고 있는 중이나, 이는 모두 우리들의 죄이지 도주께서 불안해하실 이유가 무엇이겠습니까? 다만 왜관에 머무르는 왜인들이 항상 방자하게 횡행(橫行)하는 일이 많은데, 작은 일로 인하여 혹시 틈이 생길까 두려우니, 각별히 엄히 신칙하여 이러한 폐단이 없게 하면 다행이겠습니다." 하였다. 답하기를, "관왜(館倭)들이 어리석고 혼미하여 일을 잘 이해하지 못하는 자가 항상 많아 이 폐단이 없지 않은 듯합니다. 삼가 마땅히 별도로 신칙하겠습니다." 하였다. 삼사가 그를 위해 술자리를 간략하게 베풀어 세 번 마신 후 또 삼다(蔘茶)를 한 순배 행하고서 파하였다.

17일 경오

맑음.

마도에 머물렀다. 관백이 증여한 회례단(回禮單) 천은(天銀)과 집정(執政) 이하가 보낸 보은(寶銀)을 합하여 계산하니, 대략 도합 1만 2333냥 7전 5푼이었다. 왜가 지급한 공목(公木)[161] 308동 17필 6척 5촌의 값을 전례대로 왜인에게 내어 주어 수표(手標)를 받았는데, 1동(同, 50필)의 값은 으레 정은(丁銀) 40냥이었다. 관백의 회례단 면자(綿子) 및 각처에서 보내온 면자의 태반은 대마도주 부자(父子)와 호행(護行) 왜인 등에게 나누어 주었으니, 이것도 전례라고 한다. 정사상이 또 나를 시켜 여러 곳에서 회례한 예단 잡물을 모두 내어, 배행하였던 상하 원역 등에게 차등 있게 나누어 주게 하였다. 삼사가 사람을 시켜 도주에게 문안하였고, 도주도 사람을 시켜 문후하였다. 밤에 봉행 평전준인(平田隼人)이 와서 뵙고 이별의 말을 고하고 갔다.

---

161) 조선시대에 외국과의 공무역에 쓰인 무명.

230

회답 서계(回答書契)

일본국 산성주(山城州) 만년산(萬年山) 사문(沙門) 조연(祖緣)의 답서

조선국 예조 대인(大人) 합하(閤下)

사행 편에 은혜로운 서신을 받고 동정(動靜)이 여의하시다는 것을 자세히 알게 되니, 진실로 매우 기쁘고 위로되었습니다. 빙례(聘禮)의 일을 마쳤는데, 바다와 육지에서 다 탈이 없었습니다. 호위에 관한 한 가지 일은 어찌 부탁하실 때까지 기다리겠습니까? 진귀한 물품을 보내주신 데 대해 깊이 감사드리고, 성의를 다해 약소한 몇 가지로나마 간략하게 사은하고자 하오니 삼가 살피고 헤아리소서. 불비.

정덕(正德) 2년 월일 산성주 만년산 사문 조연

별폭 [진주 5근, 청금대로(靑金大爐) 2개, 수랍명완(粹鑞茗盌) 10개, 살금대연갑(撒金大硯甲) 1구, 적동루오관반(赤銅累五盥盤)[162] 1부, 황련(黃連) 10근, 수정립서(水精笠緖, 수정을 꿰어 만든 갓끈) 2결(結) 계]

대마주 태수 습유(拾遺) 평의방(平義方)

사신 편에 영광의 편지가 잇달아 이르고 또 성대한 물품을 보내주시어 위로함이 평상시보다 배나 더합니다. 이에 살펴보건대, 우리 대군께서 대통을 이어받아 널리 정령(政令)을 선포하신 때에 관리가 바다를 건너오시니, 참으로 백년의 교의(交誼)가 오래될수록 더욱 두텁습니다.

---

162) 적동(赤銅)으로 만든 다섯 짝 한 벌로 된 관반(盥盤).

만리(萬里)의 빙문(聘問)이 한결같이 옛 법규를 따랐으므로, 조가(朝家)의 기쁨이 어찌 끝이 있겠습니까? 금번 성대한 의례와 우대는 전에 없던 일입니다. 세 사신의 진퇴가 다 법규에 맞아 대례(大禮)를 마치고 돌아가시니, 보잘것없는 저도 기뻐서 어쩔 줄 모르겠습니다. 약소한 산물(産物)을 별지에 적어 올리니, 엎드려 바라건대 받아 주시면 다행이겠습니다. 불비

별폭 [적동루오관반 2부, 수정립서 2결, 채화화전갑(彩畵華箋匣) 2개, 채화칠촌구경(彩畵七寸區鏡) 2면(面), 첩금병풍(貼金屏風) 2쌍, 태화진주(太和眞珠) 4근, 채화의행(彩畵衣桁) 1각(脚), 문지(文紙) 1000편(片), 채화서가(彩畵書架) 1각(脚), 제(際)]

대마주 할려산(瞎驢山) 이정암(以酊庵)

먼저 사행으로부터 은혜로운 소식을 받고 또 아름다운 예물을 받으니 매우 위로되고 흐뭇합니다. 토산물이 비록 소략하나 회례를 표하오니 삼가 밝히 살펴 주시기 바랍니다. 불비

별폭 [첩금병풍 1쌍, 채화문갑 1개, 문지 500편, 수랍중명완(粹鑞中茗碗) 10개, 흑칠대원분(黑漆大圓盆) 10매(枚) 제]

대마주 종벽산(鍾碧山) 만송원(萬松院)
서계의 말은 이정암(以酊庵)과 같다.

별폭 [채화괘연갑(彩畵掛硯匣) 1개, 채화루합대연갑(彩畵累合大硯匣) 1비(備), 황련 5근, 수랍주과아(粹鑞酒鍋兒) 1개, 채화연광(彩畵宴筐) 1비(備), 제]

18일 신미

맑음.

아침에 도주가 각처의 회답서계를 보내와서, 숫자를 살펴 받은 후 즉시 배에 탔다. 도주가 향고(香膏) 1그릇, 연분(烟盆) 1좌(坐), 색지(色紙) 1축(軸), 단선(團扇) 3자루를 삼사와 삼당상께 바쳤다. 이것은 전별의 명목으로 준 것이었으니, 사상께서 즉시 비장(裨將) 등에게 나누어 주었다. 진시(辰時, 오전 7시~9시)에 도주가 나오자 동시에 배를 출발시켰는데, 10리 밖까지 공손히 배웅하고 배 위에서 서로 읍하고 작별하였다. 장로는 병이라서 나오지 않았다. 봉행과 재판 등이 20리 밖까지 공손히 배웅하였다. 드디어 돛을 달고 가서, 저녁에 금포(琴浦)에 이르러 배위에서 유숙하였다. 호행 봉행 충좌위문(忠左衛門)과 재판 시랑병위(市郞兵衛)가 수행하였다. 이날은 160리를 갔다.

19일 임신

흐림.

남풍이 바르고 순조로웠다. 새벽에 배를 출발시켜 서박포(西泊浦)를 지났다. 큰 고래가 무수히 바다에 나타났는데, 꼬리를 들어 휘두르며 눈같이 파도를 뿜어내는 것도 하나의 기이한 광경이었다. 오시(午時, 오전 11시~오후 1시)에 풍기(豊崎) 앞바다에 정박하여 조수가 순조로워지기를 기다렸다가 풍기와 악포(鰐浦)를 지나 저녁에 좌수내포(佐須

奈浦)에 도착하여 유숙하였다. 선래(先來)가 오늘 묘시(卯時, 오전 5시~7시)에 비로소 배를 출발시켜 들어갔다고 한다. 이날은 110리를 갔다.

20일 계유

비가 내리고 큰 바람이 불었음.

좌수내포에 머물렀다. 도주가 사람을 시켜 문후하였고, 아울러 삼사와 삼당상께 삼중을 바쳤다. 삼사가 글로써 감사하였는데, 이것도 전례라고 한다.

21일 갑술

큰 바람이 불었음.

좌수내포에 머물렀다. 충좌위문(忠左衛門)이 삼중을 바쳤고, 재판이 와서 문후하였다.

22일 을해

흐림.

좌수내포에 머물렀다.

23일 병자

맑음.

좌수내포에 머물렀다.

24일 정축

흐림.

좌수내포에 머물렀다. 도주가 글로써 삼사에게 문후하고 또 과일들을 보내어, 삼사가 글로써 감사하였다. 사시(巳時, 오전 9시~11시) 이후 바람이 자못 순조로워졌으나 금방 흐리고 비가 내릴 듯하였다. 왜인들은 갈 수 없다고 하였으나, 우리나라 사람들은 모두 갈 수 있다고 하므로, 정사상(正使相)께서 의심하고 결정하지 못하였는데, 부사와 종사관 두 사신께서 강력하게 가자고 하였다. 배를 타려고 할 때 봉행과 재판 등이 와서 멈추시도록 청하였으나, 끝내 허락하지 않았다. 사시(巳時) 말에 배를 타고 항구를 나가 수십 리에 이르렀는데, 바람이 점차 약해졌다. 정사의 배에서 포를 쏘고 배를 돌리므로, 부선과 종사관의 배도 부득이하게 차례로 배를 돌렸다. 정사상은 즉시 내려 숙소로 들어가고, 부사와 종사관 두 사신은 그대로 배 위에 머물렀다.

25일 무인

흐리다가 비가 내림. 오후에 큰 비가 내림.

아침부터 순풍이 불었으나, 왜인들은 오히려 중양(中洋)의 바람은 거슬려서 갈 수 없다고 하였다. 부사와 종사관 두 사신이 가기를 독촉하였으나, 정사상은 허락하려 하지 않았다. 다시 뱃사람을 봉대(烽臺)에 보내어 바람을 살피게 하니, 왜인과 함께 와서 말하기를, "지금 바람이 조금 좋습니다." 하므로, 드디어 즉시 배를 출발시켰다.

시간이 이미 사시(巳時, 오전 9시~11시)를 지났는데, 수지(水旨)를 지나쳐 바라보니 우리나라의 지경이었으나, 막 비가 내려 사람들이 모두 후회하며 근심스러워하였다. 저녁에 비가 마치 쏟아 붓듯이 내리고 구름과 안개 때문에 앞이 보이지 않는데, 거센 바람이 크게 불며 성난 파도가 부딪쳐서 배 안의 방에까지 물이 들어왔다. 날도 저물어 캄캄하여 지척을 분간할 수가 없어서 부산(釜山), 절영도(絶影島) 등이 어느 방향에 있는지 알지 못하였다. 뱃사람들이 말하기를, "우리나라 지경에서 멈추어 정박하고자 하면 배가 반드시 손상을 입을 것이니, 바다 가운데를 왕래하여 내일 날이 밝기를 기다리는 것이 낫습니다." 하였다. 드디어 타의 방향을 바꾸어 서쪽으로 7·80리를 갈 수 있었는데, 바람이 갑자기 선회하여 역풍이 불어 혹은 동쪽으로 혹은 북쪽으로 마음대로 왔다갔다 떠다니며 배가 어디로 향하는지 알지 못하였다.

배에 탄 사람들이 모두 쓰러지되 나는 가고 돌아오는 길에 홀로 배멀미를 면하였으므로, 매번 배를 타고 가는 사이에 타루(舵樓)에 올라앉아 노 젓는 사람들을 권려하고 아울러 풍경을 즐겼다. 오늘도 타루에 올라 홀로 난간에 기대어 있다가, 갑자기 비가 내려 피하여 장방(裝房)에 내려왔는데, 조금 있다가 판방(板房)에 물이 흘러 의복이 모두 젖었다. 피할 수 있는 방법이 없어 방구석에 쭈그리고 앉아 있다가, 급히 화구(火具)를 내어 몸소 불을 불어 초를 밝히며 홀로 앉아 있었다. 이리저리 생각해도 생명을 보존할 희망이 없어 몰래 푸른 하늘에 기도를 하였는데, 이 지경에 이르고 보니 상황이 참담하였다.

조금 있다가 사공들이 급히 도끼를 찾기에 물으니, 배가 석여(石礖)에 걸려 타의 밧줄을 끊어 배가 전복되는 환란을 면하려 한다고 하니, 그 놀랍고 황망하여 조치할 수 없는 상황을 뭐라 말할 수가 없다. 또 뱃사람들이 서로 주고받는 소리가 들려 물어보니, 뱃머리에 불빛이 비추는데 이것이 해안 육지인 듯 하다고 한다. 들으니 매우 놀랍고 기뻐서 급히 장방을 나와 몸소 탐문하였는데, 부산 앞의 용당포(龍堂浦)에 들어가 정박한다고 한다. 급히 뱃사람들에게 닻을 내리게 하니, 배에 탄 사람들에게 비로소 살고자 하는 의지가 생겼다. 만약 하늘의 도움이 아니라면 어찌 이와 같을 수 있겠는가. 이때에 비가 크게 내려 동이를 뒤집을 정도인데, 비를 무릅쓰고 급히 우리나라의 작은 배를 부르니, 따르던 왜 소선(小船)이 이미 기다리고 있었다. 사상을 모시고 육지에 내려 항구 가의 마을 집에 들어갔으나, 배들이 각자 흩어졌고 왜선 1척만이 함께 포구에 들어왔을 뿐이다. 때는 이미 3경이었다.

사상께서 급히 붓과 연적을 내어 나를 시켜 부산진(釜山鎭)에 보내는 관문(關文)을 초하게 하기를, '정사선(正使船)은 지금 이미 용당포에 도착하여 정박하였고, 부선과 종사선 그리고 모든 복선(卜船)들은 어디로 갔는지 알지 못합니다. 급히 예인선을 내어 밝은 불을 들고 좌우로 탐색하여 찾아야 합니다.' 하였다. 조금 있다가 부선이 분포(溢浦)에 도착하였지만 모래 언덕에 닿아 부서져, 별장(別將) 유정좌(劉廷佐)가 부사의 팔을 끼고 뱃머리에 나와 물이 얕은 곳을 살펴 뛰어 내렸다. 배안의 사람들이 거의 쓰러져 정신을 차리지 못하니 유 비장이 다시 들어가 외치며 재촉하거나 혹은 손으로 붙잡고 해안까지 끌어와서 살 수 있게 하였으나, 실었던 짐들은 거의 휩쓸려 잃어버렸다고 하는데 한편으로는 놀랍고 한편으로는 기쁘다. 밤이 깊은 후 또 들으니, 종사관의 배가 표류하다가 남천(南川)에 정박하였는데 배도 온존하고 무사하다고 하니 역시 다행이다.

사상의 자제 조 서방(趙書房)과 서울 친구들이 많이 와서 뵈었다.

또한 수만 번 죽을 고비를 넘기고 살아서 해를 넘겨 서로 이별하였던 사람을 볼 수 있으니, 한편으로는 기쁘고 한편으로는 슬프다. 동래부사, 수백(水伯)과 지대 수령, 훈별(訓別)이 와서 뵈어, 비로소 삼사신과 당상(堂上), 상통사(上通事)를 잡아오라는 명이 있었음을 알게 되니, 황송함을 말할 수가 없다.

다음날 아침 들으니, 여러 복선(卜船)이 무사하게 도착하여 정박하였으나 부선의 격군 1명이 빠져 죽었다고 하니 슬프다. 왜선 1척도 파선되었다고 한다.

일본에 갔다 돌아온 총목(摠目)

신묘년(辛卯年)

5월 15일   사조(辭朝)하였다.

6월 초6일   부산(釜山)에 도착하여 27일을 머물렀다.

7월 초4일   배를 타고 바람을 기다렸다.

　　 초5일   대마도(對馬島)의 좌수내포(佐須奈浦)에 도착하여 11일을 머물렀다.

　　 19일   대마도 부중(府中)에 도착하여 21일을 머물렀다.

8월 초9일   대마도에서 출발하였다.

9월 16일   대판성(大坂城)에 도착하여 10일을 머물렀다.

　　 28일   왜경(倭京)에 도착하여 3일을 머물렀다.

10월 18일   강호(江戶)에 도착하여 관소에 31일을 머물렀다.

11월 19일   강호에서 출발하였다.

12월 초4일   왜경에 돌아와 4일을 머물렀다.

　　초9일   대판성에 돌아와 9일을 머물렀다.

　　18일   우리 배에 돌아와 탔다.

임진년(壬辰年)

2월 초9일   대마도에 돌아와 9일을 머물렀다.

　　18일   대마도에서 출발하였다.

　　25일   부산에 돌아와 정박하였다.

3월 초9일   복명(復命)하였다.

이상 우리 지경의 역로(驛路) 1,055리, 저곳의 물길 3,285리, 육지 행로 1,315리, 모두 5,655리이다.

관백

[만력(萬歷) 무자년(戊子年, 선조 21, 1588) 평수길(平秀吉)이 원씨(原氏)를 시해하고 스스로 관백이 되었다. 무술년(戊戌年, 선조 26, 1598)에 수길이 죽자 가강(家康)이 원씨를 복위시켜 나라를 회복하였다.]

원가강(原家康) [만력 계묘년(癸卯年, 선조 36, 1603), 경장(慶長) 8년에 정이대장군(征夷大將軍)이 되었다. 을사년(乙巳年, 선조 38, 1605), 경장 10년에 수충(秀忠)에게 전하였다. 병진년(광해 8, 1616)에 사망하였다.]

수충(秀忠) [만력 을사년, 경장 10년에 위를 이었다. 천계(天啓) 계해년(癸亥年, 광해 15, 1623), 원화(元和) 9년에 가광(家光)에게 전하였다. 임신년(壬申年, 인조 10, 1632)에 사망하였다.]

가광(家光) [천계 계해년, 원화 9년에 위를 이었다. 효종 계사년(癸巳年, 효종 4, 1653) 약응(藥應) 2년에 사망하였다. 아들 가강(家綱)이 섰다.]

가강(家綱) [효종 계사년, 응인(應仁) 2년에 위를 이었다. 강희(康熙) 경신년(庚申年, 숙종 6, 1680)에 졸(卒)하였다. 동생 강길(綱吉)이 섰다.]

강길(綱吉) [기축년(숙종 35, 1709)에 졸하였다. 조카 가선(家宣)이 섰다.]

가선(家宣) [임진년(숙종 38, 1712)에 졸하였다. 아들 가계(家繼)가 섰다.]

가계(家繼) [병신년(숙종 42, 1716)에 졸하였다. 기이수(紀伊守) 길종(吉宗)이 섰다.]

길종(吉宗)

대마도주

[만력 무자년(戊子年, 선조 21, 1588)에 평수길이 도주 종성장(宗盛長)을 제거하고, 평의지(平義智)를 도주로 삼았다. 평씨가 이때부터 시작되었다.]

평의지(平義智) [만력 을묘년(乙卯年, 광해 7, 1615)에 서거하였다. 아들 의성(義成)이 이었다.]

의성(義成) [아명은 언삼(彦三)이다. 순치(順治) 정유년(丁酉年, 효종 8, 1657)에 서거하였다. 아들 의진(義眞)이 이었다.]

의진(義眞) [아명은 언만(彦滿)이다. 을해년(숙종 21, 1695)에 치사(致仕)하고 의윤(義倫)에게 전하였으나, 오래지 않아 의윤이 서거하니 의진이 다시 임용되었다. 임오년(壬午年, 숙종 28, 1702)에 서거하였고, 차자(次子) 의방(義方)이 이었다.]

의윤(義倫) [아명은 우경(右京)이다. 을해년에 그 직임을 이었으나, 오래지 않아 서거하고 의진이 도로 임용되었다.]

의방(義方) [아명은 차랑(次郞)이다. 무술년(戊戌年, 숙종 44, 1718)에 서거하여 그 동생 평방성(平方誠)이 그 직을 이었다. 개명하여 의성(義誠)이라 하였다. 경술년(庚戌年, 영조 6, 1730)에 그 동생 방희(方熙)가 이었다.]

방희(方熙) [임자년(壬子年, 영조 8, 1732)에 물러나고 의성의 아들 의여(義如)에게 전하였다.]

의여(義如) [아명은 미일(彌一)이다.]

임진년(壬辰年) 이후의 통신사

가강시 [선조 39년 병오(丙午) 정사 여우길(呂祐吉), 부사 경섬(慶暹), 종사관 정호관(丁好寬)]

수충시 [광해군 9년 정사(丁巳) 정사 오윤겸(吳允謙), 부사 박재(朴梓), 종사관 이경직(李景稷)]

가광시 [인조 2년 갑자(甲子) 정사 정립(鄭岦), 부사 강홍중(姜弘重), 종사관 신계영(辛啓榮). 14년 병자(丙子) 정사 임광(任珖), 부사 김세렴(金世濂), 종사관 황호(黃㦿). 20년 계미(癸未)163) 정사 윤순지(尹順之), 부사 조경(趙絅), 종사관 신유(申濡)]

가강시 [효종 7년 을미(乙未)164) 정사 조형(趙珩), 부사 유창(兪瑒), 종사관 남용익(南龍翼)]

강길시 [숙종 9년 임술(壬戌)165) 정사 윤지완(尹趾完), 부사 이언강(李彦綱), 종사관 박경후(朴慶後)]

---

163) 인조 21년의 착오인 듯하다.
164) 효종 6년의 착오인 듯하다.
165) 숙종 8년의 착오인 듯하다.

가선시 [38년 신묘(辛卯)166) 정사 조태억(趙泰億), 부사 임수간(任守幹), 종사관 이방언(李邦彦)]

길종시 [46년 기해(己亥)167) 정사 홍치중(洪致中), 부사 황선(黃璿), 종사관 이명언(李明彦)]

임진 3월 초9일 의금부에서 조태억(趙泰億), 임수간(任守幹), 이방언(李邦彦), 최상집(崔尙㠥), 이석린(李碩獜), 이송년(李松年), 김시남(金始南), 홍순명(洪舜明)을 잡아와 가두라는 계목(啓目)을 올렸다.

임진 3월 11일 의금부의 계목에, "통신 정사 조태억, 부사 임수간, 종사관 이방언, 수역(首譯) 이석린, 일을 맡은 역관 최상집, 이송년, 김시남, 홍순명, 현덕윤 등은 원정(元情)에 운운하였습니다. 지만(遲晩)이라고 범칭(泛稱)하니, 형추(刑推)하여 사실을 알아내는 것이 어떻겠습니까?" 하니, 형추는 그만두고 의논하여 처리하라 하였다.

임진 3월 15일 대신과 비국(備局) 당상을 인견할 때에 통신사 등의 의헌(議獻)을 차관(次官)으로 대행하게 할 일로 탑전(榻前)에서 하교하였다.

임진 3월 21일 의금부의 계목에, "조태억, 임수간, 이방언 등을 의논하여 처리하라 운운 하셨습니다. 사신 등이 불행한 일을 우연히 만나 사단(事端)이 뜻밖에서 나와 난처한 지경에 이르렀으나, 그 쟁변한 바는 힘껏 하지 않았다고 할 수는 없습니다. 다만 추환(推還)의 일에 있어서는, 국서를 전하고 멀리 조정에 계품한 뒤에 고치기를 청하는 것은

---

166) 숙종 37년의 착오인 듯하다.
167) 숙종 45년의 착오인 듯하다.

이미 독자적으로 처리해야 하는 사신의 책임을 잃은 것입니다. 서식 하나의 조항에 이르러서는 우리에게 실수한 바가 없고 저들에게 잘못이 있어서 마땅히 죽음으로 다투어서 회청(回聽)하기를 기약해야 하는데, 이렇게 하지 않고 경솔하게 먼저 돌아와 끝내 사명을 받들고 간 직임을 잃은 죄를 면하기 어렵습니다. 마땅히 조율(照律)하시기를 계청합니다. 두루 율문(律文)을 살펴보아도 끝내 법문에 꼭 들어맞는 율이 없어 아래에서 감히 마음대로 판단할 수 없사오니 상께서 재량하시는 것이 어떻겠습니까?" 하니, 대신에게 물어 의논하여 처리하라 하였다.

임진 3월 25일 의금부 계목에, "통신사 정사 조태억, 부사 임수간, 종사관 이방언 등의 일을 대신에게 물어 의논하여 처리하라 운운하셨습니다. 우의정은[168] '통신사 등의 최초 장계에서는 글이 소략하여 피차(彼此)가 서로 쟁난(爭難)했던 일들이 빠지고 기록되지 않았다고 들었습니다. 이에 묘당(廟堂)의 여러 신하들이 매우 놀라웠던 까닭에 그것을 문책하여 잡아다 심문하는 일이 있게 되었습니다. 그러나 먼저 온 장계를 보거나 의금부의 원사(爰辭)[169]를 보면, 당초 두 가지의 의심스러운 일은 진실로 이미 힘을 다하여 많이 변통하였고, 실환(失歡)·생혼(生釁)이란 말에 이르러서는 그간 일의 형세가 과연 충분히 난처한 지경에 이르렀었다고 할 수 있습니다. 사신 등이 국서를 추환하여 우리가 스스로 먼저 고쳐서 적에게 맞추고자 하는 결론에 이른 것도 역시 부득이한 데서 나온 것입니다. 다만 멀리 조정에 계품하여 놓고 지레 먼저 돌아옴으로써 끝내 사명(使命)을 받들고 간 직분을 잃은 죄는 면

---

168) 당시 우의정은 조상우(趙相愚)였다.
169) 죄인의 범죄사실을 조사한 서류인 원서(爰書)에 있는 말을 의미한다.

하기 어려우니, 이것으로 조율하는 것이 마땅할 듯합니다. 그러나 법문(法文)에 꼭 들어맞는 율이 없어 신들의 어리석은 의견으로는 억측하여 결단하기 어렵습니다. 다만 생각건대, 정축년(1697, 숙종 23) 주청사신(奏請使臣)이 준청(準請)하지 못하여 삭출(削黜)되는 벌을 받기에 이르렀으니, 이것이 혹시 오늘날 방조(旁照)[170]의 단서가 되지 않을까 합니다. 생각하옵건대, 상께서 재결하소서.' 하였습니다.

판부사(判府事) 서(徐)는[171] '이번 통신사 여러 신하들이 뜻밖의 일을 당하여 변통하여 처리하는데 최선을 다하였지만 대개 매우 어려움이 있었습니다. 그러나 서식(書式)을 옛 방식에 따르는 일에 이르러서는 우리의 이치가 곧고 말이 바른 것이었으므로, 비록 왜인들의 속정이 본래 바꾸는 것을 부끄럽게 여긴다고 할지라도, 사신은 반드시 충분히 밝게 그들을 깨우치고 힘써 다투어 시간이 흘러도 반드시 회청(回聽)을 기약해야 하였습니다. 그런데 서둘러 돌아오려고 급히 강호(江戶)를 떠나 쟁변(爭辨)할 길이 없게 만들었습니다. 서식은 중대한 것인데도 사신의 뜻은 이 점을 간과하여 잘못을 면치 못함으로써 마침내 막중한 국서(國書)를 이미 전하였다가 도로 본국으로 돌려보내기에 이르렀습니다. 저 사람들의 뜻이 모만(侮慢)에서 나오지 않았다고 말할 수는 없을 듯하니, 국가의 체통이 매우 손상되고 모욕을 받은 것입니다. 다만 국서를 저들이 돌려보냈다고 말하는 것은 자못 사실이 아니며, 사신의 일을 살피지 않고 단지 돌아오는 것이 지체되는 것만 염려하였다고 말하는 것은 결코 그 본래의 사정이 아닙니다. 대저 이번 이 일은 비록

---

170) 죄에 꼭 맞는 적절한 조문(條文)이 없을 때 그와 유사한 다른 법조문을 참조하는 것.
171) 판중추부사(判中樞府事) 서종태(徐宗泰).

정성이 없는 데에서 나온 것이지만, 일의 체모가 이미 중하니 참으로 사신의 직분을 제대로 행하지 못하였다는 죄를 면하기는 어렵습니다. 그러나 마땅한 율이 없으니 사정(事情)과 법을 참작하여 처벌해야 하는데, 그것은 오직 성상의 처분에 달려 있사오니, 생각하옵건대 상께서 재결하소서.' 하였습니다.

판부사 김은172) '신은 잠깐 통신사가 직분을 잃고 국가를 욕되게 한 것이 관계되는 바가 중대하니 논열(論列)해야 한다고 여겼습니다. 그런데 지금 사신 조태억의 공초장에 있는 말을 보면, 「그 심문한 조목 중에, 물리쳐 보낸 국서를 받고 지체될 것을 염려하여 급히 출발하여 귀로에 오른 것을 괴이한 일이라고 말하는 것은 실로 본래의 정상이 아닙니다.」 하였습니다. 이는 신의 차자(箚子) 중에서 논한 내용입니다. 처음에 신이 이 일을 논할 때, 다만 사신이 국서를 고쳐줄 것을 청하는 장계를 가지고 말하였는데, 그 안에 인용되어 있는 왜인의 말을 보면, 「만약 끝내 가져가고자 하지 않는다면 이미 받은 국서를 우리나라에 돌려주고 이미 바친 국서는 받아서 조선으로 돌아가라.」 하였습니다. 이것으로 본다면 우리 국서가 왜인들에게 물리쳐진 것이 명백합니다. 그런데 지금 어찌하여 추환의 일을 우리 쪽에서 먼저 제기한 것이라고 한단 말입니까? 그 장계에서 또 말하기를 「비록 한결같이 머물러 있어도 결코 바뀔 상황이 아니다.」 하였고 또 말하기를, 「사신의 일이 지체되는 것은 하루가 급하다.」고 하였는데, 국서를 개봉하고는 밤새 내려 보냈으니 지체되는 것을 염려하였음을 또한 어찌 가릴 수 있겠습니까. 또 처음에 비록 왜인과 왕복한 바가 있었으나 끝내 정사년(丁巳年)의 사신들이 힘써

---

172) 판중추부사 김창집(金昌集).

다투어서 반드시 고친 것과 같을 수 없으며, 왜인과 왕복하느라 출발 기일을 물린 것이 3일을 넘지 않았으니, 또한 어찌 귀로(歸路)에 오르기에 급하였다고 하지 않을 수 있겠습니까. 대저 신의 논한 바는 장계의 말 밖에서는 나오지 않았는데 사신 등이 스스로 변명한 것을 보면, 신이 사실이나 본래의 정상과 다른 것을 억지로 날조한 것처럼 여기고 있으니, 과연 지금 죄의 경중을 의논하는 사이에 신이 어찌 말을 할 수 있겠습니까. 오직 성상께서 헤아려 살피고 처리하시기에 달려 있습니다. 삼가 생각하옵건대, 상께서 재결하소서.' 하였습니다.

행판부사 이이명(李頤命)은 '행판부사 서와 의논이 같습니다.' 하였으며, 판부사 이유(李濡)는 병 때문에 상의하지 못하였고, 영부사(領府事) 윤(尹)과 판부사 최(崔), 이(李), 윤(尹)도 외방에 있어서 의논을 하지 못하였습니다. 대신의 뜻이 이와 같으니 상께서 재결하심이 어떠하십니까?" 하니, 전교하기를, "서 판부사의 의견이 바로 내 뜻과 부합하는데, 사정과 법을 참작하여 처리하지 않을 수 없다. 아울러 삭탈관작(削奪官爵)하고 문외출송(門外黜送)하라." 하였다.

金顯門錄

東槎錄 禮

東槎錄

金顯門 東槎錄

歲庚寅 日本國關白源家宣 新立 請遣信使 朝廷許之 該曹擬入
三使臣望 七月二十二日 天點始下 一行員額 亦爲差出

三使臣
正使 吏曹參議 趙泰億 號平泉
副使 司僕寺正 任守幹 號靑坪
從事官 兵曹正郎 李邦彥 號南岡

元額總數 四百九十七員名

第一船正使

子弟軍官 折衝 李謠
　　　前參奉 韓潤基
軍官 折衝 金鎰英
　　　都總經歷 趙健
　　　訓鍊僉正 韓範錫
　　　訓鍊主簿 柳瀋
　　　前哨官 金世珍
首譯 嘉善 崔尙嵊
　　　嘉善 李碩犙
上通事 前判官 鄭昌周
製述官 及第 李礥
押物通事 前僉正 金顯門
　　　前直長 朴泰信
良醫 前直長 奇斗文
寫字官 上護軍 李壽長
書記 奉常判官 洪舜衍
別破陣 金斗明
馬上才 池起澤
典樂 金碩謙
理馬 安英敏
伴倘 嚴廷輝
舡將 安時廸
卜船監官 李寅成
禮單直 金益命

廳直 李命俊

盤纏直 崔天若

都訓導 金漢伯

小童　　裵重儉

　　　　金有聲

　　　　姜弼周

　　　　金鳳章

首譯小童 金光日

　　　　孫尙卜

製述小童 洪俊屹

使奴　　貴先

　　　　萬貴

員額奴 二十名

小通事 金乞金

　　　金順廸格軍

　　　朴乧金

　　　崔震昌

　　　鄭得秋

使令 四名

吹手 六名

炮手 二名

旗手 一名

刀尺 三名

首譯使令 四名

上船沙工 四名
格軍 五十七名
卜船沙工 四名
格軍 三十五名

第二船副使

子弟軍官 副司猛 張文翰工房
　　　　　閑良 任道升禮房
軍官 都摠都事　趙儐兵房
　　　前監察　　閔濟章
　　　武兼　　　鄭纘述
　　　護軍　　　申震燉遠射
　　　前別將　　劉廷佐
首譯 折衝　　　李松年
上通事　　　　　洪舜明
押物通事　　　　金時璞
　　　　　　　　趙得賢
醫員 前主簿　　玄萬奎
畫員 副司果　　朴東普
書記 及第　　　嚴漢重
別破陣　　　　　嚴漢佑
卜船監官　　　　金自鳴
廳直　　　　　　鄭俊喜
盤纏直　　　　　李能白

小童　　　　　李世勳
　　　　　　　姜翼聖
　　　　　　　李德載
　　　　　　　李愛正金
首譯 小童　　金興碩
員額奴 十六名
小童詞　　　　崔命男
　　　　　　　李承淡
　　　　　　　朴貴贊

使令 四名
吹手 六名
炮手 二名
旗手 一名
刀尺 二名
首譯使令 二名
上船沙工 四名
格軍 六十二名
卜船沙工 四名
格軍 三十名

第三船從事官
子弟軍官 副司勇 卞景和
軍官　　前郡守 李行儉兵房
　　　　宣傳官 鄭壽松工房

首譯折衝	金始南
上通事	玄德潤_{乾粮}
次上通事	金是樑_{卜舡}
前僉正	崔漢鎭
醫員 副司勇	李渭
寫字官	李爾芳_{卜舡}
書記 副司果	南聖重
馬上才	李斗興
伴倘	金世榮
舡將	金汝澄
卜舡監官	秋時江
廳直	元萬柱
盤纏直	趙龍錫
都訓導	金鎰億
小童	朴致善
	李尙三
	崔應虎
	尹昌傑
首譯小童	張世澄
使奴	老積
	順傑
員額奴 十二名	
小童詞	宋毛同
使令 四名	

吹手 六名

炮手 二名

首譯使令 三名

上舡沙工 四名

格軍 五十七名

卜舡沙工 四名

格軍 三十三名

刀尺 二名

護行大差倭　　　平田隼人 名平方直 自釜館護行者

　　　　　　　　大浦忠左衛門 名平倫之

裁判　　嶋雄八左衛門 名平方正 自釜館護 行到馬島 因病身死

　　　　寺田一郎兵衛 名橘方高

　　　　樋口久米右衛門 名平方利 在馬島 平方正代 還到倭京 落後

　　　　瀧六郎右各衛門 名平方相 還到倭京 平方利 因子病 落後 代

都舡主　吉川六郎左衛門 名平誠尚 自釜館護行者

上舡通詞倭　江口金七　長留藤右衛門

副舡通詞倭　加勢傳五郎　小田四郎兵衛

從舡通詞倭　山城弘左衛門　阿比留儀兵衛

上卜舡通詞倭　富井源入　小山田嘉右衛門

副卜舡通詞倭　橋邊市兵衛　小松原權右衛門　白水又兵衛

三卜舡通詞倭　茂里田弁吉　仁位善六　中川吉右衛門

正舡禁徒倭　米田摠兵衛

副舡禁徒倭　田城澤右衛門

254

從舡禁徒倭 淺井喜內

國書

朝鮮國王姓諱 奉書鎭以爲政以德寶

日本國王殿下

聘問之澗 倏焉一世 竊承殿下 光改以克字紹基圖 誕救區域 其在隣好 曷勝忻聳 肆馳崇介 庸擧信儀 修睦致慶 式循故常 仍將菲品 聊寓遠忱 惟冀益懋令猷 永固交誼 不備 辛卯年五月日

別幅人蔘五十斤 大襦子十匹 大段子十匹 靑黍皮三十張 黃照布二十匹 黑照布三十匹 虎皮十五張 黃蜜一百斤 魚皮一百張 色紙三十卷 各色筆五十柄 駿馬二匹鞍具 淸蜜十壺(每缸一斗式) 鷹子十連 眞墨五十笏

書契

朝鮮國 禮曹參議 吳命峻 奉書

日本國 對馬州太守 拾遺 平公閣下

緬惟炎序 興居增重 朝庭爲賀 貴國新化彌光 專价奉幣 惇信修好 諒奉至意 勉輸心力 略表菲儀 竝希莞領 不備

別幅人蔘五斤 豹皮三張 白照布十匹 白綿紬十匹 虎皮二張 花席五張 黑麻布五匹 白木綿二十匹

朝鮮國 禮曹佐郎 洪禹道 奉書

日本國 緣長老 足下

逖惟起居 對時珍相 適憑賀使之便 聊申問候之禮 惟冀長護水道 利涉幸甚 仍將薄儀 聊表遠忱 不備

別幅 人蔘三斤　白綿紬五匹　眞墨十笏　白照布五匹　黃毛筆二十柄

朝鮮國　禮曹佐郞　洪禹道　奉書

日本國　鍾碧山　萬松院　足下

天時方熱　道況淸毖　瞻往殊切　不腆徵品　惟冀笑留　不備

別幅 白照布五匹　虎皮一張　油芚一部　白綿紬五匹　花席三張

朝鮮國　禮曹佐郞　洪禹道　奉書

日本國　沙門　以酊菴　足下

辛卯　五月　大

十二日　庚子　朝陰暮晴　戶禮曹堂上及三使臣　眼同禮單物件封裏
于禮曹　而其中生苧布虎豹皮等數種　自上點退　改備

十五日　癸卯　朝雨晝晴暮雨　三使臣以下一行　詣闕　辭陛之後　上
命三使臣引見於興政殿　仍爲宣醞臘藥胡椒虎皮弓箭油芚扇子等
物賜給　員額軍官等　大接扇別扇各一柄式賜給　三使臣仍爲奉節
出去　余與三堂三上判事　隨班到南關廟　告白於使相前　各自散歸
余亦歸家　則籠卜已爲離發　而奉事等諸弟咸郞崔郞已出江郊云
以書契事　又進闕內　言及於備禮吏後還家　入拜祠宇　仍爲作別於
一家親族之來訪者　歷入曲橋宅　拜別於祖母主前　日已向午　故疾
馳到內夫於叱峴　則金僚而澤韓僚君度　設盤果　而本廳諸益　皆會
請留　俄而　李台洪玄崔僚相繼　出來暢飮數盃與諸益作別　到外夫
於叱峴　則西洞堂叔及諸弟　出待已久　親舊之來別者　亦多　暨入

依幕 則驟雨暴下 冒雨立飲數盃 而三使相已渡江云 故拜別堂叔
前 到漢江渡頭 與諸弟等及崔郎 握手相離 彼此含淚而別 此行
之異於燕行 於此可知也 尤有所缺然者 家庭已於前月西行 舍兄
亦於三月作賁旬之行 而當此期限未料之行 不得拜別於膝下 此
心之悵缺 何能形喻 初昏抵良才站 止宿 長湍連川交河豊德果川
朔寧等邑支待矣 是日行三十里

十六日 甲辰 乍雨乍晴 平明發行 到板橋 廣州金浦永平富平衿
川等邑支待 中火後 到龍仁縣止宿 通津龍仁仁川南陽等邑支待
而南陽府使不親來待 使其鄕所色吏出待 饌味腐傷 不能近口 而
奴輩驛卒之不得食者 亦多 是日行六十里

十七日 乙巳 晴 朝飯後離發 到陽智縣 利川麻田安山加平陽川
陽智等邑支待 中火後 到竹山府止宿 水原竹山振威積城等邑支
待矣 是日行八十里

十八日 丙午 朝晴暮雨 平明發行 到無極驛 安城陽根砥平驪州
抱川陽城等邑支待 中火後到崇善站止宿 淸州鎭川文義木川全義
等邑支待矣 是日行八十里 遞騎驛馬 回還驛子處 付送家書 自
此以後 連有馬徒一名 書者一名 籠馬徒一名 丘從一名 卜馬一
匹 奴子騎馬一匹 使令一雙 陪吏一名 通引二名 房子 使喚軍
茶母 監嘗 各一名矣 湖西營吏陰寸惜等三名 來隨使行

十九日 丁未 雨 平明冒雨 到忠州止宿 本州及淸風堤川淸安陰

城等邑支待矣　是日行四十里　刷馬人命俊之回　付送家書

二十日　戊申　陰　平明發行　到安富驛　槐山延豊報恩丹陽永春懷
仁等邑支待　中火後歷入漱玉亭　雨餘瀑壯　飛沫上檻　令人神爽
四面翠壁　蒼厓環擁　合杳絶無人世喧囂　此時半晌淸晤　實是浮生
難得之境界也　使陰寸惜　攀上絶壁　正使以下隨行軍官員額題名
於岩上　上鳥嶺　巓上遆騎驛馬　夕到聞慶縣止宿　本縣及善山支待
矣　是日行八十里　湖西營吏告故　嶺南營吏金有章等三名來隨

二十一日　己酉　朝晴午雨　平明發行　到幽谷驛　尙州金山開寧等
邑支待　中火後　正使相　到咸昌下西面故文剛公繼室咸寧郡夫人
金氏墓　致祭　卽正使相十一代祖母云奠物自本官備來　而極其豊
侈矣昏後抵咸昌縣止宿本縣及仁同支待矣是日行六十里

二十二日　庚戌　驟雨大作　從事官由尙州比安作行　約會於義城
而先爲發行　正使行次　仍朝飯而發　到龍宮縣止宿　軍威及本縣支
待矣　是日行四十里　副使行次　自安富落後　至是追到

二十三日　辛亥　陰　早發　到醴泉郡止宿　兩行　本郡獨待矣　是日
行三十里　兩使　登快賓樓　使裨將　射帿觀娛　撞見京人之回　修家
書以付

二十四日　壬子　晴　平明發行　行十五里　到沙川　則所塔橋樑爲日
昨驟雨所頹　大水滂霈　使相下橋駐　節禮單卜物盡爲過越後　徐以

人夫渡水　又行十五里　到豊山倉　榮川順興支待　中火後　欲爲離
發　而午熱特甚　不能作行　日斜後始發　夕到安東府止宿　本府及
英陽支待矣　過嶺以後　觀光士女　裹粮三四日程　塡街溢港　至於
高張帳幕環圍以觀者亦多　而安東尤多矣　是日行六十里

二十五日　癸丑　晴　留安東　禮單卜物　改結裹　午後使相　往拜三
太師廟　仍往南門樓　觀馬上才　而馬路不平　不得施其各樣之技
主倅呂令公必容與兩使　仍坐講武廳　設宴　管絃雜奏　妓戲盡呈
日暮而罷

二十六日　甲寅　朝晴午雨　平明離發　行五里　到暎湖樓　主倅設餞
而待之　酒數巡後　副使先乘船過江　暎湖樓扁額三字　是高麗恭愍
王筆　筆法神遒奇壯　眞古蹟也　午到日直站　寧海禮安支待　中火
後發行　夕到義城　與從事官相會　得聞倭人有關白改大君　復稱國
王之請　三使相會于聞韶閣　副行支待　靑松有二妓　善劍舞　使舞
雙劍　劍法奇甚　或時仰空擲劍　雙刀交下　一手竝擎　百擲不一失
其揮霍閃倏之狀　令人懾神　眞奇觀也　本縣及靑松支待矣　是日行
七十里

二十七日　乙卯　陰　平明發行　到靑路站　盈德眞寶比安等邑支待
中火　後使　相歷入鶴山書院　展拜六臣及己巳三忠臣　夕到義興縣止宿
星州及本縣支待矣　是日行五十里

二十八日　丙辰　雨　平明冒雨發行　到新寧縣止宿　本縣及漆谷山

陰等邑支待矣　得見二十二日所發京書　始知閤家安寧　而伏見家
庭行次　抵理山下書　其爲喜幸　何能盡喩　是日行四十里

二十九日　丁巳　朝陰午晴　未明發行　到永川郡止宿　本郡及慶山
支待矣　本道方伯兪令公命弘　依故例　設餞宴朝陽閣　使九郡各辦
正使行中陜川三嘉所辦也　仍坐地挾窄　各送宴床於一行下處　奴
子處亦給盤床　饌品極其豊盛矣　午後　試觀馬上才於閣下曠原　觀
者遍野　亦一壯觀也　九郡風物　都聚於此　管絃集奏　妓戲盡呈　終
日酣暢　秉燭乃罷　此乃客懷之寬抑處也　是日行四十里

三十日　戊午　雨　巡使還營　便付送家書　以爲轉送京師之地　平明
離發　到毛良驛　大丘慈仁淸河等邑支待　中火後　冒兩到慶州府
未及十里　正使相　歷見新羅忠臣金庾臣墓　昏後抵府中　橋水大漲
行中多有溺水幾危者　本府及河陽支待矣　是日行七十五里

六月
初一日　己未　晴　曉行望闕禮　留慶州　府尹南令公至熏設餞宴　終
日酣暢　夜上南門外鳳凰臺　俯瞰城內　家家擧火　雖上元觀燈　何
以加此　此亦邑俗云

初二日　庚申　晴　平明　陪使相　暫入琴鶴軒　又登鳳凰臺　周覽後
仍爲離發　到兵營　登北門樓　則左兵使李令公夏禎　已爲來待矣
暫憩而行　抵蔚山府止宿　本府及長鬐支待矣　昏後左兵使　設餞宴
於客舍東軒　一行各送宴床於下處　兼送褊裨　言甚懇眷矣　是日行

260

九十里

初三日　辛酉　朝晴午雨　平明　兵使送別於客舍門樓　午到龍堂站
止宿　密陽梁山支待矣　是日行六十里

初四日　壬戌　晴　平明　正使相　出坐大廳　一行卜物　討盡搜檢後
仍爲印封　食後發行　到東萊五里程　府伯李令公正臣　與支待守令
設帳幕　具軍儀　迎國書　移案于龍亭　使臣以下　着黑團領　地方官
及支待官前導　三使軍樂先行　軍物次之　三使裨將次之　儀仗次之
風樂次之　龍亭次之　上通事寫字官陪行三使奉節越次之　員額　以
職次　後陪以入府中　到客舍　中門內　儒生奉出國書　過正路時　守
令祇迎鞠躬奉安于正廳北壁卓上　守令回班北向立　三使追至又鞠
躬　三使到正廳東壁西向立　員額以下　以職次序立於東階上　裨將
序立於西階上　守令行四拜於庭中　居首守令　由西階　趨進廳上
詣正使前　俯伏問上禮降復位　三上香　又行四拜禮　而罷　本府及
機張支待矣　是日行五十里

初五日　癸亥　朝雨暮晴　留東萊　修付家書於到東萊狀啓之便　午
後　三使與府伯及接慰官都事朴聖輅　登靖遠樓　觀馬才　又觀角抵
觀者如堵

初六日　甲子　朝雨晝晴　食後發行　到釜山五里程　釜僉及支待守
令差員　設帳幕　祇迎國書　一如昨日矣　正使館于客舍東賓日軒
副使西靜海軒　從事官觀德亭　一行各接於民家　而余接於本鎭軍

官千就成家　與李台隔墙矣　正使行中　晉州三日　金海三日　昌原
三日　固城二日　巨濟一日　興海二日　昌寧三日　東萊四日　副使行
中　宜寧三日　靈山二日　鎭海一日　咸安三日　熊川一日　密陽三日
泗川一日　晉州一日　蔚山三日　機張二日　丹城一日　從事官行中
漆原一日　草溪三日　玄風三日　慶州三日　昆陽三日　彦陽二日　梁
山四日　河東二日　爲定支待　而風候不順　趁不發舡　而以上各邑
又爲輪次來待　故使相　分付各邑　一行茶啖　皆爲減除　饌物亦令
從略　俾除列邑輪致之獘　而兩時飯奉　亦不成樣　無一近口之物
可悶可悶　是日行二十里

初七日　乙丑　陰　留釜山　撥便之來　得見家書　自備局關文來抵云
崔台延普放釋　加定率往事　榻前定奪矣　使相卽爲移關于羅州牧
以爲趁期來到之地　三使相出往舡滄　看審新造舡隻後　仍登永嘉
臺　望海而下　左水使沈令公澍來謁使相前

初八日　丙寅　風雨　留釜山

初九日　丁卯　風雨　留釜山

初十日　戊辰　晴　留釜山　三使相登永嘉臺　使三行裨將　各乘新造
舡隻　試泛於滄外　以驗徐疾　午後　余就往館所　見裁判等諸任倭

十一日　己巳　晴　留釜山

十二日　庚午　晴　留釜山　東萊狀啓之便　付送家書　午後　三使相
又登永嘉臺　又使三行裨將　試舡於洋中　到絶影島而還

十三日　辛未　晴　留釜山

十四日　壬申　晴　平明正副兩使相　往翫金井山城梵漁寺　夕還館
余與諸僚　出五里程　祗迎

十五日　癸酉　晴　曉行望門闕禮　留釜山

十六日　甲戌　晴　設賜宴于賓軒　軒左　水使依例設具　使臣以下
俱公服　軍官以次坐左　員額以此坐右　安東慶州蔚山東萊四邑羣
妓　皆聚動樂　陳饌餚核豊盛　紅裙羅列　一時行酒　使相以下　擧皆
插花　威儀簡簡　絃歌遏雲　妓戲畢陳　行九酌而罷　此是曾所未經
之盛筵也　古例有忠州安東慶州釜山四處賜宴之擧　而今因凶歉
使行未發之前　預陳於榻前除繁　而館倭所見處　不可湮沒　釜山一
處設行事　定奪　故只設此宴　而各員奴子　亦坐庭下以受饌

十七日　乙亥　晴　留釜山

十八日　丙子　晴　留釜山　是日乃慈親諱辰也　身在絶涯　不得參奠
獻之列　此心之缺然　不可形言　午後　崔台　自智島謫所　登途九日
來到

十九日　丁丑　晴　金僚長福　禁軍洪以源　賫奉國書改本　自京下來
蓋從倭人所請改大君稱國王也　三使臣以下　俱公服　出五里程　如
禮祗迎　奉安于客舍前　本封付於金長福使之上京

二十日　戊寅　晴　裁判等　以渡海舡隻看檢事　乘舡來見　使支待畧
備酒果以饋　國書祗受事　修啓付撥　余亦修家書付之　從事官出坐
一行公私卜物　搜撿監封　仍載所乘舡隻　夕後三使相以下員額　詣
永嘉臺　築壇於庭前　行祈風祭習儀

二十一日　己卯　晴　丑初　依五禮儀　行海神祈風祭　祭文製述官李
礥撰　寫字官李爾芳寫之　位牌大海之神四字　寫字官李壽長書之
書記洪舜衍爲典祀官　嚴漢重爲大祝　南聖重爲執禮　上通事洪舜
明爲齋郎　玄德潤爲祝史　鄭昌周爲盥洗位　次上通事金是樑爲奉
爐　崔漢鎭爲奉香　押物通事朴泰信爲執樽　余爲贊者　金時璞爲謁
者　醫員玄萬奎畫員朴東普爲滌器　醫員李渭寫字官李爾芳爲左右
爐唱　其他諸執事外　以次參班　軍官環立左右　三使以次行三獻
祭畢　投祭文及幣帛于洋中　祭物　豕牲一口　羔一口　脯肉一貼盛
一器　魚脯食醢魚醢各一器　榛子黃栗大棗皮栢子一升五合式各盛
一器　芹菹菁菹韭菹筍菹各一器　生梨一器非節則代胡桃　稻米粱
米黍米稷米各五升　幣帛周尺十二尺　黃燭一雙　大燭臺香爐香盒
香床祭床二　爵三　高足床　位板一具　祝文紙一張　黃筆眞墨各一
龍燭三十柄笏記紙一張　幣匣一　牲匣二　遮帳地衣盥洗諸具　以上
自本府措備　設壇假家洒掃　釜山鎭爲之　盥洗位鋪陳　歇所鋪陳遮
帳　支待官爲之矣　行祭後　祭物分給於各舡沙工　是日卽乘舡定日

264

而平明適有順風 將發行 萊伯水伯皆來 設餞作別 日出乘舡 上
舡三隻及卜舡三隻 鱗次整待 三使以下員額 皆着道衣唐冠 軍官
軍服氈笠 各以陪行分乘 余以掌務官 乘於正騎舡 與李台同入一
房 諸舡盡角三聲 一時放炮 擧碇掛帆 開洋及出絕影島前洋 距
釜山三十餘里 東風忽變爲南風 逆浪湧起 舡皆蕩洋出沒 舡將沙
工輩 竝言不可行 不得已放炮揮旗 諸舡竝相應 回棹還泊釜山
日未午矣 以設祭擧帆還泊之意 修啓付撥 余亦付家書

二十二日 庚辰 朝陰晝晴 去夜大雨 風勢殆拔屋 至朝乃歇 三使
相 以昨日乘舡不無水疾之慮 欲更試登舡 遂出洋中 歸泊絕影島
釜僉設餞 大差倭平田隼人 送呈杉重酒桶於三使三堂前 三使相
以乾粮酒魚等物答之 日暮後還館

二十三日 辛巳 晴 留釜山

二十四日 壬午 朝晴午雨 留釜山 都舡主平尙誠 送杉重酒桶於
三使前 午後風雨交作 徹曉乃止

二十五日 癸未 晴 留釜山

二十六日 甲申 晴 留釜山 禁徒倭及通詞倭等 乘舡來泊舡所 各
持其國鐵碇綜欄索藁索籠燈竿竹長釘蛭釘等物 分載六舡而去

二十七日 乙酉 晴 留釜山 食後三使相 往開雲鎭 望見馬島而還

以上上官論難事　修啓付撥　余亦付家書

二十八日　丙戌　晴　留釜山　撥便之來得見家書

二十九日　丁亥　晴　留釜山　護行大差倭平田隼人　都舡主吉川六
郎左衛門　裁判嶋雄八左衛門等　乘舡待風於豆毛鎭前洋

七月　大
初一日　戊子　風雨自去夜大作　達夜飜盆　不得行望闕禮　午後始
霽　留釜山　送金明仲　問大差倭等

初二日　己丑　晴　留釜山　副使移接於開雲鎭

初三日　庚寅　朝晴夕陰　留釜山　使相　使余　問大差倭等　兼饋眡
瓜燒酒等物

初四日　辛卯　晴　昏後　倭人送言曰　風勢甚好　明可發舡云　三使
相議　二更量乘舡　仍宿舡上

初五日　壬辰　晴　曉釜僉朴仲徵來別於舡上　封發舡狀啓　一行亦
付家書以送　辰時　風勢極順　諸舡一時擧碇掛帆　舡行甚疾　過五
六島十餘里回視　則副騎舡　有落帆踟躕之狀　而水勢迅急　無由回
舡　頃刻之間　遂失所在　上從舡諸卜舡　及護行倭舡　一竝疾馳如
飛　未時初　到泊於對馬島之佐須奈浦　彼我沙工輩　皆言　如此風

266

便實未易得云　而洋中風浪湧起　諸舡隨波出沒　滿舡之人　困於水
疾　昏倒嘔吐　而余獨免焉　然此是極順風之　而其險如此　海行之
難　據此可知矣　將近佐須奈浦十里許　曳舡百餘隻　來曳各舡迎護
奉行等來候　引入浦口　浦上有蓋瓦客館　館于頗淨潔　山川亦明媚
民家數十　板屋草屋相雜　一行齊入館所　受熟供　島主　使奉行杉
村賴母名平眞弘　問候於兩使前　仍呈杉重諸白美酒之稱　西瓜生鰒等
物　而上上官上判事製述官判事中亦送　而各有差　副舡聲息　漠然
無聞　其爲憂鬱何堪　卽通此意於大差倭　得飛舡二隻　俾探消息
且以兩行　無事到泊　而副舡洋中相失之意　修啓以送　余亦修家書
以付　禁徒倭等　四面警守　達夜擊拆　以防潛商　又察偸竊之類　停
舡處皆然　自釜山至佐須奈浦　四百八十里

初六日　癸巳　晴　留佐須奈浦　食後　奉行平田隼人杉村賴母裁判
嶋雄八左衛門　支待差倭平山九左衛門等　來謁館所　兩使相接見
差倭進前再拜　而兩使立於座中　但舉手而已　略設酒果　又行蔘茶
一巡而罷　夕後飛舡一隻　自釜館來到　得聞副舡　昨日洋中鴟木中
折　預備鴟木　倉卒不能改揷　舟幾危殆　僅能還泊釜山之奇　憂鬱
之心少弛　而想其倉遑顚沛危阽之狀　令人喪膽也　護行都舡主吉
川六郎左衛門　以迎護副舡事　乘飛舡出去　修家書以付

初七日　甲午　晴　留佐須奈浦　從事官出坐舡頭　一行公私卜物　討
盡搜檢　兩奉行　呈杉重於兩使前及上上官僉中

初八日　乙未　晴　留佐須奈浦　大差倭　因島主分付　欲送裁判於釜

鎭 使之護行副舡 而裁判極以爲悶云 使相 使首譯 言於奉行曰
都舡主 旣已入去 不必更送裁判云 則奉行等 以爲勤念至此 更
當相議爲之云矣 自初六日爲始 始呈五日乾供 留館時 限五日支
供 行路時 逐日來供 到泊 一時熟供 而壹歧以後 無熟供 皆乾
供矣 五日支供物目 自佐須奈浦至對馬島府中 三使臣前 各一日
支供

白米五手斗酒三手斗甘醬一手斗艮醬四合酢二合眞油四合鹽一手斗燭三柄乾鱐
半介沈菜三介活鷄二首方魚四合生鰒三介鷄卵三介猪一脚蕈古八合薯八合茛
子五合五夕芥子四夕山椒四夕蕨二合淸蜜六錢四分生道味一尾芹五合葱一丹生
菜一丹根菜十介豆腐二隅半南草二兩

上上官三員 各一日支供

白米三手斗酒二手斗甘醬一手斗艮醬四合酢二合眞油四合鹽一手斗燭三柄乾鱐
半介沈菜三介活鷄二首方魚四合生鰒三介鷄卵三介猪一脚蕈古八合薯八合茛
子五合四夕芥子四夕山椒四夕蕨二合淸蜜六錢四分生道味一尾芹五合葱一丹生
菜一丹根菜十介豆腐二隅半南草一兩六錢

上判事三員 製述官一員 各一日支供

白米二手斗半酒二手斗甘醬三合酢五夕眞油六夕六里艮醬二合鹽四合燭二柄沈
菜八合活鷄四合方魚一合三夕生鰒一介三合猪一合四夕蕨一合四夕甘藿七夕生
道味一尾芹三合葱半丹生菜半丹根菜六介豆腐一隅南草二錢七分

上官三十五員 次官十一人 各一日支供

白米二手斗酒二手斗甘醬三合艮醬二合酢五夕眞油六夕六里鹽四夕沈菜八合活
鷄四夕方魚一合三夕生鰒一介三合猪一合四夕甘藿七夕生道味一尾芹一合七夕
葱七夕生菜一合七夕根菜二介南草二錢七分

中官一百七十名 各一日支供

米二手斗酒三合甘醬八夕七里鹽三夕三里方魚一夕四里猪四夕甘藿一夕乾沙魚三合生雜魚一尾生菜七夕四里根菁一介海菜七夕四里默會草一夕四里

下官二百七十四名　各一日支供

米一手斗酒二合甘醬八夕七里鹽三夕四里方魚一夕四里猪四夕蕨一夕四里甘藿一夕乾沙魚三合默會草一夕四里

自壹歧島至江戶　往返三使臣前　各一日支供

白米四手斗酒二手斗甘醬一手斗五合艮醬六合酢五合眞油五合南草二兩入一樻五兩燭五柄挽茶一器葉茶一帒三斤重乾果子一箱生道味二尾鹽道味三尾乾道味三尾鹽鯔三尾生鰒五介乾鰤五介生雉一首鶉五首活鷄三首或二首鷄卵二十介茛子三合芥子三合蕶古一手斗根菁二十介牛房子二十介芋二手斗葱五丹茄子二十介冬苽一塊醬苽一器紅柿三十介生梨二十介生栗五十介蜜柑五十介柚子五介葡萄五宋伊生薑二丹炭一石柴二丹

上上官三員　各一日支供

白米三手斗酒一手斗甘醬一手斗艮醬五合酢五合眞油五合五兩燭三柄挽茶一器葉茶一帒南草二兩入一樻乾果子一箱生道味二尾乾道味三尾鹽道味三尾鹽鯔三尾生鰒五介乾鰤五介生雉一首鶉五首活鷄二首鷄卵二十介茛子三合芥子三合蕶古一手斗根菁二十介牛房子二十介芋二手斗葱五丹茄子二十介冬苽一塊醬苽一器柚子五介紅柿二十介生梨七介生栗三十介蜜柑三十介葡萄三宋伊生薑二丹炭一石柴二丹

上判事製官四員　各一日支供

白米三手斗酒二手斗甘醬五合艮醬三合酢二合鹽二合眞油四合四兩燭三柄南草一兩五錢挽茶四員中三器果子一箱生道尾一尾乾道味二尾鹽道味二尾鹽鯔二尾生鰒五介乾鰤三介生雉一首鶉二首活鷄一首鷄卵二十介芥子二合茛子三合根菁二十介葱五丹牛房子二十介芋三手斗茄子二十介冬苽一塊醬苽一器紅

柿十五介生梨五介生栗二十介蜜柑二十介柚子三介生薑二丹炭一石柴二丹

上次官合四十六員　各一日支供

白米二手斗酒一手斗甘醬五合艮醬二合五夕酢二合鹽二合眞油二合南草一兩五錢四兩燭二柄挽茶四十六員中二器或一器生道味一尾乾道味一尾生鰒一介活鷄一首生雉一首或半首鷄卵三介乾鰤一介根菁二介葱一丹牛房子十介芋五合生薑一丹果子一帒芥子一合莨子一合茄子三介冬苽一塊柚子二介紅柿五介生栗二十介蜜柑二十介葡萄二宋伊

中官一百七十名　各一日支供

白米二手斗酒五合甘醬四合艮醬一合五夕酢一合鹽二合眞油一合五夕南草一兩五錢生道味一尾活鷄一首或半首茄子三介根菁二介芋三合生鰒一介葱一丹蜜柑五介

下官二百七十四名　各一日支供

白米一手斗半酒五合甘醬三合艮醬一合酢五夕南草一兩五錢鹽五夕鹽道味一尾生小魚一尾茄子二介根菁一介芋二合葱一丹

右項米酒鹽醬油燭等物　五日一次入供　其餘各種雜物　逐日來供而從其所産　或增獐鹿生猪　或減鶉雉果實矣　所謂手斗　准我國二升半也　堂上譯官謂之上上官　譯官軍官醫寫畫員謂之上官　伴倘以上　謂之次官　奴子以上　謂之中官　舡格　謂之下官

夜深後　裁判寺田市郎兵衛名橘方高　來呈島主書札　兼呈生鰒十箇素麵一樻於兩使前　卽修謝簡以答之

初九日　丙申　晴　留國分奈浦　大差倭平田隼人　裁判嶋雄八左衛門等　來詣館所　請集堂上及余　寒暄後　出示一張書　卽前頭節次也　其一　使行到泊舡艙下陸時　轎軍以船格差定事　其一正副從舡

以次下陸　而副從船或先到　則卸帆中止於滄外以待正舡　無失次
第事　其一　三使臣及上上官以下　至上官　年甲科第別號書給事
其一　馬上才各樣技藝八條書給事　其一　島主於舡上祇迎時　三使
依前例　以便服相接　而下陸時　三使以下公服事　其一　行中着冠
着笠人員數　及騎馬人員書給事　其一　到馬島　如或日暮　則姑宿
於舡上　翌朝下陸事　其一　馬島館舍狹窄　數多格卒　勢難一處　容
接留舡之類　當爲分供於舡滄近處　其留舡格卒之數　書給事也　論
難講定之後　入告于兩使相前　則其請許之　使寫字官　精書以給之
通于乾粮　於略設酒果　以檳送

初十日　丁酉　風　留佐須奈浦　夕後　飛舡一隻　自釜館來　傳副使
書札　而初五日還泊釜山　卽改鷗木　初六日又爲離發　而風勢不順
還泊釜鎭云　隼人　呈鷺子蛤蜊西苽三種　裁判　呈氷糖龍眼　支待
倭　呈葛粉雪糖於兩使前

十一日　戊戌　風　留佐須奈浦　支待倭　呈杉重西苽於兩使前　上上
官上官僉中　亦送西瓜而有差　裁判市郎兵衛來言　將歸府中　願得
一謁云　使相卽爲招見　饋酒以送之

十二日　己亥　風雨　留佐須奈浦　副舡渡海　無期久滯　邊浦誠有主
客俱困之形　欲轉向府中　爲留待副舡之計　通于奉行　則以爲在此
留待之意　旣已報江戶　今難經入府中之意　爲答矣

十三日　庚子　朝雨暮晴　留佐須奈浦　平明發行向府中　欲裁判八

佐衛門　入庭跪訴請停行　使相許之　使之上坐　饋酒以送

十四日　辛丑　晴　留佐須奈浦　我國舡人等來告　風勢稍好　副船似
當開帆云　故食後　兩使相　登烽燧高頂　余與行中某某人陪往　望
見我國諸山歷歷在眼中　海雲絕影太宗臺　皆可指點　風輕浪靜　如
拭鏡面　而副船終無形影　可悵可悵　回顧佐須浦內　盡在几案之下
峯巒重複　絕無寬曠之地　而兩山中拆　湖水迤入　奇岩峭壁　羅立
左右　林木翁鬱　皆是冬春栢松杉棕橘之樹　村家都數二百餘戶云
差倭　呈西瓜十顆於兩使前　行中亦送二十餘顆　向晚罷歸　副船竟
無形息矣

十五日　壬寅　晴　留佐須奈浦　平明行望闕禮　船人等來告　今日微
有東風　而差晚必轉作南風　副船決難越來云　一行無不落莫矣　午
間　倭人從烽燧來告曰　二百里外　有三帆向來　二隻必是倭舡　一
隻似是副船云　不覺驚喜　而使相乘副卜船　出港口十里地　終日苦
待　竟不免虛還　使船人等　登高候望　則果有三帆在百里外　而風
息浪靜　舟行甚遲　夜深後方可得達云　都都禁徒等　多率曳船　絡
繹出去　日勢已暮　不能留待　即爲回還　夕後　余與崔李諸堂數三
僚員　乘彩艇　又出港口苦待　終無形影　故多發火砲火箭　竟無嚮
應　夜已深矣　還到館所　方欲就寢之際　倭人來言　副船方到港口
云　時鷄已三呼矣　急乘小船　出候於五里地　陪到館所　累日懸企
之餘　得陪相會　且得京書始知一家安寧　其喜可掬　副使一行受熟
供

十六日　癸卯　晴　留佐須奈浦　副船無事渡海之意　修啓　付送飛船
余亦付家書　食後　從事官　又出船頭　搜撿副船卜物　奉行兩人都
船主支待倭等　來謁三使前　支待倭　呈杉重諸白生鰒西瓜等物　於
副使行中

十七日　甲辰　晴　日出後　諸船一時舉碇櫓役而行　倭小船多聚引
曳　過鰐浦豊崎等地　洋中有石脉　連亘百餘里　石斷處　僅通舟楫
故列立小舡於左右　而過之　午抵西泊浦　距佐須奈浦九十里　岸上
有寺　卽富岳山之西福寺　止宿而本是狹窄小庵　一行皆宿舡上　余
亦宿於船上　島主送使者問候　兼呈魚鮓諸白於三使前及上上官上
判事判事僉中

十八日　乙巳　晴　日出後　發船　午至瀬戸　上副船皆入浦內　三船
因風急波悍　不能制船　仍自外洋　抵慶知浦止泊云　瀬戸浦邊　有
石門古祠　乃孝子住吉祠也　昔有倭人住吉者　嘗喪母於此　哭之甚
哀　海水爲赤　故土人憐之立祠　素著靈驗云　層岩絕壁　左右削立
松竹異卉叢鬱其上　石色刻劃　若施丹暉　海水　屈曲轉回山峽間
仍成灘瀬　而與海相通　將過數里　兩山相對兀起　劈成一門　僅可
通船　瀬戸之名　蓋以此也　島主伻候　兼呈杉重　是日行一百三十
里　宿於船上

十九日　丙午　晴　平明發船　到三十里　望見從船止泊於慶知浦　放
火炮相應而出　巳初　到府中　島主數次送使者問候　俄而　島主平
義方　以酊庵長老永集　出迎於十里之外　島主所乘大船　及左右帶

來八隻船　各設紅錦帳　堅立各樣旗戟島主及長老　於舡上　各致再
揖禮於三使前　三使答揖　有頃島主與長老　先導而行　小船數十餘
隻來曳　到舡滄下陸　則堂上所乘肩輿　及員額以下中房使奴子小
童都訓導形名纛節鉞奉持所騎鞍馬九十餘匹　整待岸上　三使以下
具公服　奉龍亭　俱軍儀　動軍樂　就館所　自船滄若五里有餘　左右
閭舍宏麗　人物繁盛　老少男女之挾道觀光者　如堵　少無喧嘩紛鬧
其國法禁之尙嚴　此可見矣　館于國分寺　寺甚廣濶　三行所屬數百
餘人　分占寓舍　不至窘束　誠知其濶也　結搆之巧麗　有不可名狀
庭際制杉爲垣　綜密方正　如準繩斤斲　高可六七尺　長可數十步
如此之類　處處有之　土人之伎巧可知　是夕受熟供　島主還家後
卽送差倭問候　兼呈杉重　長老亦送沙彌問候　使相　卽送堂上一員
謝其遠迎　又送金大材　回謝長老　自瀨戶至府中　七十里　晚後　島
主請三醫　使洪水鏡　率往其家　夜深後罷還

二十日　丁未　晴　留國分寺　食後奉行平田隼人名平方直　杉村釆女名
平眞長　平田直右衛門名平眞連　大浦忠左衛門名平倫之　樋口作左衛門名
平眞幸　杉村賴母名平眞弘　裁判寺田市郞兵衛名橘方高等　以其公服　來
謁館所　三使相以便服接見如初　行參茶　一巡後　饋以酒果而罷
島主及長老伻候

二十一日　戊申　晴　夜大風　留國分寺　島主伻候　兼呈西苽屑糖
三使前　各西苽十五顆屑糖三斤　上上官僉中　苽十五糖六斤　上官
僉中苽一百糖五斤矣　禮曺書契及別幅　三堂上領給於島主及萬松
院以酊菴等處　午後　島主先通進來之意　而奉行六人裁判等　先爲

來待　俄而　五六倭人　淨掃庭內　使相令都訓導　盛陳軍物於庭右
動軍樂以待　島主到中門外　下肩輿解所佩長釖步入　三使以下　俱
着公服　出楹外　島主及長老西山寺主僧玄圭　以次進　至層階　脫
履上堂　三使迎入　至堂中　分東西下席　相揖就坐　後西山寺僧　入
再拜於三使前　三使但擧手　三行裨將　序立於楹外　具服餙　佩筒
箇　員額列坐於裨將之前　伺候執事之倭將　至四五十之多　羅列於
堂右上下　趍走服役　寂無喧嘩　寒暄後　行參茶一巡而罷　島主服
紫袍着一角帶　兩僧衣　長衫荷袈裟　但頭無所着矣　卽送堂上一員
回謝島主

二十二日　己酉　留國分寺　島主伻候　自去夜　大風拔木　大雨如注
達夜不止　至朝　風雨益甚　倭人言　七月二十日前後　必有大風甚
雨　每年如此　自瀨戶住泊時　以此爲慮　今果然矣　食後船將等　送
言曰　船滄甚狹　六船不能盡容　副卜船一隻　出泊於滄外矣　風勢
甚猛　波濤極險　船滄太半頹壞　五船相撞擊　勢甚危急　不得已以
棕櫚纜索　各各緊繫　使不得搖動　又下鐵碇以鎭之　副卜舡　則旣
出船滄　風浪所觸　浮沈出沒　有頃刻必危之形　滿舡之人　祝手呼
天云　使相卽送三行裨將及首譯　往救之　則風濤接天　飛波激浪
衝射於四十步外人屋之上　勢如急　雨奔瀑　人莫敢近　五舡則猶自
依着於半毀之舡滄　而副卜船　則退爲風波所蹴搏　進又觸撞於船
滄已毀之石角　上裝半已摧拉　船中水入沒膝　巨纜十三條竝皆寸
寸斷去　只二條棕纜尙未盡絶　舟中之人　欲下不得　但有呼哭　奉
行平田隼人　大浦忠左衛門　樋口作左衛門　裁判寺田市郞兵衛等
四人　多率壯丁　親往舡滄　極力顧護　亦無如之何矣　多出船隻　左

右奔救　而倭舡二隻　竝不免破碎　倭沙工二名引纜索　入去波中
竟不出來　風勢益惡　纜索二條中一條　又爲斷絶　隨波薄岸　岸上
之人　急呼曰　舟中之人　今可下矣　舟中之人　始乃爭先躍下　或投
岸上　或墮水中而浮出　其中二人浮而又沈　不得出　副裨閔監察濟
章　解衣突入於波濤蕩擊之中　或垂脚於水中　使之攀援以出　或引
臂挽出　俱得全生　閔裨之膂力　固過人　其義氣　尤足尙矣　於是舟
中之人　竝皆出陸　而舟則退出於港口　終不免沈碎　四十餘格之全
得生活　實是天幸　此豈人力所致也　舟中所載禮單卜物　前已出置
於館所　故得免湋敗　此亦幸也　而粮米五十餘石　乾粮　所需若干
雜物　及本船所乘趙直長得賢金奉事時璞朴奉事東普別破陣嚴漢
佑等冬衣　一竝見失　格軍等　赤身出來　持出衣服者　絶少矣　副卜
船業已見沒　今無奈何　日暮而風勢益甚　船滄盡壞　則他船亦無可
保　以此一行憂迫　各船卜物　一齊運出後　船格輩及倭人等　持長
木　列立舡邊　互相交叉　以防其相撞之患　撤夜警守矣　夜深後　風
勢稍減　波濤少息　船滄幸免益壞　諸船得以無事　島主呈杉重諸白
於三使三堂前　分給舡人等

二十三日　庚戌　朝雨暮晴　留國分寺　島主送伻以副卜舡敗沒時不
善救護之意　縷縷謝過矣　副卜舡所載卜物　今始拯出　而唯趙僚只
得冬衣　夏服未得拯出云矣

二十四日　辛亥　晴　留國分寺　敗舡　今始拯出而見之　則舡腰折折
不可復葺　故不得已借得倭舡　容載本舡所乘員役及些少卜物　以
爲往來之計　而其中格軍五名　冬夏衣服　全未拯出　前頭寒凍之患

可慮　故乘飛船還爲出送事停當　大浦忠左衛門　呈索麵十五把　扇
子五柄於三使三堂前　午後　三使臣　私禮單　使余領給於島主及其
子彦千代　島主家　距館所　五六里許　在大山之下　左右閭舍　率是
高門大家　壯麗無比　皆奉行裁判之家云　入三重門　到堂前　則前
日館守出來樋口久米右衛門者　出迎　行複屋中　可數十餘間　始到
廳事　奉行杉村采女　平田直右衛門等　出待　其餘滿坐諸倭　皆是
年前在釜館相親者　其叙舊慇懃之狀　無異同國之人　行茶三次後
行酒　其飲食盃盤　極其侈麗　行三杯後　滿坐之倭　皆詣前對酌　其
所酬應　不勝支當　酒已大醉　夜且深矣　請歸　則二奉行入去　以島
主之意　來傳回謝　言辭極其恭遜矣　乃與奉行等　相別　久米右衛
門者　又爲引導　出到堂前　有二籠燈在前　又出大門外　左右閭舍
門前　皆懸籠燈　煜如白日矣　是日大醉還歸　以酊菴萬松院禮單
使崔安國領給之　敗舡曳出之際　倭人一名　又爲溺死云

二十五日　壬子　晴　留國分寺　島主呈切草三撞　銀烟管四握於三
使前　三堂前　切草三撞　銀烟管二握　上判事製述官良醫前　葉草
十把　銀烟管二握　而切草　以三層蒔繪櫃　盛其各品矣　三使只受
切草　而烟管　則却而不受　是日島主　請觀我國技藝　卽送製述官
兩寫官畫員　及馬才兩人　而崔台玄道以　及三行裨將各一員　領往
夜深罷還　夕島主　使其奉行杉村采女　問候　仍爲明日宴禮請坐
護行兩奉行來候

二十六日　癸丑　晴　午後　三使以下　具公服　列軍儀　動樂赴島主
家　大門外有下馬碑　前導下人　及員額裨將　皆下馬步入　到第二

門之前　上上官下乘物　到三重門之前　使臣下轎停吹　奉行諸人
左右引導　迎入上堂　行複屋中　始到大廳　島主及長老　竝出楹外
揖迎　就交椅前　行再揖禮而對立　上上官於楹內　上判事上官　以
職次　分三次於楹外　次官小童中官　分四次於退軒稍底處　下官於
庭下　各行再拜禮　三使及島主長老　俟上官拜訖　各就交椅上　椅
前預設四行高排於高足床　床下圍以紅錦帳　看饌果品　竝皆盛以
銀器　亂插錦花　北壁下　設主壁床卓　插以松竹巧刻龜鶴之屬　一
行分作各廳　上上官一所　上判事製述良醫一所　判事醫寫畫員書
記一所　軍官一所　次官中官各一所　排床設饌　亦皆豊侈　亂插錦
花　光照一室　九酌每獻一味　三酌　則三使與島主長老　各換杯而
飲　年少美容倭人　行酒進饌而曳長裙　一時跪起　頗有禮節　九酌
之後　又進飯奉　皆用銀匙筋矣　下官只受飯奉於庭下　飯訖　請三
使就歇所　易便服　使奉行　請復入　平坐循例酬酢之後　復進花床
床有五六角　如畫雲之狀　全體塗以銀箔　各盛珍饌中插花木　或松
竹牡丹蘭菊之屬　花藥枝葉　種種奇巧　雖細看　亦不能辨其眞僞
始知人巧無所不及　杯六巡　集僧書呈一律　三使各卽和贈　馬島之
文人雨森東俗名東五郎　別號芳洲　松浦儀俗名儀右衛門　別號霞沼　西山僧玄圭
來謁呈詩　三使　令製述書記　和贈之　於是罷出　島主與長老　追至
廳端　揖而送之　還歸之時　夜已三皷矣　距館所五六里之路　燈燭
連亘有若白晝然　是日所覩壯麗奢侈　有不可盡記　島主卽送人問
候　兼呈花床矣

二十七日　甲寅　晴　留國分寺　朝送金大材　問島主　兼謝昨日宴床
之款待　食後　使朴信哉　往給別贈禮單於島主家　奉行等處　使金

明仲領給　理馬安英敏通詞金乭金等　領馬先向一歧島　而今日乘
舡待風　明日發行　長老伻候　兼呈杉重於三使三堂前　及上官僉中
兩奉行問候

二十八日　乙卯　晴　留國分寺　狀啓飛船之便　付送家書　島主伻候

二十九日　丙辰　晴　留國分寺　午後　島主來謁館所　謝其赴宴之勞
略設酒果以饋送　三使臣以下至中下官　別下程　今日始爲來呈饌
物十餘種　而各有差等

三十日　丁巳　晴　留國分寺　裁判島雄八左衛門平方正　卽護行者　而
自佐須奈浦得病　今日身死　樋口久米右衛門平方利　爲其代而來謁
島主　各呈摺疊扇十握於三使前　三堂三上判事製述良醫前　亦送
而各有差　平田隼人　呈杉重　忠左衛門　呈西苽　集長老　亦呈杉重
於三使前

八月　小
初一日　戊午　朝陰暮晴　曉行望闕禮　留國分寺　島主伻候　兼呈杉
重於三使前　及三堂三上判事製述良醫　及軍官僉中

初二日　己未　朝雨夕晴　留國分寺　商舡數十隻　自壹歧來泊　聞理
馬所乘舡　中路遇風幾危　僅能無事得達云　可幸

初三日　庚申　晴　去夜島主乘船云　平明　使行亦乘舡　而風勢不順

不得發舡　往西山寺少憩　寺在高岸　兩界特寬　馬島一郡　盡在几
案之下　人家櫛比　園林相接　東望滄溟茫無際涯　寺中有一龕安佛
塑形巧妙　酷肖生人　寺右有一閣　以無關二字懸額　是壬戌使行時
李丈三錫甫之筆跡　卽邀李友爾芳而視之　則見其先父筆跡　心甚
悲愴矣　島主　呈杉重諸白　兩裁判　呈西苽屑糖於三使三堂前　日
暮後　還館　島主亦下船

初四日　辛酉　晴　微有風候　島主乘舡云　三使亦爲乘舡擧碇　以觀
風勢　島主送言曰　東風漸變爲南風　不可發舡云　不得已回船下碇
使相　使朴信哉　送言於島主曰　館所稍遠　姑留西山寺　以爲候風
云　而三使相及行中任官下接　其餘皆留舡上　島主伻候　兼呈西瓜
屑糖於三使前

初五日　壬戌　小雨卽止　風勢大作　波浪接天　留西山寺　島主伻候
使相卽送余面問　裁判市郎兵衛　呈一朵牡丹於使相前　花葉鮮艷

初六日　癸亥　陰　留西山寺　今初一日　乃正使相初度日　而因使相
式暇　而虛度矣　今日自乾粮所　略設酒果以進　島主及西山僧玄圭
伻候

初七日　甲子　陰　留西山寺

初八日　乙丑　晴　留西山寺　聞自佐須奈浦　有飛舡出去之便　故一
行修家書以付　島主及玄圭伻候

初九日　丙寅　陰　朝送崔安國　問島主　東北風乍起　與島主往覆通
議後　辰時乘舡　則島主打皷三次　發舡先導　大小護行倭舡　幾百
餘艘　雲陰未解　風色漸微　督櫓雖勤而舡行甚遲　舟人皆憂　午後
小雨卽止　北風甚好　舟行頓駛　酉時到泊壹歧島之風本浦　未及港
口數十里　迎候舡　殆至百隻　一時齊進　曳纜而入　舡滄淺小　用小
舡數十隻　作浮橋　上蓋板子　加鐵釘　如平地　兩傍作欄檻者　幾十
餘間　一行齊入館所　館舍新刱草屋　幾百餘間　複室曲方　極其淨
潔　鋪陳器皿　亦甚鮮麗　太守松浦壹歧守棟　駐在距此百七十里之
平戶島　知行六萬三千石云　使其奉行　來管接待　各呈椙重一組
干鮮昆布鯛各一箱　酒一荷卽兩桶於三使前　三堂上判事上中下官
各有饋送而有差　島主伻候　卽送洪水鏡　回謝　是日行四百八十里

初十日　丁卯　晴　留壹歧島　裁判等來告曰　風勢雖好　波濤甚惡
不可發舡云　使相　卽使舡將等　出往港口看望　則果如裁判之言
故不得發舡　島主長老　伻候　送玄道以　回謝

十一日　戊辰　晴　惡風大作　留壹歧島　島主伻候　兼呈西瓜屑糖
忠左衛門　呈菓子於三使三堂前　副舡格軍晉州人金儀先者　路遇
倭女有戲謔之事　因倭人之來告　使相　卽使兵裨　出坐船頭　刑推
一次　以徵他卒

十二日　己巳　晴　留壹歧島　是日乃副使初度日也　自乾粮略設酒
果以進

十三日　庚午　晴　留壹歧島　島主伻候　且呈麵酒　設鯨魚膾　夕後
又呈杉重於三使前　送崔安國回謝　島主使奉行等　請出上上官以
下諸任官　設振舞　夜深醉罷振舞讌飲之謂也

十四日　辛未　晴　留壹歧島

十五日　壬申　晴　留壹歧島　今日乃大殿誕日也　行望闕禮於舡頭
遙申呼崇之祝　壹歧守　送松平舍人問候　兼呈二鹿　島主伻候　又
呈索麵一架於三使前

十六日　癸酉　晴　留壹歧島　島主伻候　壹歧守　又呈一猪五鹿於三
使前　分送二鹿於島主　使金大材往給　夜飛舡一隻　自馬島出來
傳致各處家書　而余家獨無書信　悵缺之心　何能盡記　古人云　家
書置萬金之說　正謂此也

十七日　甲戌　晴　平明乘舡　西風雖好　雲陰駁亂　潮勢且逆　櫓役
而行五六十里　日已向午　風勢轉作南風　舡行甚遲　午後驟雨暴至
雲霧晦暝　不分咫尺　獰風且起　弓竹摧折　急令落帆　舟人只看正
南針　僅辨前路　如是蒼遑之際　不能蓋篷　板房滲漏　衣衾盡濕　三
舡落後最遠　顚危尤甚　格卒至有呼哭者云　日勢向晡　雲陰乍解
日光透露　始見藍島　在數十里　督櫓以進　及到港口　逆風大作　曳
舡數百隻旗標成隊　極力曳入僅泊船滄　則水淺而不能近陸　不得
已移乘小艇而下　二三卜船　及島主以下諸奉行船　竝洋中漂失　不
知去向　馬島一歧兩處護行船數百隻　亦不知去向矣　此島乃築前

州之地　而太守松平肥前守源宣政　知行五十二萬石云　此島甚小　周廻不滿數里　民戶僅三十餘戶　乃行商泊船之處云　爲使行館宿　新刱大舍於浦邊　而各樣支待　舍數百餘間　皆覆以杉板　精緻無比　屏帳茵褥衾枕筆硯之屬　華奢眩目　其他供億諸節　視壹歧　不啻倍勝矣　太守送人問候　各呈果子一折　鷺子一籠　昆布乾鯛各一箱　酒一荷於三使前　三堂以下至下官　亦有所饋而有差　是日行三百五十里　夢敀家鄉

十八日　乙亥　晴　留藍島　食後　三使相　登館後山頂烽燧處　余亦陪往望見　碧波漫天　島嶼出沒　東南有一山連繞　白沙平浦　是博多州　一名覇家臺　在築前州府東北十里許　距此幾百餘里　卽新羅忠臣朴堤上死節之地　鄭圃隱亦嘗奉使來此云夜忠左衛門久米右衛門來以島主之意問候於三使前　始聞島主與二三卜舡　昨日洋中遇風　漂泊於令津　浦距此七十里云　夜夢敀家鄉

十九日　丙子　晴　留藍島　島主舡及兩卜舡護行諸舡　次第來泊　余與數三僚保出往　與昨日漂失僚員　握手相賀　細聞其遇風顛危之狀　令人不覺體慓　而兩日相失之餘　俱得無事　喜不可量　使相卽送堂上　問島主島主亦伻候　築前守　各呈博多麵　酒各一桶　生鰒五十箇三使前　三堂三上判事上官中亦各有送　夕時島主及長老來謁館所　三使以便服接見　行醍醐湯一巡

二十日　丁丑　晴　留藍島　送玄道以　問島主及長老　築前守伻候兼呈滋飴一箱　鹽鴈三羽於三使三堂前

二十一日　戊寅　晴　留藍島　西風乍起　以發舡之意　通于島主　則
島主以爲雖微有西風　差晚必變　不可作行云　故未免停行　可鬱
築前守呈西瓜於三使以下至上官有差

二十二日　己卯　終日雨下　留藍島

二十三日　庚辰　陰　留藍島　島主長老伻候　送崔安國回問　食後
島主　送裁判問候　兼呈香囊各五箇於三使前　三堂前各送三箇　上
判事製述良醫　則各送二箇矣　築前守　各呈糟飽一桶　忍冬酒一瓶
於三使三堂前

二十四日　辛巳　晴　留藍島　築前守　各呈西瓜五箇於三使三堂前
準人　各呈杉煮於三使　三堂前亦送一器矣　送玄道以問島主杉煮魚
菜雜湯　別味也

二十五日　壬午　晴　留藍島　東風連日大吹　不得發向　前進如是淹
留　非但此地日供之難支　離家四月　纔到未半之程　而秋風漸凉
客懷難堪矣

二十六日　癸未　朝晴暮陰　鷄三鳴　奉行等　以島主之意　來言曰
順風方起　可卽乘船云　丑末乘船　則風勢甚微　不得掛帆　乘潮搖
櫓而行　天明後　逆風緊吹　不能前進　倭船極力曳去　辰末歷大島
泊于地島船滄　欲爲留憇　島主催船前進　送奉行苦要仍行　不得已
隨往　才經數里　風水俱逆　督櫓催輓　寸進尺退　日勢已暮　雲陰且

起　計無奈何　回船還泊地島　俄而　島主及奉行諸舡　次第來泊　三
使相下接於浦上民家　聯枕經夜　余以房舍之狹窄　宿於船上　此島
延袤　不過數里　人家僅三十餘戶　蓋是築前州地方云　是日行九十
里

二十七日　甲申　陰　留地島　築前人　來供日饌

二十八日　乙酉　陰　留地島　午後　島主伻候　呈葛粉九斤　雪糖六
斤於三使前　即送金大材回謝　仍送藥果三十立　燒酒醍醐各一瓶
隼人處　亦給三十果　築前守　使奉行問候　兼呈西果雪糖於三使前
三堂上判事前亦送矣

二十九日　丙戌　晴　風潮俱順　早發地島　行過十數里　風帆如飛
舡行甚穩　少無擾動　有若平地之坐　申時　到赤間關十里許　迎護
舡數百隻　來曳入舡滄　則島主　使裁判送言曰　今日到泊後　可行
初頭宴享　俺等先入宴廳　講其節次後　即當請入云　故下碇以待矣
日暮時　奉行等　來請下陸　下接於阿彌陀寺　新刱館宇　不知其幾
百間　供帳亦甚華侈　是處宴享　既有江戶分付故　長門州太守松平
民部大輔吉元知行　三十五萬石者　設宴具　初更請三使　從複道至
宴廳數十步許　皆鋪以紅氈　島至集長老　出迎外迎入　宴床饌品詭
怪　不可名狀　無髹漆　且用土杯　繼進花床　行三酌後　島主長老辭
出　長門守入見　行再揖　循例酬酢　行茶而罷　故于館所　又呈熟供
畫器漆盤　極奢華　阿部備中守　各呈索麵十捲於三使之前　蓋是前
路站官　而先送探候云　未及赤間十數里　有小窓縣　望見層樓粉蝶

縹緲於虹橋之上 靑松繚繞 白沙平鋪 景致殊覺奇勝 傍有文字城 今已荒廢云 赤間關 一名下關 卽長門州地方 平湖如帶 萬檣簇立 水邊村落 橫亘數十里 館右有安德天皇祠 昔者源賴朝之變 平淸盛兵敗後 白河皇后 抱其孫安德天皇 赴海而死 安德時年八歲 國人哀之立祠云 是日行一百五十里

九月 小

初一日 丁亥 晴 曉行望闕禮 長門守 各呈檜重一組 鮮餚一種 忍冬酒一壺 梨子一箱 串海鼠一箱於三使前 三堂以下至下官 各有送餽而有差 集長老伜候 仍呈果子一箱 巳時 島主 送人請行 卽乘船作行 大小倭舡隨後者 幾四五百艘 日已過午 而風潮俱順 舡行如飛 頃刻之間 歷元山自赤間七十里 有穹鯨 蹴浪噴霧 掠過舟前 亦一壯觀也 向夕潮勢還逆 而順風掛帆 初更量入向浦自元山百十里 下碇 島主舡落後 副舡追至 奉行等 亦送人邀之 而夜已深矣 不得前進 仍宿舡上 長門守 使奉行 各呈魚菜柴炭 於六船 是日行一百八十里 在赤間時 修啓付送飛舡 一行亦付家書以送

初二日 戊子 晴 平明掛帆作行 纔到十數里 風勢轉逆 卸帆督櫓 過宮刈德山笠戶等地 長門奉行 來呈魚菜於各舡 未末到宮洲自向九十里 島主舡 先來留待 仍與同行 日暮後 過室隅自宮洲三十里 昏後 見萬点燈火蔽海而至 亦一壯觀也與 我國諸船 放火箭相應 三更量到上關自室隅五十里 曳纜舡來迎者 無數 下宿館所 屋宇壯麗 乃長門守之茶屋云 而支供凡百 殊不若赤間之極侈矣 關內人家 幾數三百戶 脩竹蒼松 蕞鬱山圍 關左有一小飛樓 迥出雲端

望若畫圖　眞絶勝之地也　上關卽長門州所屬　而周防之地也　蓋長
門守　割其食邑三萬五千石　給其第毛利又四郎元朝　使管周防　今
此支待之事　周防次知　伺候曳纜之事　長門仍爲護行云　自赤間以
後　海水或濶或狹　兩岸峰巒連亘　水勢悍急　非潮順　不便於行船
矣　是日行一百七十里

初三日　己丑　陰　仍風逆　留上關　長門守伻候　各呈檜重一組　鮮
鯛一折　酒一荷　大柿一籠　干鰄子一箱於三使前　三堂以下至下官
各有餽送而有差　長門旗下吉川勝之助廣逵　以站官來候　各呈杉
重一組　串海鼠一箱　磐國酒一樽於三使三堂前

初四日　庚寅　雨　留上關島　主伻候　各呈杉重烟草於三使前　三堂
上判事上官亦各有送　馬島飛舡便　從事官宅平安書來到

初五日　辛卯　朝雨午晴　留上關　送崔安國　問島主　長門守　各呈
寒洒粉一箱　雲丹一壺於三使三堂前　食後　余上樓　與奉行忠左衛
門　裁判市郎兵衛　對酌酣暢而罷

初六日　壬辰　晴　食後　島主　送人請行　卽爲登舡　則風勢順好　仍
爲櫓役　而申時到賀室自上關七十里　下碇　吉川勝之助　又呈梨栗柿
於三使前　三堂以下至下官　亦各有送　三更量　雨勢暴下　島主送
言曰　此處舡滄不好　若値南風　尤爲可慮　請移泊距此三四里許云
雖移泊於小賀室　仍宿舡上　是日行七十里

初七日　癸巳　雲　陰未解　未得發船　食後雲霧乍開　風勢甚好　島
主請行　未時擧碇　歷津和_{自賀室五十里}　加老渡_{自津和三十里}日　合到鎌刈
_{自加老五十里}止泊　此乃安藝州所屬之地　太守松平安藝守吉長知行
三十七萬六千石　而居於百里之外　送奉行支待云　浦邊客館　自舡
所至正堂　連作行閣　地餙紋席　堦補紅氈　其他接應之侈盛　稱此
可知　是日行一百三十里　夜深後　雨森東松浦儀持酒餚來　與余達
夜談話　竟至大醉　使相　使余往問島主　金大材　問長老

初八日　甲午　晴　留鎌刈　安藝守伻候　各呈乾鯛一箱　串海鼠一箱
三原酒一荷　紅柿一箱　鰹節一箱於三使前　三堂以下至下官各有
送餽而有差　昨日島主送言曰　連日行船　氣甚不平　明雖風好　不
能作行云　故今日風勢稍順　而不得作行　可鬱

初九日　乙未　晴　安芸守　各呈味嘈漬鯛一桶　覆盆酒一陶於三使
三堂前　朝飯後　島主請行　風勢甚順　舟穩且馱　歷高島_{自鎌刈九十里}
忠海_{自高島二十里}又行三十里　北望盛村城郭　人家又極殷盛　是三原
地　地屬安芸　以美酒有名　歷橫島田島_{自高島八十里}民家亦甚盛　諸
島居民男女　乘小艇觀光者　極多　過田島後　夜月初生　波濤不起
高倚舵樓　風露凄清　令人飄飄有登仙之想　至押渡_{自田島十餘里}有石
峰　削立於海岸　後有層岩　傍絕人跡　峰頂尖小築石而補之　上搆
一小刹　名曰海潮山盤臺寺　一名觀音寺　有數僧守之　燈影鍾聲若
在半空　望之縹緲　如仙境　往來舡隻　皆由於寺前　每船過輒鳴鍾
則以米錢投之　居僧取此資活云　諸舡各給米石　僧人乘小舟　來受
報謝而去　前有小山　名曰猿山　産猿甚多　居人以置捕之云　二更

288

量到韜浦之口_{自田島三十里} 候舡可數百餘隻 舡舡燈燭羅列 如火城
眞壯觀也 館即海岸山福禪寺 距船滄 可二馬場許 皆設行步席
左右人家櫛比 皆極鮮麗 家家植燈 戶戶懸箔 女人觀光者 皆不
露面 市塵帘肆 皆揭門標 一見可知爲某肆也 館宇在於水中絶璧
之上 俯壓滄海 層岩絶壁 列若錦屛 海山之絶勝 歷路之第一 韜
浦即備後州地 而備中守兼管云 太守阿部備中守正邦知行十二萬
石者 送奉行以管接待支供伺候誠心謹恪 比諸上關 殆有加焉 備
中守 各呈干鯛昆布各一箱 酒一荷於三使三堂前 上官以下至下
官 亦有送餽而有差 島主伻候 兼呈索麵緊鰤酒桶 備中守 又呈
餠果一大櫃 蓋因重陽節日之故也 是日行二百里

初十日 丙申 晴 備中守 使奉行問候 各呈杉重干鯛一箱 酒一荷
於三使三堂前 食後 島主請行 即爲乘舡 出浦口 行可數十里 北
望城郭閭閣甚盛 是備中守正邦所居之府云 過白石_{自韜浦三十里} 海
中有石高出 上可坐數十人 色甚白故云 歷水島_{自白石五十里} 日暮時
到下津_{自水島二十里} 下碇仍宿舡上 未及下津五里許 備前守從四位
左小將源綱政伻候 各呈干鯛煎海鼠各一筐 酒一荷於三使前 三
堂以下至下官 各有送餽而有差 是日行一百里

十一日 丁酉 晴 日出島主請行 遂發舡前進 未末到牛窓 未及牛
窓十里許 備前守伻候 各呈三重 生鱸五喉 碾茶二匣 味噌漬石
秀魚一桶 忍冬酒一樽於三使三堂前 此地備前所屬 而太守松平
伊豫守知行 三十一萬五千石云 浦上人家 幾千餘戶 瓦屋粉墙
鱗鱗相接 皆圍以紫錦帳 距船所五六十步許 有新搆館舍 頗狀麗

水邊緊築石砌　繚以板墻供帳　凡百比鎌刈尤加　金屛錦褥　至及下
官　雖出於務勝誇耀之意　而財力之殷富　習俗之侈佚　可知也　山
底有本蓮寺　曾前使行皆館於此云　是日行一百里

十二日　戊戌　晴　早食後　島主請行　卽爲登船　或帆或櫓　而行六
七十里許　遙望北邊　有赤穗城　閭閻甚盛　播摩州奉行所居云　申
時　到室津　港口頗深　舡泊最好矣　館于浦邊精舍　卽太守往來時
茶屋也　此地播摩州之所屬　太守榊原式部太輔政邦知行　十五萬
石者　送使問候　各呈蒸餠一器　粕漬魴一器　乾魚十五把　薄酒兩
樽於三使前　三堂以下至下官　各有送饋　而凡於支供伺候　似不及
於牛窓矣　是日行一百里

十三日　己亥　晴　逆風大吹　留室津　朝島主伻候　使相　使余回問
島主及兩長老　播摩守問候　各呈緊鰤一器　鴨十首於三使三堂前
使相　分給陪行倭人等

十四日　庚子　晴　去夜島主送人　請預爲乘舡候潮而行云　故三更
乘舡　未明發行　日出時　行五十餘里　望風北岸粉堞逶迤　五層醮
樓　高出林間　此則播摩守所居云　自是以後　白沙靑松之間　人家
不絶　午後　過明石浦〔自室津一百三十里〕浦卽播摩守之所屬也　而松平
佐衛門助知行　六萬石者　把守海口云　三更量　抵兵庫〔自明石五十里〕
館於浦邊精舍　三使及上判事以下　各異館　而屋宇宏敞奢麗　問之
則皆商人之家云　兵庫　卽攝津州所屬之地　秀吉時　使其子秀賴管
之　今爲關白藏入之地　故自江戶　定送代官而支待云　松平遠江守

忠喬　各呈烟草一箱　鮮魚一折　酒雙樽於三使三堂前　島主伻候
是日行一百八十里

十五日　辛丑　晴　曉行望闕禮於舡頭　遠江守各呈杉重於三使三堂
前　島主送人言曰　前路淺灘　舟重則難行　各舡卜物　分卸小舡云
故卽使船將輩分載六舡卜物於倭小舡　而先送之　巳時　島主請行
卽爲登舡　順潮櫓役而行　終出港口　則逆風忽變爲順風　日晡時抵
河口之外　則灘水甚淺　諸舡竝膠滯不進　暫待汐至　方前進　初昏
入泊於河口　汀洲兩岸　水草茂盛　外有一道　松杉環亘百餘里　人
家遠不可見　而燈燭瑩煌　一望無際有樓舡十五隻　小船百餘艘　次
第繫泊於河濱　其中四隻　卽關白所乘之舡　國書奉安　及三使各乘
者也　其餘八隻　太守所乘之舡　三堂及三上判事兩行裨將所乘者
也　又三隻　島主及兩長老所乘者也　所謂樓舡　上作二層樓　以杉
板蓋之　全舡內外　或以黑漆　或以紅漆　皆蒔繪　而簷楹欄檻窓欞
之屬　及舡頭船尾皆餙黃金　簷補色色　錦帳四壁　塗以金紙　間畫
人物花卉鳥獸之類　朱碧玲瓏　金彩影日　光搖水面　影射波底　令
人　心煩眼花　不能睨視也　所謂關白之船　屋角對刻金鯉鬐鱗掀動
之狀　鬣首舵尾　金作龍鳳之形　以紫錦帳　垂之　其餘諸舡　以紅錦
帳　垂之　前後左右　繫金鈴於紅絨索　舡頭倭　時時搖鈴　以勸格夫
曾前以各州太守之舡　載使行　今番則關白特令所乘舡待之　故華
侈倍極云矣　是日行一百里　宿舡上　島主送裁判　以海路已盡經過
相賀　使相卽送余回謝

十六日　壬寅　晴　朝使相　數次送首譯　言於島主曰　今此樓舡不但

華侈 皆是關白所御之舡 有難乘去云 則島主答云 所敎誠甚曲盡
而關白已行之分付 今不可變通 幸安心上舡 當以所敎 卽報知於
江戶云 巳時 島主先導請行 三吹後移奉國書 使相以下 移乘白
舫 以次轉上樓舡 所謂白舫 製形洽如樓舡 而全無丹艧 但乘錦
帳矣 余乘於首堂崔同知所乘之舡 而有以關白之命 致杉重及酒
分饋倭格 自舡中又出酒餚主舡者甚勸 極其恭恪 湯果之屬終日
換進 其數不能盡記 擢夫十餘人 各着同色斑襴衣 分立於舡尾左
右 爲首者 搖彩櫓而歌之 則一齊和答 左右更聲按節而互唱之
雖不知其歌曲 聲調凄越可聽矣 軍儀軍樂各載小舡 雙雙排列 引
國書舡 先導裨將所乘舡亦在前 三使以下至上判事舡 亦各以次
排行 少無失次 河廣可數十步 兩岸之高才數尺 初則夾以板柵
過十里之後 皆以石築 有數十處 板橋跨湖而起 棟樑堅實 橋欄
皆以銅冒之 望如飛虹 上可以車騎之成列 下可以舟楫之通行 今
此樓舡 亦由其下 其高可知 大川之交流入海者 凡數派 處處皆
有如此之橋云 自河口 至大板城 凡三十餘里 左右人家櫛比 層
閣連甍 皆是富商之家 間有各州太守茶屋 而茶屋之傍 輒設木柵
以藏其所乘彩舡 皆極鮮麗 西北有五層樓閣 縹緲於雲間 江口以
後 觀光男女 霧合雲集 不知其幾千萬人 皆緣岸檻竹而坐 各有
間架 不相踰越 少無喧嘩 雖尺寸之地 皆有賃稅云 過第七橋 始
到舡滄 申時舡下 三使 乘有屋漆轎 紗窓錦茵制極精巧十餘人肩
舁以行 堂上製述良醫 乘肩輿 上判事以下 至中官 皆乘金鞍駿
馬 幷俱雙牽 行六七里 始到館所 道路左右 長廊相接 街衢皆十
字 以六十間爲一町 以三十六町爲一里 每一町 設一里門 夜則
鎖鑰守之云 大抵城池之堅固 舟楫之精巧 樓閣之壯麗 人物之繁

盛 駭人心目 未見蘇杭之前 想此爲第一矣 抵館外 三使 下輿入
幕所 踞繩床而坐 館伴岡部美濃守長泰 具公服 出大門外 祗迎
國書及三使 三使答揖分坫而入 至廳上 再揖而去 解釼跣足 禮
數甚恭 此處旧無館伴 今番則關白特命差遣云 館卽本願寺 館舍
極宏濶 一行上下分占 而尙有餘地 至於大廳 百餘間 棟樑 皆以
槐木爲之 以金鎏之 樑上 又以黃金 雕牡丹龍鳳飛動之狀矣 紫
賜長老祖緣 自河口護行 乃新自江戶差送者 而護行長老 例自江
戶差送於馬島故 今番棟長老爲名者 使行未渡之前 在馬島身死
故緣長老代差 今始追到於河口云 島主及兩長老 來謁館所 土歧
伊豫守賴殷問候 各呈乾鯛一折 昆布一箱 清酒一荷於三使三堂
前 上判事以下 至下官 各有送餽而有差 蓋此地屬攝津州 而三
分其地 關白藏入其二 其一則伊豫守主之云 是日行三十里_{藏入} 猶
我國之內需屯田也

十七日 癸卯 晴 留大板城 朝島主館伴兩長老伻候 使相 卽回問
島主及長老等

十八日 甲辰 晴 留大坂城 江戶角南主馬稱名者 以一行供頓檢
飭事 來留 問候於三使前 在大坂町奉行北條安房守 亦來候 未
時 地震大作 千間大廈 掀撼欲頹 如風浪震蕩之中 舟航簸揚之
狀也 此實平生所未見者 蓋聞此國 頻有此變 而十年前 武藏上
總下總等地 地陷數萬家塾沒云 奉行裁判以下 親自奉席 遑遑奔
走 急請三使出避 三使依其言 暫爲出避 島主 送人問候 兩長老
及館伴等 親來問候 集長老 各呈篠粽 緣長老 各呈饅頭 奉行直

右衛門　各呈小柑　隼人各呈菊花於三使三堂前　所謂竹粽　作餠以
竹葉裹之　名曰竹粽　或曰篠粽　夕奉行等問候

十九日　乙巳　晴　去夜又地震　不至大段　土歧伊豫守　各呈果子一
樻於三使三堂前　館伴伻候　奉行賴母　各呈小柑一筐於三使三堂
前　紀伊中納言源吉宗　呈鹽鹿鹽鯨於三使前　分給於倭人等　館伴
要見書畫人　許送之

二十日　丙午　晴　留大坂城　館伴問候　奉行裁判等亦來候

二十一日　丁未　晴　留大坂城　午後　島主館伴兩長老　來謁館所
行參茶一巡而罷

二十二日　戊申　晴　留大坂城

二十三日　己酉　晴　留大坂城　余贈給私禮單於島主及彦千代諸奉
行裁判長老諸任倭等數十處　館伴長老問候　賴母　各呈金柑木一
盆於三使前　午後　飛舡自馬島入來　來傳八月十八日平安下書　始
知閤家安寧　家庭行次竣事後　無事還京　且聞荊布　順産得男　絶
域阻音之餘　得此喜報　此間欣躍之狀　何能形喩

二十四日　庚戌　晴　留大坂城　朝使金大材　往給三使臣例贈私禮
單於島主及兩奉行裁判等處

294

二十五日　辛亥　晴　巳時　關白　使土歧伊豫守賴殷　慰問　使者　大
門外　下轎步入　三使　出迎於廳下　相揖分道而入　島主兩長老先
導至宴廳　三使　與使者再揖　各分東西坐定　使者　以關白之言　傳
于島主　島主傳于首譯　首譯告于三使前　三使　移席俯伏而聽　回
答後　行參茶一巡而罷　仍行宴禮　使金明仲　傳給禮曺書契別幅於
緣長老　修狀啓付飛舡　余亦付家書　午後　國王以下各處禮單　及
乾粮雜物　照數封裹　逢授於倭人　使之傳運江戶　一行私卜　改裹
分載小舡　使之轉運淀浦站　夜島主各呈小柑一筐於三使三堂前

二十六日　壬子　朝陰暮晴　伊豫守及館伴等　問候於三使前　留舡
將以下一百二十五人於舡所　食後發行　館伴大門外祗送矣　到舡
滄　觀光男女之稠盛　亦如來時　乘舡泝流而行　浦路屈曲　或深或
淺　自本城　出曳舡軍數百名　旗標成隊　挾兩岸　因地勢而行　風勢
又逆　促櫓而繞過三十里　夜深雨注　沙灘處處膠滯　寸寸前進　終
夜不得行　支供船　先往平方　一行竝闕夕食　而余所乘舡　則自舡
中出夕飯饌品　極其豐盛　仍宿舡上

二十七日　癸丑　晴　日出時　支供舡　炊飯來供　中下官則到平方自
大坂五十里　始受振舞　平方依岸成村　人家不至甚多　館舍頗陋　自玆
以後　兩岸村落　連延不絕矣　靑山下野守忠重　各呈杉重於三使三
堂前　晡時　到淀浦自平方三十五里　城堞漂渺於林木之間　城外設水車
二處　形如車輪　而其製甚大　波觸激輪自回　幹輪懸十數桶　桶皆
挹水輪轉　而上則桶水自瀉於刳木之中從城穴　注之東南　數里許
有大塚山　多有寺利其上蓋多倭皇墓云　　下接於代官稱云者之家

上官以下各有所館　水路到此而盡　松平丹波守光通　呈檜重於三
使三堂前　此地屬山城州　而丹波卽其屬郡云　島主伻候　是日行五
十里

二十八日　甲寅　晴　自此登陸　而上中下三等馬匹之數　無慮七八
百匹　而上馬　上官以下至小童所騎也　隨從之倭將　至十餘人之多
中馬　中官以下吹旗手所騎也　隨從之倭　亦過八九人　而皆是駿駒
金鞍　紫纓亦甚華麗　皆有將官一人　名曰若黨　佩兩釖步行　領率
其隨從　下馬則駄鞍　無從人　只有牽夫一人　下官及　卜物所駄之
馬也　公私卜物　先送之後　辰時　島主先行　騶徒甚盛　殆亘十里
三行次　稍後發行　閭閻甚盛　平原廣野　溝洫相錯　皆通小艇　禾穀
新穫　蹲鷗甚茂　村家處處　種竹爲籬　店肆之間　橘柚成堆　行到十
餘里　東望伏見城　隱暎於山河林樹之間　卽平秀吉舊時菟裘到正
覺山實相寺_{自淀浦十五里}　三使以下　皆公服而行　蓋入皇都尊敬之意
而亦有前例云　自淀以後　人家連密　其或斷屬之處　則左右築墻
墻高尺許　而藉草其上　以片竹　彎以插之　有若城堞之狀　又於原
野長程　連植松杉　以取陰涼　每十里設對築土墩　上植楡槐等古木
以爲亭堠之標　名曰里塚　此則諸路皆然　又行十五里　入倭京　挾
路觀光男女　不知其數　而皆跪坐無譁　多有攢手祝願者　其繁華富
麗　比大坂不啻倍蓰　午後　下接於本國寺　館舍宏敞　極其華麗　乃
其國之巨刹　寺之左右　皆是院利云　館伴本多隱歧守藤原康慶知
行　七萬石者　出門外祗迎　一如大坂之例　松平紀伊守源信庸　各
呈乾鯛一筐　蕨樽一荷於三使三堂前　島主及兩長老　來謁館所　此
地屬山城州　而江戶町奉行二人　來管支待云　是日行三十里

296

二十九日 乙卯 晦 晴 留倭京 江戶問慰使松平紀伊守源信庸 來
到勞慰而去 仍行宴禮 一如大坂之例 館伴 呈篠粽五百把於三使
三堂前 集長老 呈紅柿 緣長老 呈竹粽於三使前

十月 大

初一日 丙辰 夜雨晝晴 曉行望闕禮 留倭京 島主伻候 兼呈饅頭
一匣 紀伊守 呈香餌五合 忠左衛門 各呈烟器一具 多葉粉一箱
直右衛門呈果品一器於三使前

初二日 丁巳 朝陰夕雨 未明將發之際 館伴送言 今將進去祗送
願少待天明云 而日出後始爲來送 追聞 島主 爲倭京人 欲爲觀
光 故令遲延云 穿過市街 其街路之方正 閭閻之奢麗 人物之侈
盛 不可盡記 巳時到大津本長寺自倭京三十里 中火 此亦關白藏入
之處 而近江州之所屬也 松平和泉守源乘邑 呈杉重中 有大湖
名琵琶湖 一名近江湖 長四百餘里 廣一百八十里 傍湖三四百里
皆蒙灌漑之利 而所産銀魚 大與味無比云 湖邊有樵樓粉堞 隱歧
守所居云 自倭京以後 閭閻甚盛 神宮佛宇羅絡 道傍途路平直而
不彎 左右松杉落落參天 每三四間 置水桶 又一人奉箒跪伏 其
傍点塵不起 又於十里許 設茶屋 置雪隱三所廁間也 此則登陸後
皆然 渡草津兩大橋 小憩路傍茶屋 夕到森山自大津五十里 守山寺止
宿 此亦江州近所屬也 市橋下總守信直 各呈杉重於三使三堂前
是日行八十里 昨日奉行輩 言於余曰 中下官先導之輩 劫奪上馬
而走 定數立待之馬 每患窘迫之弊 且或馳驅失序 打罵倭人者
比比有之 不但貽獘之非細 亦且解弛 故在前使行 時亦有此獘

作上中馬牌各二　一則授之於馬夫　一則授之於所騎之人　使之臨
時相准之地矣　今亦以此爲之云　故入告于三位前　使三行都訓導
分給行中上中官　又使兵裨　嚴明分付於中下官輩　俾無如前亂雜
失序之獘

初三日　戊午　晴　平明離發　午次八幡山自森山三十五里　中火於金臺
寺　池沼竹石之勝　不可名狀　杜鵑躑躅　盛開於霜落之後　亦可怪
也　谷播摩守　呈杉重　午後發行　憩兩處茶屋　犯夜行十里餘　始抵
佐和山一名彦根　自八幡七十里　萬点燈火　羅列左右前後　晃如白晝　城
壕人民之衆　亦如大都會　而此乃美濃州之內　太守井伊掃部頭源
直該知行　三十萬石者　以首執政　方在江戶　使代官守之云　館于
宗安寺　井伊掃部頭　呈杉重於三使三堂前　分給擔轎軍　供頓之盛
無可與比　金爐爇伽藍香　烟茶諸具　皆用金銀　至於中下官熟供
皆造銀匙箸而饋之矣　是日行一百五里

初四日　己未　晴　平明發行　踰三重嶺　第一小摺針峴　第二大摺針
峴　第三切通嶺　奉行等請小憩於大摺針峴茶屋　望見山外　大湖瀰
漫　乃琵琶湖上流　而不見其際　嶺路頗峻　延遠幾二十餘里　午抵
今次自佐和六十里　中火　又有一大峴　屢過板橋　夕到大垣自今次四十里
築粉墻爲城　四面鑿深濠以環之　館于全昌寺止宿　此亦美濃州之
地也　太守戶田采女正氏　送人問安　又送酒肴於三使前及三堂前
而太守之問安　站官之進酒餚　比站皆然　供頓之華侈　近京益盛
而難以悉擧耳　是日行一百里

298

初五日　庚申　大雨終日　平明冒雨作行　倭人供一行雨具
皆極華鮮　行二十里　有一大川　名佐渡川　以小舟八十餘隻　排列
爲橋　而舡上鋪以廣板　彼此岸上　植立大柱　繫以鐵索橫鎭左右
又用藁索繫之　如鐵索之鎭　其鐵索之大　如腕　藁索之大　如腿　製
甚雄壯　少無搖截之患　又於船尾　列跪人夫　而衛送　又過墨俣川
亦設舟橋　而船隻之數　又倍於佐渡之船　又過起川　此則最大之川
也　作橋之船　將至三百艘之多　問其物力　則掘川列舡之役　鐵索
運板之費　幾至萬餘金云　觀此形制　其言似不誣矣　午抵洲股自大
垣四十里　入全昌寺　中納言尾張守源吉通　呈果子於三使前　中火後
冒雨而行　到稻葉村　奉行輩　請暫憩茶屋　則尾張守　送酒餚餅果
以饋一行　二更量　穿闌闠二十餘里　到尾張州之名護屋自洲股七十里
未及十里　枇杷島二大橋　製度雄壯　有若大板之浮橋　而延袤之長
過之矣　自本州　出送燈燭數百竿於三十里之外　挾路左右前後　森
列護行　館于徵高院止宿　此地　卽尾張守所居之地　城郭人物之盛
可與大板伯仲矣　是日觀光之人尤多　蔽野塡街　或設假家　或乘舟
冒雨列立而觀之矣　太守中納言源吉通知行　六十一萬九千石者
送人問安　兼呈杉重於三使三堂前　是日行一百十里　夜深後　島主
及兩僧來行宴禮

初六日　辛酉　晴　平明發行　過天白川浮橋　到鳴海自名護屋三十五里中
火　歷三河州之知鯉鮒　又過名矢荻之大浮橋　而二更量　到岡崎自
鳴海四十里止宿　此亦三河州之內　水野監物忠之守之　親來館所問候
且呈杉重於三使三堂前　是日行七十五里

初七日　壬戌　晴　日出後離發　過大平川浮橋　午抵赤坂自岡崎四十里
中火　牧野大學成央　呈檜重於三使三堂前　夕到吉田自赤坂三十里大
浮橋　館于悟眞寺　寺甚宏麗　且有池沼花木之勝　城臨浦水　多設
三層譙樓　民戶亦甚盛焉　此亦三河之內　大學成央守之　太學卽其
官號　方在江戶云　又呈檜重於三使三堂前　是日行七十里　夜島主
伻候　且呈求肥餳養命糖二小盒於三使前　兩僧伻候

初八日　癸亥　陰　平明發行　到白須賀村近處　遙見富士山聳出雲
表　傍臨滄海　白波如山　東海本無朝汐　故無風之日　亦有怒濤云
行十里　午抵荒井自吉田五十里土井山城守利意　送人問候　且呈杉重
中火後　行十餘步之外　有一江水名曰今切一名紀松　在昔我使回還
時　自彼所給之金　皆投於此江　其後俗稱投金浦云　有樓舡六隻
及小舡數十隻來待　渡江行二十餘里　暫憩路傍茶屋　夜到濱松自荒
井四十里止宿　此乃遠江洲之所屬　關白藏入之處也　松平伯耆守宗
俊守之　來館問候　且呈杉重　使相伻問　島主兩長老伻候　是日行
九十里

初九日　甲子　大雨　自去夜注下　至今夜乃止　平明冒雨發行　渡大
小天流河一名天龍川　大天流　則浮橋頗大　連舟五十餘隻　小天流　則
有小橋　午次見付自濱松四十里　此亦遠江州之內　伯耆守又呈檜重
中火後　踰三野峴坂　初更到懸川自見付四十里止宿　此亦遠江州之內
也　小笠原山城守長寬守之　親來問候　且呈檜重　午後　雨勢益甚
一行無不沾濕矣　是日行八十里

初十日　乙丑　朝陰晚晴　平明發行　行數十里　踰三大嶺　一石嶺　一蘭嶺　一金谷嶺　此皆富士山枝脚也　南走爲南道之諸山云　嶺路峭峻　嶺上北望富士雪峯半露於雲天之間　少憩於路傍茶屋　午次金谷站_{自懸川四十里}　山城守　又呈檜重　島主伻候　且呈柑橘紅柿　前有大川　雨後水漲　且無舟梁　不得過涉云　故不得已留宿　此亦遠江州之內也　松平相模守來待云　是日行四十里

十一日　丙寅　晴　日氣甚寒　前川水益漲　故仍留　兩長老伻候

十二日　丁卯　晴　是日亦頗寒　朝三使伻問島主　早食後發行　渡大井川_{一名大垣川}　_{一名大林川}水分三派　湍勢甚悍　舟橋不得設　羅立人夫數千名於水中左右　分截上下　以緩其勢　且新造架子　左右設檻　三使所乘橋子　及堂上以下所乘懸橋　各置於其上　縱橫四杠　數十人擔舁　左右扶護而渡　上官以下所乘馬匹　十數人　左右牽扶而渡之　午抵藤枝_{自金谷三十里}洞雲寺內　藤紀伊守一信來候各呈檜重　此本宿站　故日尙早而仍宿　地屬駿河州　而紀伊守守之　是日行三十里　夜島主呈柑橘一盤

十三日　戊辰　晴　未明發行　踰內谷嶺_{一名宇都嶺}　_{一名宇津谷嶺}渡河部川　此亦富士下流也　湍流甚急　發軍護送　如大井川之爲　小憩路傍茶屋　三使以下　俱公服　入駿河州_{自藤枝五十里}寶泰寺　此卽家康始都之地也　山襟水帶　有阻塞之險　城完物富　有關防之勢　移都江戶之後　仍爲關白藏入之地云　館伴遠藤下野守胤親　齊藤飛驒守三政　戶田靱負光輝等三人　出來大門外祗迎　各呈果子一榼　江戶問

慰使長澤壹歧守資親亦來問慰　行蔘茶一巡而罷　仍行宴禮　晡時
發行　二更量　到江尻自駿河三十里止宿　江戶町奉行水野小左衛門尉
源守美來管支待云　鍋島紀伊守元武　呈檜重　此亦駿河州之所屬
云　是日行八十里

十四日　己巳　晴　未明發行　行二十里　到淸見寺　正使相　暫入寺
內　登眺而下　踰一峻嶺　傍海而行　渡富士川一名藤川浮橋　午次吉
原自江尻七十里　牧野讚岐守英成來候　且呈杉重　此亦駿河州所屬也
北距數十里　富士山屹立天中　頂上白雪堆積城　夏亦不盡消　上有
大池　長廣二十里　深不可測　自山下　至峯頂　可九十里　雖在數百
里之外　亦得望見　其高可知也　且聞國俗　六月初一日吞氷　爲一
年却暑之方　國中無氷　唯在於此山　故每年取氷　只供倭皇及於關
白　其餘不得氷者　每年正朝日作餠爲氷形　儲待六月　吞之　以代
氷云　此山舊無剩峯　丁亥歲　天火燒山　烟熖漲天　沙石如雨　不見
日月者　十餘日　忽見一峯突出於大峯之傍　如人聳肩之狀　其峯出
於寶永年間　故遂名寶永峯　白雲一道點綴於雪尖之下　亦奇觀也
中火後　離發　又渡大板橋　二更量　到三島自吉原五十里止宿　此乃伊
豆州之內　而脇坂淡路守安請　來待　自外問候　且呈檜重　是日行
一百二十里

十五日　庚午　晴　曉行望闕禮　平明發行　上箱根嶺　嶺路高峻艱險
上下皆四十里　嶺上　爲伊豆相模兩州之境　有大湖名箱根澤　周廻
四十餘里　深不可測　諺傳九頭龍在水中　舟入輒溺不返云　中火于
澤邊館所自三島四十里　人家幾數百戶　大久保加賀守忠增　以執政

在江戶　送使者支待　且呈果子一櫃　下嶺艱險尤甚　夜深後　到小田原自嶺上四十里止宿　新刱館舍　甚宏侈　土屋相摸守　亦以執政　時在江戶　使奉行　來管接待　又呈杉重　上判事以下　各異所館　而其接待供億之費別設酒餚亦且豊侈　比前站　不啻倍加焉　是日行八十里

十六日　辛未　終日大雨　平明　冒雨發行　過兩大橋　午次大礒自小田原四十里中火　地屬相模州　人家甚盛　松平左兵衛督直常來管支待　呈杉重　夕過富士澤一名藤澤　源出富士　而仍成瀦澤　周廻數十里　所産銀魚　卽一國之第一云　夜深後　抵戶塚自大礒六十里止宿　稻葉伊豫守恒通　呈檜重　是日行一百里　正使相　自去夜泄瀉無算　煉臍六七壯快復

十七日　壬申　陰　辰時島主先行　三行次追後發行　行數十里　暫憩保土谷茶屋　又過神奈川　在海邊　景致頗勝　此乃畿甸之地　左右延廊　觀光男女　或設簾或露面者　圍以金屛　鋪以華薦　其爲壯麗難以毛擧　夕到河崎自戶塚六十里止宿　地屬武藏州　蜂須賀飛驒守隆長支待　呈杉重　夜深後　雨森東入謁三使前曰　江戶之今番接待比前加厚　馬島之人　亦以爲幸云　三使伻問島主及兩長老　是日行六十里

十八日　癸酉　終日大雨　平明　島主先發　遂踵後而行　渡六鄕江三隻彩舡　粧以金碧　一船之費　至於四千餘金云　午到品川自河崎三十五里　路傍多有巨刹　妙國尤大　又於路左　高築石壇　露坐金佛　形

甚高大　館于本光寺　加藤遠江守　以館伴　來呈檜重　江戶問安使
出羽庄內左衛門尉　出來問慰而回　使者聞皷吹之聲　驚怵戰慄　久
而未定　可笑　中火後　三使以下　俱公服發行　自此至江戶　三十里
之距　其間十餘里　右邊大海　而自小田原以後　東南傍海而行　遠
望洋中　小大舡隻　舉皆布帆順風直進者　不知其數　問之　則海外
諸道太守之類　趁此行來朝者也　其中小舡　則使行支應次　水陸饌
物　貿販之舡云　左右閭閣　櫛比鱗編皆是層閣　覆以細板　屋上皆
置大桶盛水　且設陞屋之梯　以備火患　穿塹引海者　無數　皆設板
橋　舟行其下　入里門百餘所　再過城門　石築甚牢　路傍皆設竹欄
觀光之人　蠅聚蝟集　面皮成帷　綺羅錦繡　眩奪人目　至有水上作
樓而觀者　又有屋上設簾而窺者　而寂無喧嘩　民物之豐富　城市之
繁華　實非大坂倭京兩都之比矣　二更量　始抵江戶本願寺　曾前使
行館于本誓寺　今番則改館於此　添搆大廈　數百間　近處院刹　大
凡三百五十餘所云　館伴眞田伊豆守滋野信房　酒井修理大夫源忠
音等兩人　大門外祗迎　使相以下　下接後　館伴兩人　及支待官本
多彈正小弼藤原忠晴　荻原近江守源忠守　橫田備中守源由松等五
人　來謁問安　馬島奉行杉村三郎左衛門名平倫久　亦來謁　即來在江
戶者也　關白　即送四位小將品川豐前守源伊氏問慰　理馬安英敏
通詞金石乙金等　已於前月廿七日來此　而備言一歧遇風漂泊之事
及累日孤館愁鬱之狀　至於隕淚矣　是日行六十五里

十九日　甲戌　乍雨乍晴　留江戶　館之庭前　有假山曲池　設島嶼橋
梁　亦有花卉之勝　兩館伴問候　島主及兩僧伻候

二十日 乙亥 陰 留江戶 有馬島出去之便 故一行無事到江戶事封啓以送 余亦修家書付之 新井築後守源璵 號白石者 來謁三使前

二十一日 丙子 晴 午後島主及兩僧 來設宴饗 一如前例 着紅公服 列坐低廳者 十數人 蓋是館伴支待摸目等諸人 上中官饗所亦爲往來看檢矣 此乃下馬宴 入江戶之日 卽當設行者 而以正使相私忌 退行於今日 宴罷後 進熟供 集長老 呈葡萄一筐

二十二日 丁丑 晴 留江戶 馬島奉行等來謁 出示其國王敎諭島主書 畧曰 朝鮮接壤密邇 太祖大王開國 始通問於前代恭獻王蓋脩高麗氏舊好也 兩國交際 各有禮際 相敦睦者 幾二百年 及勝國壬辰之變 兵釁一開 兩國失歡 天厭喪亂 眷顧有道 我神祖受命 奄有方國 脩我前好 休息厥民 聘問以時 相繼不絶 雖然當我初昧 務在簡易 賓主之禮 蓋有闕焉 爾後所因損益 隨時取旨 未有一定之制 當今嗣德百年 禮樂可由起 凡爲經國之典 可以修明 爰命有司 議定儐禮 今使者 或怪其有異乎前儀 其曉諭之 禮曰 禮從宜 使從俗 想宜知悉 奉行輩又言 自前宴享只行一次 而今番則加設三度云 三使答曰 此等優禮 誠爲感戢 而亦涉未安 幸以此意 敀白島主 俾卽傳達於國王以爲減除之地 則誠幸誠幸 奉行等唯唯而去 江戶奉行丹羽遠江守 自外問安 馬島奉行三郎左衛門 呈種花一盆 淺地飴三匣 支待人 以國王之命 呈餠果一榼 各種酒三壺於三使三堂前 上判事僉中亦送 緣長老伻候兼呈果子一箱

二十三日　戊寅　乍陰乍雨　館伴兩人問候　島主　以關白之命　送畫
師　出軍物樂器而去

二十四日　己卯　陰雨　留江戶　兩館伴問候

二十五日　庚辰　晴　留江戶　館伴酒井修理大夫源忠音問候　各呈
檜重一組　酒二樽於三使三堂前　島主伻候　兼呈小橘一筐

二十六日　辛巳　夜雨晝晴　午又雨　留江戶　兩館伴問候　白石源璵
呈野風香一小盒　又來問候　三使邀見饋酒　自言　以國王潛邸之舊
時　入講筵　以備顧問　而所帶之職　本以武官兼築後守　一年養兵
一千人云　出外廳求見弓箭　軍官　以天字弓六兩箭示之　不能開絃
見軍官之容易引彎　大加驚服

二十七日　壬午　晴　留江戶　兩館伴　及兩長老來候　眞田伊豆守兹
野信房　各呈檜重一組　酒二樽於三使三堂前　上判事僉中　亦送
平田隼人來言　今見大坂來書　則副卜舡格軍多大浦驛保朴俊應
以病身死於今月十四日云　不勝驚慘　隼人　又以島主之言　來言曰
傳命日字　定於今卄九日辰時云　禮單雜物　三使相看檢後　出付裁
判　則木櫝木臺　皆爲新造以盛　而我國淸蜜所盛白缸　非但大小不
齊　色甚麤劣　無異陶器　裁判等　見而陋之　卽爲改備體同色潔者
換盛而去　心甚惡然　夜深後　奉行輩　又來以卄九日傳命　來初二
日行宴禮　初四日觀馬才　初六日行辭見禮之意　持文書來示　故期
似是不遠　一行無不喜幸

306

二十八日　癸未　陰　留江戸　源璵來候　雨森東　持明日宴禮節次來
講　昏後　堂上以下　出大廳講禮

二十九日　甲申　雨　留江戸　是日卽傳命定日　而自去夜大雨如注
至朝不止　島主送言曰　雨勢如此　將以來月初一日退行云　鬱歎不
可言　午後始霽　島主請見書畫人及馬才人　竝送去　夜深後罷還
而書畫員　則各州太守　多送紙地　今日不得畢寫　明日又爲邀去云
夕大風

三十日　乙酉　晴　巳時地震　有聲如雷　屋宇掀動　而不至如九月大
坂之地震矣　島主兩僧　及兩館伴問候　源璵　呈黃柑一筐

十一月
初一日　丙戌　晴　曉行望闕禮　日出後　奉行四人等來請　三使以下
具公服　陪國書　詣國王宮幾十五里　城凡三重　各有濠塹　城各有
甕城重門　濠各有板橋　舟行其下　入第二城　高門甲第　皆是大官
之家　高排板墻粉壁照耀　間設囱牖垂箔觀光者　甚多　似是高官者
之家屬也　到第五門　上官以下　下馬停吹　舍旗幟　只以節鉞行　至
第六門　上上官下乘物　到第七門　三使下橋　兩館伴　及島主兩長
老　迎揖引入第八門　捧出國書於龍亭　首譯雙手擎奉　先行上殿至
外歇廳　奉安于上堂　三使相與島主兩長老對坐　少頃大目付_{如我國}
_{之大司憲}以國王命傳　島主請使臣　引禮兩人踵至引三使　首譯捧國
書前行　三使隨之　上官以下落後　長老等　亦留其處　由軒上行十
餘步　入內歇廳　北壁奉安國書　三使北向列坐　少頃國王出坐于正

堂　引禮引入至國王殿　殿之左　有隔壁大廳　百官咸聚　國王坐後
將士數十人　背殿而坐　皆踞繩床　負弓矢持鎗釰　其兩髩上　編黑
毛　張如鳥翼　以垂耳前　謂之插貂　狀甚詭怪　殿楹內　凡三層　而
層高二寸許　國王　坐第一層重茵之上　衣淺紫袍　着黑帽　第二層
設國書床　第三層陳禮幣　執政以下四品以上　列坐其左右　禮單鞍
馬　陳於庭下　首譯　以國書　西向跪傳正使　正使跪受　仍詣幣床前
傳於受書官　受出官　跪傳于首執政　奉置案上　三使遂行公禮　四
拜於陳幣之前　引禮引出歇廳東挾廳上　主壁而坐　兩引禮　及其他秩
高者　列坐左右　而受書官　卽初到江戶時問慰使品川豊川守源伊
氏也　坐殿上者　黑衣紅衣相雜　而黑衣皆秩高之人　而紫纓者　世
受者云　受書官引禮　皆黑衣而紫纓者也　國王親受國書　使近侍展
讀　聲聞於外　讀訖　撤入幣物　島主來傳國王將欲行酒之意　引禮
引入三使　進坐第二層西壁　與執政相對　黑袍者　進素木盤于國王
前者　三次　紅袍者　進木盤于三使前　各三次　紅袍亦是各州太守
以太守行酒　亦是無前刱行之優禮云　執金罐者　詣國王前　以土盃
國俗　有慶事　則用土盃云斟酒　國王飲一盃　執罐者　次詣第二層立　島主
目正使　正使進伏　稱觴而飲　持盃復位　置盃于盤上　國王進第二
盃　副使升飲如前儀　從事官亦如之　執事者撤床　三使行四拜而出
復坐內歇廳　島主出來　喜動顏色　再三攢謝曰　今日三使禮容　簡
熟　殿上諸人　莫不稱歎　於吾輩　亦大有光輝　相與嘖嘖不已　執政
又陳三使私幣於殿上　引禮又引三使　入行私禮　四拜於幣床之前
就位列坐　執事撤入私幣　引禮引上上官三員　拜於楹內　退立東楹
外　引禮又引上判事以下　上官分二次　行禮於楹外　首譯科檢　次
官小童　分二次　行禮於退軒稍低處　其他中下官　行禮於庭下訖

執政詣國王前　聽命而來　使三使北向列坐　執政招島主　傳言首譯
曰　國王氣體　若何　三使俯伏對曰　萬安矣　又曰　三使水陸萬里
無事來到　極爲喜幸　三使循例答謝　執政進白于國王前　出復位
三使遂四拜　而引禮引出　執政等　揖送於東挾之外　館伴及島主長
老等引出　至乘橋所　相揖而去　島主長老　益歡欣致謝　馬島奉行
以下　莫不相顧稱賀　三使乘橋　各陳軍物皷吹　以次還館　島主長
老　從間途先到　復申謝意而去

初二日　丁亥　晴　留江戶　館伴等問候　送堂上三員于執政執事奉
行等處　各致使臣私禮單　島主請見馬才　使相使余及朴信哉　與正
裨柳主簿　副裨閔監察　領去　執政以下諸太守　聚觀稱善　夜深還
來　夕後　支待官來言　明日宴禮時刻　定以辰正　奉行等來言　宴禮
時　曾前則三納言出待　而今番則使島主長老　待盤使　使臣任便受
享　且令便服就坐云　使相以爲　關白之意　雖出於務從簡便　而事
異前規　頗涉未安以必爭之意　通于島主　奉行輩皆言　此出於十分
優待之意　宴期且迫　實難變通云　使相　以若不變通決難赴宴之意
答之　奉行等　徊徨悶迫　夜深不去矣

初三日　戊子　朝陰暮雨　平明三使會一處議　欲勿往矣　第關白設
宴以待　而只聞奉行之言　無端不赴　亦似未安　姑詣歇廳　往復爭
難　爲宜　故三使以下　俱公服　設軍儀　出館門　從東邊大路　路傍
多有院利　而不設里門　行過五里餘　有金門巨利　園林潤遠　樓觀
宏大　以金字揭東叡山三字　又過長掛　如我國六曹前路　過是之後
皆朱門甲第　墻外引水爲濠　門前皆列羽戟　是太守及將官之家云

到關白宮　館伴島主兩僧　迎入如前儀　源璵又爲來見三使　使首譯
傳言曰　今番儐禮　多所變更　而皆不悖於禮意　故有所勉從　而至
於宴禮時　以三納言接待　事理當然　今只使島主長老　對盤云　須
涉未安　須以此意　達于國王前　趁卽變通爲可矣　璵曰　今日內殿
設樂　前所未有之事　諸公試入見之　可想我國接待之隆異矣　使島
主接待　亦欲使使臣任便受享　實無他意　而使臣　猶以爲未安　故
朝已變通使諸執政　竝爲出接　仍設宴禮　此亦出於國王之至意　使
相又曰　聞設宴時　令吾等　便服就坐　殿內便服　事甚未安　竝以此
意　告達如何　璵曰　使臣之言　是矣　當任意爲之云　少頃　引禮兩
人　導島主及三使　入詣國王前　行四拜　列坐　執政　使島主　傳關
白之命曰　今日將陳樂設宴　幸安心受之　三使　循例答謝　遂拜而
出　少憩歇廳　俄而　引禮引入內殿　殿宇深邃　覆以銅瓦　與島主長
老對坐　關白隔壁　開簾而坐　執政等十數人　列侍　百官太守以下
列坐於東邊殿上者甚衆　庭設舞臺　方可三間　朱欄金餙　高二三尺
南北設梯橋　下圍綠錦帳　列垂流蘇　上鋪漆板　設錦重席　傍有兩
大鼓　經幾六七尺　懸架　體圓上尖　狀如火焰　四面刻以龍鳳雲氣
塗金銀丹靑　上卓高竿　一坐懸金鏡　環揷金箭十餘箇　一坐懸銀鏡
揷銀箭　象日月之形　間設小鼓金旋　架體畧同而體少　後構兩所板
屋　彩帳鮮麗　坐伶人於其中　服餙華侈　燁如爛霞　後裾甚長　曳地
者　過數尺　始呈振鉦三節　樂器則笙笛觱篥腰鼓　而笙聲最淸亮
着紅繡衣鳳翅冠者六人　各持金矛以進　揮霍盤舞　節奏頗雍容可
觀　分三次遞進　服色各殊　源璵在傍　書示諸樂譜之義　此是開關
天皇形容功德之樂　一名偃武樂　凡諸曲必先奏此舞云　次奏三臺
醮　着鳳冠紅衣者六人　分行而舞　舞節三變　回旋俯仰　皆中其節

此則疏勒國鹽曲之一　古樂府所謂　昔昔鹽之類　隋唐以備燕樂者
也　次奏長保樂　鳳冠綠衣者六人來舞　舞節　比三臺差異　此則高
麗樂府云　次奏央宮樂　着卷角帽　帽上簪花　鬢邊插貂　披紫衣者
四人舞　舞節小欠雍容　音樂亦似噍殺　卽本國之樂云　次奏仁和樂
靑衣者四人　着卷角帽　簪花插貂　舞節舒緩　音調和平　稍似我國
文武　此亦高麗之樂云　次奏太平樂　一名小破陣樂　唐明皇所作云
而舞者四人　美姿容　眉目如畫　面若傅粉　着金盔金甲　腰束獸面
帶　背負銀魚弓伮金箭壺　佩長釼　持金矛　分行舞　矛者再舞　釼者
一　釼勢頗精　用矛皆有法　諸舞之中　此最可觀　次奏古烏　蘇花冠
雜彩綉衣　曳綠裾　佩釼　背後插笏者四人　來舞　兩人先退　取拂以
來　狀如蠅鞭　兩人受以舞之　低仰盤躃　頗有法度　蓋取拂塵之義
也　卽高麗樂部云　次奏甘州　紅衣者四人　右袒內着白綾綉衣　卷
角帽　插貂而舞　樂曲則唐絶甘州詞　此亦天寶樂云　次奏林歌　淺
綠衣　綉以黃白鼠　曳花裾　着鳳冠者　四人舞之　此亦高麗樂部云
次奏陵王　則北齊蘭陵王蕭長恭破陣樂也　長恭貌甚美　不能威敵
帶銅面陷陣　萬餘人辟　易金墉之捷　威名大震　齊人作蘭陵王破陣
曲　隋時作燕樂　流傳至此　而銅面極駭怪　雙角白鬚　卽五六百年
前物云　舞者只一人　着紅甲綉衣　散垂紅綿絲爲緣餙　執匕首長可
尺許　踴躍進退　作擊刺之勢　最稱健舞　鼓聲鏜鏜　笙簫甚厲　蓋非
善工不能云　次奏納蘇利　舞者兩人　帶靑木假面　雙牙甚長　露晴
呀口　靑甲彩綉衣　緣以靑錦絲　執籥而舞　簫管亦頗奮厲　此亦高
麗之樂　凡爲高麗樂者　或有高麗人子孫云　舞節　大抵和緩　頗近
古雅　舞蹈回旋　一無相錯　蓋非俗間所用之樂　而用之於郊祀　本
在倭京　而爲使行移來　隸習已久　樂器服色　亦非新件　甚覺華侈

舞既罷　以長慶子曲奏而終之　此則舞無曲闋　引禮引三使　到歇廳　少頃　大目付來見　島主請三使入宴廳　卽隨引禮而入　關白所御殿　第二層　設簾　第三層　三使與島主對坐　執政井伊掃部頭直該‧土屋相模守政直‧秋元但馬守喬知‧大久保加賀守忠增‧井上河內守正岑‧阿部豊後守正喬‧間部越前守詮房‧本多中務太輔忠隆等八人　入來相揖而坐　使島主傳言曰　國王爲使臣張樂　果有可觀乎　方設宴禮　安心受享云云　三使循例答謝後　起揖而出　長老二人入坐　黑衣官高者　進盃三酌後　繼進飯　奉而罷　花床饌品　比前頗勝　紫衣紫纓者數人　列坐楹外　撤床後　執政二人　又爲入來　與島主酬酢　島主以三使致謝之意言之　執政去稟國王　上上官坐於內歇廳上　次中下官　各於其坐處設宴　而各有押宴之官　宴訖罷出　島主以下　無事終宴　欣謝不已　旣時　風雨大作　倭人供一行雨具　初更量　到館所　島主及兩僧　送人問候　兩館伴　亦來問候

初四日　己丑　朝陰晚晴　關白欲觀馬上才　余與三堂及三兵裨　領往　而三行中房理馬小通事四名　亦隨以往　關白後苑　則左邊築石壇　高可數丈　廣可數百間　上構板屋　揮以紫錦帳金屛　關白出坐　左右侍者　無慮數千　列立羽戟　揮以白帳者　前後數里　馬路廣濶平坦　有若鋪席　國王多送酒餚以勸之　馬才兩人　各樣技藝盡奏午後罷還

初五日　庚寅　雨雪終日交下　留江戶　三堂領給三使臣私禮單　於三宗室水戶紀伊尾張等中納言處　而中納言等　卽送回謝　酒井修理大夫　呈鴈二羽　蜜柑一筐　源璵佩酒來謁於三使前　終日筆談

312

夜深罷故 文才極爲可觀

初六日 辛卯 雨 食後 三使以下 冒雨赴島主家 可七八里許 墻
外引海水爲濠 屋宇宏侈 制如關白宮殿 奢侈無侈 日昨觀馬才時
馳馬於墻垣之內 其濶遠可知也 島主長老 引入正堂 一行拜禮及
設宴等事 如馬島之例 宴罷請三使往歇廳 少憩 又進杯盤 皆用
金銀之器 奉行等來告曰 島主族人 藤堂和泉守藤原高敏・松平
備前守源正久・永井備後守長田直永・龜井能登守源滋長等四人
來 此欲爲請謁於三使前云 復入內堂 相揖而坐 循例酬酢 行茶
而罷 仍出正堂 觀戲子 雜戲年少貌美者二人 被彩衣呈才 狡捷
如猿 歌管迭奏 甚駭人聽 多造人形 迭出獻舞 牽出馴猿 長如二
歲童子者 四五口 皆被以彩衣 跳跟盤舞 狀甚奇怪 既罷 復入內
堂 島主又請三使行杯 仍命進饌 饌品甚佳 花床亦極華侈 島主
兩僧 各請換盃而飲 行九酌 臨罷 又行一盃 夜深後罷還 館伴等
問候 島主佇候 兼送花床矣 國王使支待官 又送一行衾褥 至及
大坂留船格卒 方馱送 此亦前所未有之事云 和泉守 呈杉重

初七日 壬辰 陰 留江戶 館伴等問候 巳時 國王 送使者京極大
膳大夫源高茂 致酒饌及茶 至及下官 是前所未有之事 館伴島主
導入 三使迎入 行禮如前儀 所送物件 列置正廳 使相俯伏領受
上上官以下 至次官 皆再拜於物件列置之前 使者以國王命 問慰
三使循例答謝 行參茶一巡而罷 午後 島主以其諸族 咸集其家
請見馬才 依請送之 館伴伊豆守 呈蜜柑一筐 鴈二羽於三使三堂
前 仙石丹波守問候 此即修理大夫之父 而初差館伴 有病以其子

代之云

初八日　癸巳　晴　留江戶　兩館伴　問候　緣長老　送日光山八景圖
於正使相前　求詩

初九日　甲午　陰　留江戶　三使臣　各處私禮單　磨鍊以給　而諸處
宴享問慰館伴　俱是前行所無故　所給禮單　名目甚多　乾粮雜物推
移充給

初十日　乙未　朝雨晚晴　留江戶　館伴緣長老問候　關白送畫師年
老者　來謁三使前　蓋出於爲使臣畫像之意云　以昔年甘玉交奸事
自廟堂分付使行　俾定約條　而連日論難　今日始定約條　館倭出館
强奸者　以一罪論斷　和奸及强奸未成者　永遠流竄　女人自入館所
淫奸者　以次律施行事　停當

十一日　丙申　晴　卯時　三使以下　俱公服　詣關白宮　受回答國書
凡禮節　一如傳命之日　正廳設卓　盛以片紙　書以銀子一枚　列付
盤中　自三使以下　至下官　各書付標　三使以下　離席俯伏而起　回
送禮幣　列於別廳　使三使以下　至中官　皆入看審後　仍卽出來　引
禮館伴島主　皆揖送　午後　還歸館所　島主追到　問候而去　館伴等
亦問候　拆見國書　則書辭別無可改處　而感字下　犯中宗大王御諱
外式有違前例　故通于島主　使之改送　三使前　各銀子五百枚　綿
子三百把　上上官　各銀子二百枚　上判事　各銀子五十枚　製述官
銀子三十枚　上官次官僉中　銀子五百枚　中官等　合銀子五百枚

314

下官等　合銀子五百枚一枚卽四兩三戔

十二日　丁酉　雨　留江戶　兩館伴問候　食後　國王　送使者品川豊
前守源伊氏　到館所問慰曰　竣事將故　殊可缺然　玆送使者問慰
且設宴禮云　三使循例答謝　行參茶一巡罷　出與島主及兩長老　對
坐受上馬宴　夕送三堂於諸執政等處問之　關白　因源璵　欲得三使
筆迹　萬壽樓文祥閣會心處扁額三張　故三使各書給之　執政以下
回禮單　鱗次來到

十三日　戊戌　晴　曉行冬至望賀禮于館所　遙申呼嵩之祝　留江戶

十四日　己亥　晴　留江戶　昏後　島主及兩僧來言曰　今我國王新立
之後　凡於禮節　務從變革　故今此國書　亦難改送云　三使大言力
爭曰　俺等雖死此地　斷不可敀國　願以此意　更爲禀改云　則島主
唯唯以去

十五日　庚子　晴　曉行望闕禮　而正使相以私忌不參　夜深後　島主
又來力爭　終未得論正

十六日　辛丑　晴　留江戶　是日當初復路定日　而因國書事　未免淹
滯　悶鬱難堪　聞一行路文　前期發送　行事遲退
故沿路出待之獘　甚多　倭人亦以爲悶慮云

十七日　壬寅　晴　留江戶　以國書事　終日爭詰　未得論正　可悶可

悶

十八日　癸卯　晴　留江戶　以國書事　終日論難　午後始得論正　而
初更量　使者能登守長福　奉我國書來傳　三使俱公服　出門外祗迎
入正廳　祗受後　使首譯　持復書栖正使傳于使者　三使出門外送之
島主長老　隨使者來　仍與三使相會　島主言　復書改本　數日後當
爲出送　須勿慮之　島主欲得馬才所騎馬　依壬戌例　許給之　行茶
而罷　是夜　國書改送事　修狀啓　付飛脚　四日當到大坂城云　一行
亦付家書

回槎錄
國書
奉復_{蹈文命之寶}
朝鮮國王殿下書
日本國王源家宣奉復_{蹈文命之寶}
朝鮮國王殿下
玉燭時和　應二儀之交泰　寶隣世睦　講百年之欣歡　禮幣既豊　書
辭且縟　其於感_{改以戩字}罔罄敷陳　有少謝儀　附諸歸使　願符善禱
永介純釐　不備
正德元年辛卯十一月日　日本國王源家宣
別幅_{鎧二十副　太刀二十把　長刀二十條　金屛風二十對　整廚子全副一坐}

十一月　十九日　甲辰　晴　巳時　一行離自江戶　由東北路　過島主
第　迂回作路　環宮城而行　由北門　入關白宮　後苑山岡逶迤　地勢

頗高　俯見重閣複戶　撲地無際　宮墻以板爲柵　築石引濠　中開大路　卽關白日昨觀馬才之時　新構層屋　今已撤去　改構一層樓於路左　卽關白爲今日觀光設也　洞口設長幔　藏置兵衛　樓上下　皆設簾箔　簾中隱暎　見金彩衣　蓋國王及後宮所坐處也　由南門出城外濠水深濶　鳧鴨沈浮　如畫中光　景水邊甲第　高門連亘　殆十里　執政相模守家　最爲宏大　又出一城　始由廛肆而行　申時　到品川　關白使者　來到此處問慰　昏後　張燭　行五十里　夜深後　渡六鄕江抵河崎館宿焉　其所接待之事　比之入去時　少無怠忽　而尤有所加而不必站站而盡記也

二十日　乙巳　晴　食後發行　申時　到戶塚止宿　島主送言曰　昨日狀啓　雖已付送　而水路事　有未可知　更書一本　又送飛船　以爲完備云　故依其言　又寫一通付送　而達夜繕寫事　甚惚惚　未付家書可歎

二十一日　丙午　晴　未明發行　午飯於大磯　夕抵小田原止宿

二十二日　丁未　晴　平明發行　上箱根嶺　暫憇路傍茶屋　層瀑靑林可愛　中火後　到三島止宿

二十三日　戊申　晴　未明發行　吉原中火　初昏歷入淸見寺　登眺寺臨大海　眼界特寬　而因日暮不得盡賞　可恨　老僧芝岸長老者迎見三使　乍話　寺中有丁未使臣懸板矣　二更量　抵江尻止宿

二十四日　己酉　晴　平明離發　島主先導　到駿河洲　入路傍華陽院
三使以下　俱公服　入寶泰寺　館伴玉方丹後守源豊義　一柳主税越
智直長石河藏人源貞貴　出門外祗迎　午後　江戸使者　畠山下總守
源義寧　來到問慰　島主長老入來　設宴享禮　旣罷　三館伴　及町奉
行水野小左衛門尉源義守　入見　三館伴　皆新差云　行蔘茶而罷
三館伴　各呈紅柿蜜柑黄橘矣　夕渡阿部川　越川軍扶護者　殆累百
名　踰宇都嶺　初更　到藤枝止宿　內藤紀伊守一信　呈蜜柑　且到館
所問候

二十五日　庚戌　晴　平明發行　渡大井川　川水比去時大縮　而悍急
猶甚　千夫截流護涉　一如去時　午飯于金谷　山城守長官呈柑子
申時　到懸川止宿　山城守又呈柑子　島主兩僧伻候　使金明仲回謝

二十六日　辛亥　去夜大雨　朝歇晚晴　平明　冒雨發行　到見付中火
松平伯耆守宗俊　呈大柑　渡天流河　平野廣濶　霽色開豁　回看靑
盤　山色縹緲於暮雲殘雪之間　使相駐節路傍茶屋　少憩而行　初昏
到濱松止宿　伯耆守　又呈饅頭一折

二十七日　壬子　晴　寅時發行　未及今絶河　因島主之請　小憩村舍
舟船整齊卜物　先送後逐渡河　荒井中火　土井山城守利意　呈梨柑
一筐　初昏　張燭　到吉田止宿　牧野大學成央　呈柑籠

二十八日　癸丑　晴　平明發行　午飯于赤坂　大學成央　又呈柑籠
申時　到岡崎止宿　水野監物忠之　呈蜜柑　島主伻候　且呈香膏　使

相　送金大材回謝

二十九日　甲寅　晦　雨雪終日交下　平明　冒雨發行　過知鯉鮒　到
鳴海　中火　尾張中納言源吉通佴候　呈梨柑　申時　到名護屋止宿
尾張守又呈杉重　初更量　島主及兩僧　來設宴享　一如去時

十二月　大
初一日　乙卯　朝雨夕晴　最寒有風　曉行望闕禮於館所庭除　昨夕
余言於支待奉行等曰　今此雨雪　如是大注　明曉若不霽晴　則朔日
望闕之禮　何以過行耶　奉行等答曰　須勿掛念　速爲出令云　故入
白於使相前　依例出令矣　及到今曉見之　則庭除大構板屋　近百間
而其方正精妙　有倍於日成　可知其國器具也　平明發行　尾張守送
杉重酒桶　於路傍　茶屋者兩處　初屋則只令轎夫輪替就喫　到第二
屋　一行竝暫憩　煖酒少酌而行　起川全昌寺中火　尾張守送柑籠
渡起川小熊川墨俣川佐渡川等舟橋　張燭入大垣　未及初更矣　戶
田采女正氏定　呈柿橘　且到館所問候　是夜　大雪盈尺

初二日　丙辰　朝晴夕雪　平明發行　到今次中火　過醒井泉湧路傍 醉者
一飮 卽醒云矣越摺針坂三嶺　嶺高泥滑　擔夫屢顚　嶺上左右　列植華
燈　此則他站　所未有也　初更量　到佐和山止宿　井伊掃部頭　呈柑
籠　緣長老問候

初三日　丁巳　晴　平明離發　行七十里　到八幡山中火　市橋下摠守
信直　呈黃柑　此站最遠　飢困者頗多　夕到森山止宿　下總守來候

和泉守 呈枝梯卽乾柿也

初四日　戊午　晴　去夜島主送言　明欲歷入大佛寺　丑時當先發　須
於寅時發行云　依其言發行　平明過草津　茶屋本多隱歧守　送人致
酒餚　使相停輿少酌　過琵琶湖　雪後霽景　尤奇　渡兩虹橋　到大津
館中火　谷播摩守照憑來候　且呈丹波栗一筐　其大如兒拳　到大佛
寺　島主長老　先到迎入　寺宇宏傑　以巖石築四面　砌高過丈餘　門
設層樓　大佛所坐處　亦架層屋　楹皆四圍　高可十數丈　地鋪石磚
佛高特大　坐高幾八九丈　無與爲比　眞詭觀也　又有一佛殿　名曰
三十三間堂　列立三萬三千三百三十三金佛　其中一佛最大　島主
長老　迎入暫話　以關白之命　致酒餚餅果　遍及一行　島主又設酒
饌花床　三酌而罷　中下官亦有所饋　又呈杉重　兩長老　亦呈果子
一箱　夕過五條町大坂橋　日暮時　入倭京本國寺　館伴本多隱歧守
康慶　祗迎以入　夜又問候　呈蜜柑一籠　鴈二羽　町奉行等亦來候
是夜　地震大作

初五日　己未　晴　留倭京　館伴町奉行等來候　西京尹松平紀伊守
信庸伻候　呈饅頭一大折　使兩首譯　送使臣私禮單於西京尹處　島
主長老伻候　使相卽送崔安國回問　夕　島主　使奉行等來告　以再
明設宴　三明作行之意　而去

初六日　庚申　晴　留倭京　館伴町奉行問候　島主伻候　本國寺主僧
法橋　呈莨蒻草一箱卽烟草也

初七日　辛酉　曉雨午少雪　留倭京　午後　江戶使者建部內匹頭源
政宇出來　以關白之命　勞慰　仍設宴享　明日發行　定以巳時　似聞
倭皇欲爲觀光　以致差晚云　問慰使曾以紀伊守定送　而適有病　以
此人差遣　駿河館伴三人　及此使者　皆是新差者　故私禮單　又爲
出給　不但乾粮匱竭　多有苟簡　亦將有日後之獘　殊可慮也　聞倭
皇源慶仁　九歲嗣位　今年十一歲　而使行往來時　輒必出來觀光
故每於倭京離發之日　島主必請晚出者　蓋爲此也

初八日　壬戌　晴　朝裁判久米右衛門　以其子病落後　既遞其任　玆
以告別　三使招見　求藥參　許之　余亦給臘藥數種　巳時　島主先導
使相以下　俱公服　與館伴　揖別離發　到實相寺　改着便服　午後
到淀浦中火　丹波守光通　呈梨栗柑　到舡滄　去時所乘　金碧樓舡
又爲整待　遂舍陸登舟　支待人　呈酒餚如去時　島主送人　要作夜
行　三使許之　夕飯後仍宿舡上　曉起問之　則夜已流下大坂近處
未及數里而停舡矣　靑山下野守忠重　呈柑籠　自倭京　淀浦之中途
多有龍骨車　使相停輿　使兩人回轉挹水　如決洪水　可見功省而利
博也　三使大以爲奇妙

初九日　癸亥　晴　巳末　到泊大坂舡滄　舡將沙工輩　來謁言　舡中
無事　可幸　到館所　館伴祗迎　如前儀　下館卽時問候　伊豫守賴殷
亦伻候　聞江戶離發時　所封狀啓　二十四日過此　戶塚所封狀啓
二十六日過此　竝卽付送飛舡云矣　復書改本　夕間亦已入來　而使
者二人　來傳于島主云　島主長老問候

初十日　甲子　晴　留大坂城　館伴來候　室津站官　式部大輔政邦
送探候　兼呈漬蕨一桶　榧子一箱　韜浦支待官　備中守正邦　送探
候　兼呈乾材一箱午後　島主及兩僧來謁館所　以陸路無事回還之
意　相賀而去

十一日　乙丑　晴　留大坂城　館伴問候　午後　江戸使者　土歧伊豫
守賴殷　出來　以關白之命勞慰　行參茶一巡而罷　仍設宴享　支待
官　以關白之命　送給酒饌於六舡舡人輩　此亦前所未有之事云

十二日　丙寅　陰　留大坂城　送兩首譯　傳給三使臣私禮單於伊豫
守　三使　使余各處回禮綿絹　分給行中　至格卒而有差　館伴問候
午後　自馬島京書來到　急拆見之　則副從兩使宅　八月二十三日所
發　平安書　及行中或有　而余家亦無　可悵可悵　是日飛舡便　修啓
付送　余亦修付家書

十三日　丁卯　雨雪交下　留大坂城　國王所給賞銀　共三千九百八
十枚一萬三千一百十四兩也　來呈館所　而今番　則國王以爲寶銀時未通
行於朝鮮　則以不用之物贈給　事理不當　特令新鑄以給　其品大異
於前用八星之銀矣　余與三堂　及三行兵裨　眼同達夜叩算　稱量分
給　而三使前一千五百枚　使三行乾粮所運　致馬島以爲區處之地
上上官六百枚　四堂上分執　一百五十枚　三上判事分執　三十枚
製述官執之　五百枚　上官次官四十五員分執　每員四十七兩七錢
七分七里式　五百枚　中官一百七十人處分給　每人十二兩六錢四
分七里　而每人一錢四分一里式　除出添給於三行吸唱六名　以準

中官之數 此亦前例云 又五百枚 分給於下官二百七十四名 每名
七兩八錢四分六里六戶 又一百枚 分給馬才兩人 又一百枚 領去
官人中分給 而上上官三員上官四員 各執十枚 其餘三十枚 分給
中房小通詞小童及使令等處 而剩餘六兩四錢五分 還到馬島後
因三使分付 分給於三行都訓導處

十四日 戊辰 風寒 留大坂城 午後 島主送伻問候 且言明日發行
時 暫請歷入其第 蓋於水邊有島主家 自前使行 皆歷入 故有此
請云 緣長老伻候 以爲明日當拜別於舡上云 蓋自此落後也 夕正
使相猝患感 冒寒戰移 時急用童便湯劑等藥 二更量少愈 此時一
行竝集蒼遑之狀 何言 島主館伴兩僧聞卽來候

十五日 己巳 晴 風寒甚緊 留大坂城 曉行望闕禮 正使相 以病
不參 是日 乘舡定日 而因正使相病患 不得離發 愁鬱難堪 島主
館伴 來候 伊豫守緣長老伻候

十六日 庚午 晴 留大坂城 島主伻候 兼呈杉重酒桶 緣長老伻候

十七日 辛未 晴 留大坂城 正使相 病患少差 島主伻候 館伴緣
長老來候

十八日 壬申 晴 館伴町奉行來候 辰時 發行 與館伴揖別於門外
因往島主第 島主長老 迎入設酒果三酌而罷 亦前例也 遂就舡艙
上樓舡 余乘於李台之舡 蓋因其主舡者 請筆故也 至河口 緣長

老追到 舡中作別 至於下淚矣 移乘我舡 此心已似還家 而午後
有西風 不得發 可歎 宿舡上

十九日 癸酉 雨雪 留河口 風水俱逆 未免仍留 夕 島主使裁判
問候 且言 淺港未及盡掘 兵庫候舡不來 今明決難作行云 愁鬱
難堪

二十日 甲戌 晴 風逆 留河口 島主伻候 呈小橘一筐

二十一日 乙亥 雨 風 逆留河口 賴母呈小柑一筐

二十二日 丙子 晴 巳時 島主請發舡 卸下卜物於倭小舡 六舡一
時齊發 舡重水淺 才行十里 五舡俱掛沙灘 潮水亦退 不得運 而
獨副船 得出險灘之外 逐向前路 夕島主送人言 旣不得前進 則
此處風浪可慮 宜以小舡急還河口 待潮至舡浮出來爲當云 故正
從兩使相 同乘一樓船 乘夜還河口 余與崔台隨之 仍宿舡上 三
更後 潮水至 而一船及他船竝不得浮出 獨從舡浮出灘外 故從事
官卽時乘樓舡而去 一舡狐掛 憂鬱難狀

二十三日 丁丑 陰 聞潮水早食時當至云 故使相使余通于島主
又出舡所 則潮水方至 而各舡膠滯 舡中之人 竭力棹蕩 倭船數
千艘 前後挽曳 寸寸前進 步步胃掛 人皆殊死力挽 得出灘外 巳
末 始登船 適會東風方吹 急掛雙帆 風水俱順 舡行甚疾 未初
過兵庫自河口一百里遙見 副從舡皆在兵庫前洋 擧砲相應 直向前路

逐次第出來　久滯之餘　乘風快放　未及明石浦自兵庫五十里　日已昏
黑矣　而明石浦水淺　又無藏舡處　故不得已仍向室津　或櫓或帆
達夜作行　夜又雨　篷茨盡載他舡　未及移來　故上房菫得蓋覆　而
一船之內　未免沾濕　幸而雨卽止　曉到室津自明石一百三十里　港外駐
舡下碇　欲入船滄　則風惡水悍　又無曳舡　不能入去　天明　風浪益
急　副舡則先已入去舡滄　一舡及三舡　竝爲風波所舂撞　若不保頃
刻者　船人皆言　此時入港甚難　莫如順風直前之爲愈　適會風浪少
止　曳船多數出來　極力曳入港口　仍爲下舡入館所　誠天幸也　自
河口　連夜行舡二百八十里　累次濱危之狀　思之寒心矣

二十四日　戊寅　終日雨下　留室津　此站去時接待　最爲薄略　館舍
亦頗隘陋　馬島人累以爲言　且聞江戶以沿路接待埋沒　罪二處支
待　故還到此站　則館舍一竝新刱　錦帳錦褥羽段方席鑪焊等物　一
皆華侈　供頓凡百豐厚特甚　殆是沿路中最盛處也　榊原式部大輔
政邦　呈杉重餅果薯蕷一箱浮蟻酒雙樽於三使三堂前　而上官以下
至下官　皆有所饋而有差　使相使余問島主　奉行直右衛門賴母等
以島主之意　來言曰冒夜作行　事甚危殆　後若如是　吾等必腹立矣
怒貌　使相循例答之　蓋島主一行　不但以不相通議作行爲恨　每過
一站　所得不少　而兵庫明石站　夜裡虛過　故恨之　且恐前路又或
有過站之擧　再三來言　願勿如是矣　兵庫站官　追送日供　使相郤
之不受

二十五日　己卯　晴　留室津　島主伻　候河口離發之日　淺灘難運故
騎船卜物皆移下於倭小舡　過兵庫時　忙未及移載本舡　夜行時仍

爲落後不來　乾粮雜物　及使行衣籠與行中卜物　竝未還推　去夜
領去通詞朴毛老金等十四名　告目來到曰　廿四日夜　因風勢不順
不得前進　漂泊於明石浦　以水淺舟重　故卜物盡爲解　卸渠等亦下
陸而待風　一邊馳通於島主及大坂城兩處　待其指揮　水陸兩路中
明當前進云　領卜人十四名　竝皆無恙　各人卜物　亦無見失云　可
幸可幸

二十六日　庚辰　雪下　留室津　式部大輔政邦　伻候　呈求肥餳一器
金橘一筐　鯉魚二喉　三使分送鯉魚於島主及奉行等　島主伻候　毛
老金等告目　又爲來到曰　今當陸路前進　而舡中木物　竝付倭小舡
明當送來云　聞島主之言　則昨日　自此處支待所送人足五百名　馬
五十匹　於明石浦以爲卜物運來之地云矣

二十七日　辛巳　晴　政邦又呈濃茶糟漬鰒一桶　保命酒一陶　朝　島
主送人言曰　今日似可作行　須速治任云　巳時遂上船　夕到牛窓_自
_{室津一百里}　備前國主源綱政　呈五雉籠柑　夜島主長老　來設宴享　宴
廳卽近日新刱者　而極其宏麗矣

二十八日　壬午　陰　備前守送干瓢一匱　乘橲酒一瓶　朝飯後　島主
請上船　午發船　去夜　毛老金等持卜物　由陸路　到室津　乘小船追
來　一行卜物　無一見失　可幸　聞此輩之言　則所經地方官　親自來
見　酒餚飯饌等物　各別優待　來時至以懸轎舁送　其接待之過侈
可知矣　夕未及下津三十里　日比浦　島主請落帆　依其言　留宿舡
上

二十九日　癸未　朝雨午晴　平明　島主請行　遂發船　行三十里　島
主入下津　舡滄下碇　三行不得已　仍留宿船上　備前守　呈杉重　鹽
松葺一桶　酒雙樽　島主送鏡餅一饈　道味二尾　酒二樽於三使三堂
前　上官以下至下官　皆送鏡餅道味矣

三十日　甲申　陰　平明　島主請行　遂發船　申時　到韜浦福禪寺　海
雲初發　夕陽明鮮　東南群山　霽雪增色　一抹人烟　遙起於遠浦孤
峯之上林圓福寺　暮鍾又動　眞畫中境界也　眼前風景　與重陽登臨
時無異　但夜黑無月　此爲可欠　阿部備中守正邦　呈乾鯛一箱　色
絹二重　酒二荷　使相只受魚酒　而卻色絹　又呈杉重一組　祝餅一
饈　雉五羽　猪一口　酒一荷於三使三堂前　自上官至下官　皆以切
餅雉酒猪鹿等物　饋遺甚豊　蓋是歲饌　而一行所饋之雉　多至七百
餘首　所謂祝餅　圓大如磨石　雜餚松柑枝菜果之屬　以寓禱祝之意
且見人家門上　及船尾　插松竹魚柑　想亦此意也　集僧伻候　三使
送伻問島主　仍謝集僧　寺僧願得一詩　三使各題贈之　昏後一行
入謁於三使相前　仰慰客中餞歲

壬辰
正月　小
初一日　乙酉　朝雪少洒卽晴　曉行望闕禮於庭際　遙申呼嵩之祝
絕國留滯　逢此新元　思親之懷　一倍難堪　支待官備中守　各呈砂
糖漬一捲　鴨二首於三使三堂前　食後　島主請行　遂登舡發行　風
水俱逆　厪行二十餘里　止宿於牛島　盤臺山猿山　竝入去時　夜過
之地　今日始歷歷見之　佳絕處也　是日宿於船上　余與崔台　往問

島主　登其舡　則舡裝牢壯　若坐屋裡者然　而華侈無比　奉行平田
直右衛門杉村賴母兩人　出待　饌品極其侈盛　勸酒甚懇　昏後大醉
還歸

初二日　丙戌　陰　夕雨　巳時　島主請行　遂發舡　行八十里　到高島
日合雨下　遂放炮揮旗　諸舡一齊止泊　宿於舡上

初三日　丁亥　晴　巳時島主請行　遂發船　午到鎌刈前洋　則島主船
落後　故落帆待之　良久　島主乃至　要以越站前進　遂不入鎌刈　直
過加老渡津和　日暮後　到賀室　宿於舡上　是日行二百里　本浦代
官　呈魚菜於各舡矣　三卜舡將　秋時江　得病月餘　今曉物故　驚慘
島主使支待　具棺槨　移載倭舡先送　夜島主伻候　兼呈橘筐

初四日　戊子　晴　松平安藝守吉長　自鎌刈　追送奉書紙一箱　鹽鯛
一箱　杉原酒兩樽於三使三堂前　上官以下至下官　各有所餽而有
差　平明　島主請行　遂發舡　午到上關船滄　使通詞輩　下陸受日供
島主追至　請前進　遂過室隅　初昏到宮洲　宿舡上　是日行一百五
十里　兩處代官　皆呈魚菜於各船　長門守吉元　送鮮鯛五尾　鷄五
首　酒二荷　吉川勝之助廣逵　自上關　追呈盤國片紙一箱　鰹鰤一
箱　淸酒一荷於三使三堂前　下官以上　皆有魚酒紙束餽遺　上關前
洋　倭小船一隻　觸於副舡　覆沒　死者二人　可慘

初五日　己丑　微雨　自宮洲行十里　至深浦　雨勢不止　且有逆風之
氣　島主落帆　入港口　六舡竝隨入下碇　未幾　風波大起　竟夜不止

近因東風連吹　舟中之人　舉皆感冒　余亦不免　症情危重　客懷難
狀　三四日後始差

初六日　庚寅　陰　大風　留舡上　午木碇與磩石　相磨絶失　而藏舡
處稍好　不至大段矣　夜風浪大起　舡体掀動　達宵不寐　分付格卒
卸下後檣列下六七鐵碇以鎮之　是日風寒　是三冬　所無水瓮　爲之
皆凍

初七日　辛卯　晴　本浦代官　呈魚菜於各舡　夜又大風　初更　見北
邊　岸村火起　距此可二十里許　五百餘家　被火云　兵庫站官　追送
猪二口　送一口於島主

初八日　壬辰　晴　風勢一向不順　留累日連宿舡上　而因風波搖蕩
竟夜不寐　舡中臥病人　或二日或三日輒起　而臥者相繼呻吟之聲
四起　六舡皆然　可悶　從事官有微恙　請于島主　得水邊闊舍　夜余
陪使相下陸　忠左衛門來謁

初九日　癸巳　晴　大風　食後　副使亦下陸　同住一室　島主伻候　兼
呈龍眼三斤　長門守呈杉重　長命酒一陶　代官又呈魚鴨等物　分給
奉行等

初十日　甲午　大風雪下　島主長老伻候　忠左衛門來候　且呈杉著
隼人呈小橘一筐

十一日　乙未　或雨或雪　閉門後　島主送言曰　今日雨勢稍止　風勢
稍靜　明日雖無順風　或可行舡　而平明可值順水　請於今夜乘舡云
遂乘舡宿於舡上

十二日　丙申　晴　平明　島主請行　遂發舡　行三十餘里　因風勢不
順　入泊於大津或云石場　午間　島主送人言曰　此處無井水　不可仍
留　遂前進　三十餘里　到三田尻　下碇留此　距向浦　可十里云　本
浦代官　呈魚菜於各舡　是日逆風連吹　怒濤未息　舡体掀動　使相
有眩暈之症　竟夕不安　悶不可言　仍宿舡上

十三日　丁酉　大風雪洒　留三田尻　使相氣候不寧　通于島主　遂下
陸　宿於村舍　三使共宿一室　長門守　呈乾柿一箱　串海鼠一箱於
三使三堂前

十四日　戊戌　晴　風　留三田尻　長門守　呈鏡餅二圓　鹽道味一折
於三使三堂前　上官至下官　亦有鏡餅道味之餽矣　奉行輩來言　卽
者馬島飛舡來言　請改國書狀啓　戶塚所封者　去十二月二十三日
到馬島　仍爲出往貴國　漂到巨濟知世浦　二十五日始達釜館　自萊
府卽爲上送云　而未知初度狀啓　何以未及傳達　而後啓先爲出去
耶　訓別無一字書示於使行　極可駭鬱也

十五日　己亥　晴　平明　行望闕禮於庭除　島主送言曰　今日雖無順
風　風日頗安靜　可以櫓役作行　三使遂乘舡發行　午後　到新站　因
風逆下碇　石築舡滄　甚便於藏舡　岸上人家　數十戶　島主伻候　長

門守 呈九年母一筥 代官呈魚菜 是日行六十里 昏後 余上坐舵
樓 望見明月 思鄉之心 倍切 客懷難堪九年母柑子也

十六日 庚子 晴 留新站 奉行輩 請下陸 三使遂下村舍 午後 飛
舡自馬島入來 得見京書 乃十二月十三日所發者也 得聞家嚴特
蒙稀貴之典 女兒及新生兒子 患痘平復 而一家無事 此間喜幸
難以毛擧 又伏聞 中宮殿及二位王子 痘患平復 伏不勝慶忭之至
經年 阻音之餘 得聞家國喜報 不覺蹈舞也 又見萊伯之抵使相前
書 則卞僚箕和 持國書改本 已於今月初七日到萊府云 尤極可幸
又聞皇帝特減歲貢天銀一千兩 豹皮一百四十餘令 故以此有謝恩
使行云 卞僚陪國書 十八日或二十日 當渡海云以不必渡海 到馬
島留待之意書 傳令以送

十七日 辛丑 朝陰夕晴 島主送麵酒 二更量 島主送言曰 風微潮
順 可乘月作行 遂乘舡 催督櫓役 曉過元山 行可十餘里 逆風大
作 不得前進 不得已欲回舡 則倭格輩言 元山港口 水淺 舡艙不
便 且多暗石 決難入去 還故新站之外 他無計策云 二三舡 竝已
先去 不知所在 島主舡 亦在遠地 望見 兩燈籠明滅而已 勢不可
相議去就 踟躕顧望之際 風勢益急 舡体跳蕩 滿舡之人 莫不危
之艱辛 回舟欲還新站 試擧火箭一放 則副從兩舡 次第相應 始
知兩舡亦在不遠也 適會天色向明 倭人曳舡 向元山自新站六十里港
口細審之 則元山雖不及於新站 而亦足安泊無虞 故遂下碇 島主
舡 亦次第入來 方當風濤蕩擊之時 進退俱難 危機交極 使相急
構祭文二十餘句 口號使余寫出 仍使余盥洗淨衣 出坐舡頭 投米

石魚酒於海中而祭之　天明　風且少息　夜間　副舡中　洪僚舜明奴
玉山　明燭醉臥　燭火延爇於蓬簟之間　一舡驚惶　僅得撲滅云　是
日宿於舡上

十八日　壬寅　風雪　留元山　風急浪起　舟甚搖蕩　食後　三使下陸
入接於元山村舍　副使相　刑玉山一次　人家纔數戶　久滯　長門境
內　貽獘不貲　以數日日供減除之意　言于支待官　則以爲當得罪於
江戶　決難如敎云

十九日　癸卯　風雪　留元山村舍　夜方就寢矣　島主送言曰　風勢稍
定　可以趁潮作行　請乘舡　三使竝乘舡　鷄初鳴　乘順水作行　而風
勢數變　乍順乍逆　微雪又洒　舟中之人　悉力促櫓　達曉七十里　朝
抵赤間關　長門守　呈鴈三首　鯉魚一折　酒一荷於三使三堂前　下
官以上　各有送餽而有差　使相分送鯉鴈於島主及奉行等處　集僧
伻候　奉行等來謁館所

二十日　甲辰　晴　留赤間關

二十一日　乙巳　晴留赤間關　修啓付送飛舡　一行亦付家書　長門
守　呈文池各二副於三使前　使相詩以謝之　分給製述書記

二十二日　丙午　晴　風勢稍順　而島主不肯發　使相　使崔安國問之
要卽發　猶不卽行　使相先爲三吹乘舡　島主勢不得已請行　仍爲發
舡　則風勢漸微　纔出小倉外洋　逆風又起　不得前進　還到赤間關

332

宿於館所　副從兩使　不爲下陸　仍留舡上　長門守　呈味噌漬鯛一
器　泡盛酒一陶於三使三堂前

二十三日　丁未　乍雨乍晴　留赤間關　長門守　呈五雉　夕　從事官
下宿館所　阿蘭陀國人　由長崎島　將向江戸　今日到泊于此處　凡
五人　乘倭舡來　倭人設館接待　一行人多往見之　我人或踰墙而入
或叩門而呼開　阿蘭陀怒而隱避　故倭人禁之甚嚴云

二十四日　戊申　陰　留赤間關　食後　乘少艇　與崔李兩堂及數三僚
保　往候於副使相前　來路　見阿蘭陀人乘舡待風　於中路　見其人
頭髮細而赤黃　其長董三四寸　有若羊毛　身長晴凹而鼻大　顏色白
晳　所着之服　以紅黃氈布爲之　如我國之戰袍　而皆以紐子繫之
或着我國之戰笠　或着淸人之帽　能作倭語　余以倭語答之　則頗有
喜色　而倭人禁之　使不得久接　長門守　呈飴糖蜜柑　使相問島主
送飴糖

二十五日　己酉　陰大風　留赤間關　長門守　呈五兔　以俠月貽饌
實爲未安　此後　則雖日饌亦爲減損之意　言之　聞赤間關越邊　有
刈藿大明神宮　土人言　每於正朝日　神堂前海水忽自開　神宮僧人
入水刈藿以獻關白　歲以爲常云　此事甚怪誕　而每歲如此云　不可
曉也　阿蘭陀人　今日發向江戸云　聞阿蘭陀國　産柵楜珠貝弓角斑
布等物　日本設館於長崎島　年年買賣　而恐或不頻往來　輒留其頭
目四五人　待後舡來到　送其所留之人　而又留新來者　歲以爲常
又歲歲數三人　入去江戸　呈幣　有若納稅者然　今此入去者　亦爲

此也 阿蘭陀 本是極南別種世云 狗種放尿之時 舉一脚以溲之云
可笑可笑 集僧伻候

二十六日 庚戌 自去夜大雪大風 留赤間關

二十七日 辛亥 晴 留赤間關 長門守 呈蛤一籠 使相使之還給
苦懇不已 受之

二十八日 壬子 陰 留赤間關

二十九日 癸丑 晦 晴 留赤間關 長門守 呈鶉一折

二月 大

初一日 甲寅 晴 曉行望闕禮 長門守 呈嘈漬鮑一器 生栗一筐
巳時 島主請行 遂乘舡發行 終日東南風極順 行一百四十里 到
藍島 三使竝會館所 適會馬島飛船來到 聞卜僚箕和 前月十九日
陪國書渡海 二十四日到馬島府中云 得見京書 乃正月初二日所
發者也 始知闔家無事過歲 其喜可掬 閔監察濟章 聞其妻訃 在
舡艙呼痛云 故夜深後 與數三僑僚 往慰 松平備前守宣政 呈菓
子一折 木奴一籠 昆布一筥 干鯛一筥 酒一荷於三使三堂前 下
官以上 亦有所餽而有差木奴柑子之一名也

初二日 乙卯 夜雨曉晴 肥前守 又呈梟十羽 釣柿一筥 冬麵一筥
於三使三堂前 巳時 島主請行 遂乘舡 乘順風 行三百五十里 到

壹歧島　未及港口數里　有大鯨　近舡鳴鉦　逐之中洋　副舡尾木折
傷　菫菫補茸　而來到港口　與從舡相觸　從舡什物頗傷　板房亦動
退云　是日風勢雖順　波濤甚湧　舡体掀動　滿舡之人　無不昏倒　余
得免焉　終日坐在舵樓上　多喫乾魚黃栗等物　而少無滯澁之患　甚
可怪也　夜　東風大作　波濤甚惡　夜半大雨瀑下

初三日　丙辰　雨　留壹歧島　松浦壹歧守棟　呈椺重一組　干鯛一箱
昆布一箱　酒一荷　鰯一箱於三使三堂前　下官以上　亦有所餽　集
僧伻候　支待奉行來候

初四日　丁巳　晴　留壹歧島　自去　夜狂風大作　簸海掀山　至夕轉
急　若在赤間藍島　逢此風浪　難保諸舡之無事　而尙賴此處舡滄之
深穩　得以安過　豈非天幸耶　三使伻問島主及長老等

初五日　戊午　晴　大風　留壹歧島　集長老伻候

初六日　己未　晴　大風　留壹歧島　壹歧守　呈鹿一口　島主夕供杉
煮

初七日　庚申　晴　大風比昨稍歇　留壹歧島

初八日　辛酉　晴　風候如昨　留壹歧島

初九日　壬戌　朝晴夕陰　夜雨　南風正順　平明　島主請行　日出後

乘船掛帆　行數百里　後風力漸微　督櫓而行　連日大風之餘　怒濤
未息　舟甚搖蕩　滿船之人　無不昏倒嘔吐　而余又免焉　獨坐舵樓
東望大海　茫無際涯　北望馬島　若在几案之前　而歸心如箭　舡行
甚鈍　私心之切悶　可勝云　哉初更量　到泊對馬島府中　卞僚乘舡
出候於滄舡　國書改本　在於西山寺　故三使以下　俱公服入寺中
奉出國書　行四拜禮後　移奉龍亭　陪到國本寺　夜已深矣　一行受
熟供　島主伻問　卞僚傳備局關文　以使行經離江戶　責諭甚嚴且竣
一行無不惶悚　夜雨　至曉始霽

初十日　癸亥　晴　留馬島　去夜　使相送首譯　以明日國書交付之意
言及　則奉行等　以爲明日日本國忌　且島主遠役之餘　身恙方苦
決難往來　勢將再明交付云

十一日　甲子　晴　大風　留馬島

十二日　乙丑　晴　大風　留馬島　巳時　三使以下　俱公服　倍國書
往島主第　島主祇迎於中門外　引入正堂　正使相傳于島主　跪受拆
見後　移奉內廳　出與三使相　揖而坐　行茶而罷　出還館所　夕時
島主持回答國書來到　三使祇迎　傳授如前儀　仍卽拆見　與島主循
例酬酢　行參茶一巡而罷

十三日　丙寅　晴　留馬島　朝送先來　正使軍官折衝李詻　副使軍官
武兼宣傳官鄭纘述　上通事副司猛玄德潤　修狀啓付送　一行上下
亦付家書以送　午後　島主設上舡宴　節次皆如入去時　罷出歇廳

着便服少憩　案上有文徵明墨抄帖畫　吳中十景　各題一絕　皆衡山
眞迹　又有一軸捲　卽唐寅仇英　文徵明　錢穀所畫山水　而吳寬各
題一絕　皆可翫　庭前新構廣廈　設戲子雜戲　所謂高砂　卽地名　古
有一人與老妃居此地　造其假面　作獻壽慶賀之狀　所謂葵上　有一
宮娥　甚妬　化作夜叉　故設此戲　警俗云　楊貴妃　卽演長恨歌而爲
之者　土蜘蛛精　化爲人　肆毒成害　有一豪士　勦除其害之狀　橋邊
辨慶　古者　源義經　兒時　遇辨慶　戰於橋上　仍與結和之狀　皆作
假面爲戲　間設能狙靭猿梯山　伏首引之戲　頗似我國優戲　旣罷
六奉行謁見于歇廳日　彥千代圖書造給事　乞敢奏朝廷　期於必成
參貨救活人命　所關甚重　而近來僞參甚多　必須申禁採參人及商
賈輩　倭米米品不好　且多和水之獘　亦爲申飭云云　三使曰　圖書
事　方在待罪中　難勢參涉於朝議　參貨非盡出於我境者　而我國亦
每加申飭　造僞參者　斷以重罪　供米則倭館有數升加捧之規　故無
以充給　致有此獘　若不濫捧剩數　則其獘自袪矣　奉行等曰　當更
議云　三使復入內廳　與島主對坐　又進花床　饌品頗優　換盃飲三
酌　復行二巡而罷　夜深還館　島主伻候　兼呈花床矣

十四日　丁卯　晴　留馬島　使相以十六日發行之意　言于奉行　則渠
輩多有未備之事　百盤推托　島主伻候　使相伻問集僧

十五日　戊辰　晴　曉行望闕禮　島主伻候　兼呈杉重　十八日發行事
累次往覆停當

十六日　己巳　晴　留馬島　朝送伻問島主　島主又伻候　午後　島主

來謁館所　三使循例酬酢　島主曰　今番使行　遭難處之事　變通誠
得宜　而聞自朝廷有責諭之擧云　此不但我國見非於貴國　島主亦
難免其罪　誠極不安云　又言　馬島在兩國之間　見疑於彼此　事多
難便　願使相能國之後　備陳此事狀　令鄰好永篤　實爲大幸云　三
使答以吾儕奉使無狀　方在竣譴之中　此皆吾等之罪　島主有何不
安乎　但留館倭人輩　常多恣橫之事　恐因微事　或生釁端　幸須各
別嚴飭　俾無此獘爲可云　答曰　館倭之愚迷　不解事者　常多　似不
無此獘　謹當另加申飭云　三使爲之略設盃盤　行三酌後　又行蔘茶
一巡而罷

十七日　庚午　晴　留馬島　關白所贈回禮單天銀　及執政以下所送
寶銀　合以計之　大都一萬二千三百三十三兩七戔五分　以倭供公
木三百八同十七疋六尺五寸價　依前例出給倭人　受手標　一同之
價　例爲丁銀四十兩也　關白回禮單綿子及各處所送綿子太半　分
給於島主父子　及護行倭人等　此亦前例云　正使相　又使余諸處回
來禮單雜物　沒數抄出　分給陪行上下員役等有差　三使伻問島主
島主亦伻候　夜　奉行平田隼人　來謁告辭而去

回答書契
日本國　山城州　萬年山　沙門　祖緣　奉覆
朝鮮國　禮曹大人閤下
星槎之便　緬承惠書　仍審動靜沖裕　欣慰良深　聘禮竣事　海陸無
恙　護衛一款　奚待勤視　珍貺深荷　盛意薄儀　略伸回敬　統希　照
亮　不備

338

正德二年月日 山城州萬年山沙門祖緣

別幅眞珠五斤 靑金大爐二箇 粹鐵茗盌十箇 撒金大硯甲一具 赤銅累五鹽盤一部 黃連十

斤 水精笠緒二結 計

對馬州 太守拾遺 平義方

星槎使便 華翰續至 副以盛貺 慰荷倍常 兹審吾大君纘承世統

編布政令 官出超溟 誠百年之交誼 久而彌厚 萬里之聘問 一循

舊規 朝家欣懽 曷有其已 今般盛禮優待 前此未有之事 三官使

進退中規 大禮已終而旋 不佞曷堪蹈舞矣 樊産錄在別楮 伏冀

採納唯幸 肅此 不備

別幅赤銅累五鹽盤二部 水精笠緒二結 彩畫華箋匣二箇 彩畫七寸奩鏡二面 貼金屏風二雙

太和眞珠四斤 彩畫衣桁一脚 文紙千片 彩畫書架一脚 際

對馬州 瞎驢山 以酊菴

先憑槎便 欽奉惠音 副以佳貺 良用慰沃 土宜雖薄 略伸回敬 所

冀炳照 不備

別幅貼金屏風一雙 彩畫文匣一箇 紋紙五百片 粹鐵中茗碗十箇 黑漆大圓盆十枚 際

對馬州 鍾碧山 萬松院 書契 措語 與以酊菴同

別幅彩畫掛硯匣一箇 彩畫累合大硯匣一備 黃連五斤 粹鐵酒鍋兒一箇 彩畫宴筐一備 際

十八日 辛未 晴 朝 島主送各處回答書契 照數捧授 後卽爲乘舡

島主呈香膏一器 烟盆一坐 色紙一軸 團扇三柄於三使三堂前 以

爲贐行之資 使相卽爲分給於裨將等 辰時 島主出來 同時發舡

祗送於十里地外　舡上相揖而別　長老病不出來　奉行裁判等　祗送
於二十里之外　遂掛帆而行　夕到琴浦　止宿舡上　護行奉行忠左衛
門　裁判市郎兵衛　隨之　是日行一百六十里

十九日　壬申　陰　南風正順　平明　發舡過西泊浦　巨鯨出沒洋中者
無數　擧尾奮鬣　噴射雪浪　亦一奇觀也　午時　泊豊崎前洋　待潮順
過豊崎鰐浦　夕到佐須奈浦止宿　先來之人　今日　卯時　始爲發舡
入去云　是日行一百十里

二十日　癸酉　雨大風　留佐須奈浦　島主伻候　兼呈杉重於三使三
堂前　三使以書謝之　此亦前例云

二十一日　甲戌　大風　留佐須奈浦　忠左衛門呈杉重　裁判來候

二十二日　乙亥　陰　留佐須奈浦

二十三日　丙子　晴　留佐須奈浦

二十四日　丁丑　陰　留佐須奈浦　島主書候於三使前　且送果品　三
使以書謝之　巳後　風色頗順　而天陰有雨意　倭人言不可行　我國
人皆言可行　正使相持疑未決　副從兩使强之　將乘舡　奉行裁判等
來乞停行　而終不許　巳末　乘舡　出港口數十里　風色漸微　正舡放
砲回舡　副從舡不得已鱗次回舡　正使相卽爲下館　副從兩使仍留
舡上

二十五日　戊寅　乍陰乍雨　午後大雨　自朝有順風　而倭人猶言　中
洋風逆　不可行　副從兩使促行　而正使相不肯許　更送舡人於烽臺
占風　與倭人來言　卽今風勢稍好云　遂卽發舡日　已過巳矣　行過
水旨　望見我境　方下雨　人皆悔而憂之　夕間　雨下如注　雲霧晦暝
惡風大作　怒濤蕩擊　激入舡房　日且昏黑　咫尺不辨　釜山絶影等
地　不知在何方　舡人等言　若欲止泊於我境　舡必觸傷　不如往來
洋中　以待天明　遂轉鷗向　西行可七八十里　風勢旋逆　或東或北
任其漂蕩　不知所向　滿舡之人　舉皆昏倒　而余往返　獨免水疾　故
每於行舡之際　上坐舵樓　以勸格夫　兼翫風景矣　今日亦登舵樓
獨憑欄檻　而忽逢雨下避下　裝房　而俄頃　板房滲漏　衣服盡濕　無
計可避　蹲坐房隅　急出火具　躬自吹火　明燭獨坐　左思右想　無望
生全　暗禱蒼天　而到此地頭　景色慘然　少頃　沙工輩急呼斧子　問
之　則曰舡掛石磧　欲斷鷗繩　以免顚覆之患　其爲驚惶罔措之狀
有不可形言　又聞舡人有相應之聲　問之　則舡頭有火光相照　似是
岸陸云　聞甚驚喜　急出裝房　身自探問　則釜山前龍堂浦入泊云
急令舡人　下碇　滿舡之人　始有生意　若非天祐　何能如是　時大雨
飜盆　冒雨而急呼我國小舡　則倭小舡所隨者　已待矣　陪使相下陸
入於浦邊村舍　而諸舡各自散失　惟倭舡一隻　同入浦口　時已三更
矣　使相急出筆硯　使余草關于釜鎭曰　正使舡　今已到泊龍堂浦
副從舡及諸卜舡　不知去向　急出曳舡　多持明炬　左右哨探云　俄
而　副舡到溢浦　觸沙岸破碎　劉別將廷佐　扶腋副使　出舡頭　知水
淺處投下　舡中之人　太半昏倒　不省人事　劉裨復入　叫呼催督　或
手自扶曳　使之下岸　賴以得全　而所載卜物　盡數漂失云　一驚一
喜　夜深後　又聞　從舡漂泊南川　全舡無事　亦可幸也　使相子弟趙

書房 及京中親舊之來見亦多 萬死餘生 得見隔年相別之人 一喜
一悲 萊伯水伯 及支待守令 訓別來謁 始聞三使臣及堂上上通事
有拿命之奇 惶悚不可言 翌朝 聞諸卜舡無事到泊 副舡格軍一名
渰死云 可慘 倭舡一隻 又爲致破云

日本往還摠目
辛卯　　五月　　十五日　辭朝
　　　　六月　　初六日　到釜山 留二十七日
　　　　七月　　初四日　乘舡待風
　　　　　　　　初五日　到對馬島之佐須奈浦 留十一日
　　　　　　　　十九日　到對馬島府中 留二十一日
　　　　八月　　初九日　離自對馬島
　　　　九月　　十六日　到大坂城 留十日
　　　　　　　　二十八日　到倭京 留三日
　　　　十月　　十八日　到江戶 留館三十一日
　　　　十一月　十九日　離自江戶
　　　　十二月　初四日　還到倭京 留四日
　　　　　　　　初九日　還到大坂城 留九日
　　　　　　　　十八日　還乘我舡
壬辰　　二月　　初九日　還到對馬島 留九日
　　　　　　　　十八日　離自對馬島
　　　　　　　　二十五日　還泊釜山
　　　　三月　　初九日　復命
以上 我境驛路 一千五十五里

彼地水行 三千二百八十五里

陸行 一千三百十五里

共五千六百五十五里

關白萬歷戊子 平秀吉殺源氏 自立爲關白 戊戌 秀吉斃 家康復立源氏 復國

源家康萬歷癸卯 慶長八 爲征夷大將軍 乙巳 慶長十 傳于秀忠 丙辰死 秀忠萬歷乙巳

慶長十 襲位 天啓癸亥 元和九 傳于家光 壬申死 家光天啓癸亥 元和九 襲位 孝廟癸巳

藥應二死 子家綱立 家綱孝廟癸巳 應二襲位 康熙庚申卒 弟綱吉立 綱吉己丑卒 姪家

宣立 家宣壬辰卒 子家繼立 家繼丙申卒 紀伊守吉宗立吉宗

對馬島主萬歷戊子 平秀吉 去島主宗盛長 使平義智爲島主 平氏始此

平義智萬歷乙卯逝 子義成襲 義成兒名彦三 順治丁酉逝 子義眞襲 義眞兒名彦滿 乙

亥致仕 傳于義倫 未久義倫逝 義眞復任 壬午逝 次子義方襲 義倫兒名右京 乙亥承任 未

久逝 義眞還任 義方兒名次郎 戊戌逝 其弟平方誠襲職 改名義誠 庚戌逝 其弟 方熙襲

壬子致仕 傳于義誠之子義如) 義如(兒名彌一

壬辰後通信使

家康時宣廟三十九年丙午 正使呂祐吉 副使慶暹 從事官丁好寬

秀忠時光海九年丁巳 正使吳允謙 副使朴梓 從事官李景稷

家光時仁廟二年甲子 正使鄭岦 副使姜弘重 從事官辛啓榮 十四年丙子 正使任絖 副使

金世濂 從事官黃[illegible] 二十年癸未 正使尹順之 副使趙絅 從事官申濡

家綱時孝廟七年乙未 正使趙珩 副使兪瑒 從事官南龍翼

綱吉時肅廟九年壬戌 正使尹趾完 副使李彦綱 從事官朴慶後

家宣時三十八年辛卯 正使趙泰億 副使任守幹 從事官李邦彦

吉宗時四十六年己亥 正使洪致中 副使黃璿 從事官李明彦

壬辰三月初九日　禁府　趙泰億　任守幹　李邦彦　崔尙嶪　李碩狋
李松年　金始南　洪舜明　拿囚啓
壬辰三月十一日　禁府啓目　通信正使趙泰億　副使任守幹　從事官
李邦彦　首譯李碩狋　任事譯官崔尙嶪　李松年　金始南　洪舜明　玄
德潤等　元情云云　泛稱遲晚　刑推得情何如　啓除刑推　議處
壬辰三月十五日　大臣備局堂上引見時　通信使等議讞　令次官代
行事　榻前下敎
壬辰三月二十一日　禁府啓目　趙泰億　任守幹　李邦彦等　議處云
云　使臣等遭値不幸　事端出於意外　以至難處之境　其所爭卞不可
謂不力　而第推還　已傳之國書　遙禀朝廷而請改者　已失專對之責
至於書式一款　我無所失　而曲在於彼　則惟當以死爭之回聽爲期
而不此之爲　徑先復路　終難免奉使失職之罪　所當照律啓請是白
乎矣　遍考律文　終無襯合可據之律　自下不敢擅便　勘斷上裁何如
啓問于大臣議處
壬辰三月二十五日　禁府啓目　通信正使趙泰億　副使任守幹　從事
官李邦彦等　問于大臣議處云云　右議政以爲　信使等最初狀聞　辭
意踈略　彼此爭難之事　闕而不載　此廟堂諸臣　所以深駭　而至於
責諭拿問之擧矣　及見其先來狀啓　及禁府爰辭　則當初兩款事　固
已極力多變　而至以失歡生釁爲言　則其間事勢　果至於十分難處
之境　使臣等之所以推還國書　欲爲自我先改　以爲均敵之敀者　亦
出於不得已　但其遙禀朝廷　徑先復路　終難免奉使失職之罪　以此
勘律　恐爲合宜　而法文旣無可據襯合之律　以臣淺見　有難臆斷

而第念丁丑奏請使臣 以不能準請 至被削黜之罰 則此或可爲 今
日旁照之端耶 伏惟上裁 判府事徐以爲 今此信使諸臣 遭意外變
常之事 遇變而處之盡善 蓋有所甚難 而至於書式之從舊 在我理
直辭正 雖云倭情 本以變改爲恥 使臣必當十分明諭而力爭 經時
閱月以期其回聽 被其迫還 遽離江戶 以致爭辨之無路 蓋書式重
大 而使臣之意 於此看得 未免失誤 終至於莫重國書 已傳而賫
還 恐不可謂彼情之不出於慢侮 而國體之損辱 甚矣 第國書 謂
彼還退 則殊非事實 且謂之不恤使事 只慮稽還 則決非其本情
大抵今玆事 雖出於無情 事体旣重 誠難免虧失使職之罪 而未有
當律 則參酌情法而勘罪 惟在聖上處分 伏惟上裁 判府事金以爲
臣頃以信使失職辱國 所關重大 不得不論列矣 今見使臣趙泰億
等供辭 乃以其問目中 受還退之國書 與慮其留滯徑發歸路 謂之
異事 實非本情 此則臣箚中所論也 始臣之論此事也 只就使臣請
改國書狀啓而爲言 其中所引倭人之語有曰 若終不欲賫去 則已
領之國書 還于我國 已奉之國書 領回朝鮮云云 以此見之 則我
國書之爲倭人所還退 明矣 今何以謂之推還之事 自我先發乎 其
狀又曰 雖一向留滯 決無回動之勢 又曰使事淹滯 一日爲急 國
書改封 罔夜下送 其所慮之在於留滯 亦何可掩也 且始雖與倭人
有所往復 而終未能如丁巳使臣之力爭 而必改 其爲往復退行期
者 不過三日 則亦安得不謂之經首歸路乎 大抵臣之所論 不出狀
辭之外 而使臣等所以自明者 有若臣抑勒搆捏於事實本情之外者
然 今何可容喙於議罪輕重之間乎 惟在聖上商量而裁處之 伏惟
上裁 行判府事李頤命以爲 與行判府事徐議同 判府事李濡病不
相議 領府事尹 判府事崔李尹 竝在外不得收議 大臣之意如此

上裁何如 啓徐判府事獻議 正合予意 不可不參酌情法而處之 竝
削奪官爵 門外黜送

찾아보기